아이디어는

엉덩이에서 나온다

잘 마른 멸치 권석 PD의 방송일기 세상읽기

만든 예능 PD의 TV 앞 수다

아이디어는 엉덩이에서 나온다

권석 지음

새녘

프롤로그

그래 소통하지, 뭐

오랜만에 옛 친구를 만나 내 직업을 밝히면 반응이 하나다.

"PD? 네가?"

말하진 않지만 눈은 말하고 있다.

'의외네.'

그러다가 한 번 더 놀란다.

"예능 PD? 네가?"

친구의 눈은 말한다.

'안 어울려.'

사실 내가 직업으로서 PD를 택한 것은 꼭 PD가 되겠다는 굳은 의지가 있어서는 아니었다. 선택을 할 때는 두 가지 방법이 있다. 원하는 것을 고르기. 다른 하나는 원하지 않는 것을 지워나가면서 마지막에 남는 것 선택하기. 나는 후자에 드는 경우다.

대학을 졸업하면서 딱히 하고 싶은 게 없었던(정확히 말하면 내가 뭘 원하는지 몰랐던) 나는 하기 싫은 것을 하나씩 제쳐봤다. '계속 공부하기'가 제일 먼저 지워졌고 다음으로 '창업', '고시 준비', '대기업 입사' 순으로 제외됐다. 결국 마지막에 남은 게 '언론사'였고 그때부터 언론고시를 준비해 방송국에 덜컥 합격했다. 내가 지원한 것은 드라마 PD였지만 국장님이 티오가 찼다며 그냥 예능 PD를 하래서 그냥 그러기로 했다. 허술하지만 그렇게 PD가 됐고 예능 PD가 됐다.

방송 일을 시작하고는 큰 충격을 받았다. 처음 접한 방송국은 원칙도 염치도 없는 '아사리 판'처럼 보였다. 온갖 잘나간다는 출신에 갖가지 알 만한 부류의 사람들이 다 모여 서로 잘났다고 떠들어대는 아수라장이었다. 만나는 사람들마다 어찌 그리도 거칠고 무례하고 별종들인지. 상태가 좀 나으면 괴짜이고 심하면 안드로메다 외계인이었다. 별나게 행동해야 더 예능적이라고 생각하고 일부러 또라이짓을 하는 것 같았다. 그러니 도서관에서 공부만 하다가 시험 잘 쳐서 들어온 아무 생각 없는 나에게 방송국은 소돔과 고모라의 땅으로 비쳤다.

그런데 어느 순간부터 그 방송국이 재미있어졌다. 도떼기시장으로만 보이던 이 바닥이 사실은 엄연한 프로의 세계라는 것을 깨닫고 나서부터였다. 겉으로 번지르르하고 잘나가는 듯 보여도 실력이 없으면 곧 바닥이 드러나고 그 순간 도태된다. 반대로 덜떨어지고 어리숙해 보여도 준비된 실력만 있다면 언젠가는 도드라지고 튀어나와 스타가 된다. 주머니 속의 송곳은 아무리 감추려 해도 결국 주머니를 뚫고 비어져 나오듯 뛰어난 사람은 숨어 있어도 언젠가 두각을 드러내게 마련이다. 아수라장 방송국은 사실은 낭중지추囊中之錐의 세계였다. 허세와 술수가 판치는 것 같지만 결국에는 진실이, 실력이 고스란히 드러나는 세계였다.

PD에게 송곳은 아이디어다. 날카롭게 벼려진 송곳이 있고 닳고 무뎌빠진 송곳이 있다. PD가 가진 송곳의 뾰족함에 따라 프로그램 성패가 갈린다. 때문에 아이디어를 향한 PD들의 짝사랑은 눈물겹다. 도대체 아이디어는 어디에 그렇게 꼭꼭 숨어 있는 것일까.

'아이디어는 엉덩이에서 나온다.'

방송가에서 전해 내려오는 격언이다. 아이디어는 머리에서 나오는 게 아니라 엉덩이 붙이고 앉아 주야장천 노력해야 나온다는 말이다. 흔히 아이디어는 길을 걷다가, 여행하다가, 밤새 놀다가 어느 순간 우연히 떠오른다고 생각하지만 그것은 절대로 거저 얻어지는 게 아니다. 새로운 것something new을 찾으려는 노력, 좌절, 강박관념, 불면의 밤들이 차곡차곡 쌓여 일정한 임계점을 넘어서야만 얻을 수 있다. 99도까지 조용하던 물이지만 1도 더 올라가는 순간 끓기 시작하는 원리와 같다.

창의력 넘치는 기획으로 후배 PD들의 역할모델이 되고 있는 잘나가는 PD들이 그 사실을 증명해줬다. 〈몰래카메라〉 〈남자 셋 여자 셋〉을 만든 송창의 PD의 시커멓게 변한 엉덩이는 전설처럼 MBC에 전해져 내려온다. 밤샘 대본 회의에 의자에서 엉덩이 뗄 시간조차 아낀 탓이다. 〈느낌표〉 〈나는 가수다〉의 김영희 PD는 새 프로그램을 준비할 때 몇 달이고 새벽까지 무지막지한 아이디어 회의를 강행한다. 내가 엿본 회의록에 무려 1천 개가 넘는 아이디어가 적혀 있었다. 〈순풍산부인과〉, 〈거침없이 하이킥〉의 김병욱 PD는 대본의 토씨까지 본인이 직접 고치는 걸로 유명하다. 작품이 끝날 무렵 그는 혼자 걸을 힘이 없어 벽을 잡고 화장실에 간다고 한다.

이 책은 프로그램 연출을 하면서 경험하고 느낀 방송가 뒷얘기, 오늘의 유행과 트렌드, 겉은 화려하지만 속은 외로운 연예인들의 사는 법, 항상 아이디어에 굶주린 PD의 세계 등 방송에 얽힌 이야기다. 남의 것이 아닌 내가 겪은 경험과 내 생각을 솔직하게 쓰려고 애썼다. 원고를 쓰면서 깨달은 것은 결국 내가 '소통'에 대해 이야기하고 있다는 사실이었다. 스마트폰과 SNS로 소통의 기술은 첨단을 달리지만 아이러니하게도 요즘처럼 불통의 시기도 없다. 소통의 홍수 속에서 우리는 마음 나눌 사람을 그리워한다. 이 같은 불통의 시대에 '방송을 통한 소통'을 이야기하고 싶었다. TV라는 창을 통해 내 안의 세상과 밖의 세상이 소통하는 법을 말하고 싶었다.

이 책에 실린 글들은 지난해 봄부터 『주간조선』의 'PD이야기' 칼럼에 연재된 글들을 모아 재구성한 것이다. 사실 처음 원고를 부탁받고 고민이 많았다. 언제부터인가 조선일보와 MBC는 로미오 가문과 줄리엣 가문처럼 서로 원수의 집안이 됐다. 고심 끝에 이 같은 냉랭한 현실 속에서 두 집안 사이에서 작은 소통을 시도해보고 싶었다. 얼굴도 모르는 MBC PD에게 선뜻 칼럼을 제안한 편집장님의 뜻도 마찬가지였으리라. 한 단어 한 단어 고심하며 글을 쓰는 스타일이라 힘들게 작업했지만 한편으론 신나는 경험이었다. 창의적인 일은 언제나 재미있다. 또한 TV 프로그램은 여러 사람의 협업으로 만들어지는 데 반해 글은 내 생각만을 오롯이 표현할 수 있기에 나만의 기쁨을 온전히 누릴 수 있었다.

이 책이 나오기까지 도와주신 분들이 많다. 무엇보다 내 글에 출연해준 많은 연기자, 개그맨, 가수, 작가 그리고 매니저들에게 감사드린다. 그들은 나의 동료이자 나의 스타들이다. 내 자랑스러운 일터의 선후배 PD들도 고맙다. 다들 한 개성, 한 고집 하지만 그래도 MBC 예능국은 친형, 친동생 같은 끈끈한 정을 전통으로 이어가고 있다. 『주간조선』의 최준석 편집장, 황은순 기자에게 감사한다. 항상 감각 있는 제목을 뽑아주고 적당한 무관심으로 내 기를 살려주었다. 새녘출판사의 권희준 대표, 김성훈 이사도 고마운 분들이다. 부족한 내 글을 좋게 봐주시고 흔쾌히 출판을 결정해주셨다. 채미애 편집장께도 감사한다. 그는 좋은 PD다. 출연자(나)의 마음과 시청자(독자)의 마음을 꿰뚫어 읽는 눈을 가졌다. 마지막으로 항상 내 글을 칭찬해준 아내 이연숙과 말은 없지만 속 깊은 명준이, 씩씩하고 희생할 줄 아는 예준이에게도 고마움을 전한다.

생애 처음으로 내 이름으로 된 책이 나왔다. 행복하다. 내 버킷리스트에서 항목 하나를 지운다.

아이디어는
엉덩이에서
나온다

| 차례 |

1

연예인 천국에서 **연예인**으로 산다는 것

2

예능 프로를 보면 **세상**이 보인다

3

인생은 예능이 아니라 다큐다

연예인 천국에서 연예인으로 산다는 것 1

고슴도치 사랑과 〈무한도전〉

어미 고슴도치의 눈에는 자기 자식이 제일 예쁘다고 한다. 가시투성이 몸이나 못난 얼굴도 어미 눈에는 사랑스럽게만 보인다. PD가 너무 열심히 일하다 보면 자신의 세계에만 빠져 객관적 시각을 잃는 경우가 있다. 남의 눈에 뻔히 보이는 치명적인 결점도 이미 고슴도치가 된 PD 눈에는 안 보인다. 아니 오히려 더 개성 있는 매력 포인트로 보인다. 연애할 때 눈에 콩깍지 씌어지는 것과 같다.

영화 시사회에서 재미있는 상황을 목격했다. 영화는 최악이었다. 보는 내내 지루하고 유치해서 헛웃음만 나왔고 어이없는 결말에 얼굴까지 화끈 달아올랐다. 우리를 초대한 배우에게 어떤 인사말을 건네야 할지 고민됐다. 재미있다고 하자니 너무 속 보이는 거짓말이고 그렇다고 실망스럽다고 말할 수도 없는 노릇이었다. 분위기를 보니 나뿐만 아니라 시사회장의 대부분 관객들도 그렇게 느끼는 것 같았다. 그런데 놀라운 것은 감독과 배우들의 반응이었다. 스크린 앞으로 나와 무대 인사를 하는 그들의 표정은 성취감과 만족감으로 가득 차 있는 게 아닌가. 최선을 다해 찍었다는 둥 좋은 감독을 만나 기분 좋게 작업했다는 둥 흥행성적을 놓고 자기들 끼리 내기를 걸었다는 둥 결과물에 대해 대단히 만족해하는 분위기였다. 누가 봐도 아닌데 만든 사람들 눈에는 대박으로 보이는 거다. 그러니 어쩌랴, 초대된 우리는 그냥 웃어주고 박수 쳐줄 수밖에.

이런 실수를 똑같이 저지른 적이 있다. 오래전 일이다. 국장의 특명을 받고 주말 프라임 시간에 내보낼 새 프로그램을 만들게 됐다. 지난 몇 년 동안 낮은 시청률로 고전하던 시간대였다. 상대는 당시 예능에서 제일 잘나가던 프로그램. 총력을 기울여 제일 잘나가는 MC를 섭외했다. 총알제작비도 든든히 확보했겠다, 물오른 연기자들로 나머지 멤버를 구성했다.

녹화는 처음부터 잘 풀렸다. 꿩 잡는 게 매라고 MC 역시 이름값을 했고 나머지 출연자들도 방방 날았다. 첫 회부터 캐릭터가 잡혔다. 방송국에서 편집하면서 몇 번을 보고 또 봐도 볼 때마다 재미있었다. 웃음더빙전문 웃음꾼을 모아놓고 웃음을 입히는 작업하는 내내 폭소가 그칠 순간이 없었고 돌아보니 작가들은 너무 웃어 눈물을 흘리며 울고 있었다. 대박이다. 그동안 쌓여온 내 동물적 예감으로 미뤄보아 당연 1등이다. 잃어버린 고토故土 회복의 순간이다. '국장님, 해냈어요!'

방송 다음날 아침 눈뜨자마자 노트북을 열고 시청률을 확인했다. 결과는 참담했다. 상대 프로에 더블스코어로 밟혔다. 바로 컴퓨터를 덮고 다시 누워버렸다. 믿기지가 않았다. 모든 게 좋았는데 어떻게 이런 일이…….

고슴도치 사랑으로 만든 그 프로그램이 바로 2005년 첫 방송된 〈무한도전〉이다. 당시 시청률 30퍼센트에 육박하는 KBS의 〈스펀지〉를 타도하라는 미션을 받고 유재석·노홍철·정형돈을 불러 모았다. 프로그램의 콘셉트는 간단했다. '평소에 머릿속으로 상상만 했지 엄두도 못냈던 것을 그냥 한번 해보자'는 것. 그래서 그냥 한번 해본 것이 소싸움 챔피언 황소와 줄다리기(1회)였다. 이어서 지하철과 100미터달리기 대결, 한강유람선과 오리배 대결, 목욕탕 배수구와 바가지로 물푸기 대결, 탈수기와 빨래 짜기 대결, 모기향과 모기 잡기 대결, 불도저와 봉고차 굴리기 대결, 컨베이어 벨트 앞에서 연탄 나르기 대결 등 주로 '번데기 앞에서 주름잡기' 유의 대결을 펼쳤다.

아직도 감탄스러운 게 MC 유재석의 열정이다. 유재석은 지질이들을 모아놓고 골목대장 하는 구성을 참 좋아한다. 그래서 몸은 힘들어도 항상 신나게 촬영했다. 민망한 전신 쫄쫄이 옷을 어떻게 입힐까 연출진은 걱정했지만 정작 당사자는 기다렸다는 듯이 흔쾌히 입고 그 옷을 코미디 소재로 승화시켰다. 한여름 땡볕 아래서 포크레인과 땅 파기 대결을 벌일 때도 "우리가 언제 따로 운동하겠니? 이게 다 운동이야" 하면서 삽질에 지친 동료들을 독려하곤 했다. 그러다 보니 녹화장 분위기는 항상 화기애애하고 웃음이 끊이지 않았다. 분위기로만 보자면 시청률은 이미 30퍼센트를 넘어섰다. 하지만 현실은 냉정했다. 진즉에 탄력 받은 〈스펀지〉의 벽을 넘어서기엔 역부족이었다. 마니아들은 열광했지만 시청률은 움직이지 않았다. 그리고 다음 학기(방송국에서는 봄·가을 개편을 기준으로 6개월을 한 학기라고 부른다)에 나는 〈일밤〉으로 옮기게 됐고 후임으로 김태호 PD가 왔다. 그리고 〈무한도전〉의 새로운 장이 열렸다. 불과 1년여 만에 〈무한도전〉은 대한민국 최고의 예능 프로그램으로 자리 잡았다.

지난 6개월에 걸친 MBC파업 때 보여준 〈무한도전〉의 힘에 모두가 놀랐다. 24주의 결방에 대해 '시청자와의 약속'을 어겼다며 비판하는 의견도 많았지만 〈무한도전〉을 믿고 끝까지 기다리겠다는 시청자들이 더 많았다. 〈무한도전〉이 없으니 토요일이 토요일 같지 않다며 금단현상을 토로하는 '무도앓이' 환자들이 갈수록 늘어났다. 길거리 서명운동과 플래시몹flash mob까지 뒤따랐다. 정치적인 쇼 내지 '무도빠'들의 오버액션으로 볼 수도 있겠지만 국민들의 〈무한도전〉에 대한 뜨거운 애정이 없었다면 애초부터 불가능한 현상들이었다.

그리고 드디어 〈무한도전〉 방송이 재개된 지난 토요일, 단번에 동시간대 시청률 1위로 뛰어오르며(지난주 대비+8퍼센트) 시청

초창기 〈무한도전〉에서 펼친 모기향과 모기 잡기 대결 촬영현장 | 고습도치 사랑으로 만든 그 프로그램이 바로 2005년 첫 방송된 〈무한도전〉이다. 유재석·노홍철·정형돈을 불러 모았다. 프로그램의 콘셉트는 간단했다. 평소에 머릿속으로 상상만 했지 엄두도 못냈던 것을 그냥 한번 해보자는 것.

자들의 전폭적인 지지를 증명했다. 24주간의 결방을 겪으며 〈무한도전〉의 위상은 오히려 한 단계 더 높아졌다. 〈무도〉 팬들은 더욱 하나로 뭉쳤고, 일반 시청자들도 〈무도〉 없는 토요일이 주는 스트레스와 갈증을 겪었기에 그동안 그 프로그램이 우리에게 얼마나 소중한 존재였음을 새삼 깨달았다.

고슴도치처럼 눈먼 사랑으로 시작했지만 결국 그 사랑이 결실을 맺었다. 시작은 미약했지만 나중은 창대해졌다. 거기에는 연기자들의 즐거운 고생이 있었고 후배 PD의 탁월한 창의력도 있었다. 그리고 결정적으로 첫 회부터 지금까지 시청자들의 〈무한도전〉에 대한 '무한사랑'이 있었다.

토요일

무(모)한 도전

- 황소 줄다리기 편-

▶ 녹　화 : 2005.4.18(월) PM. 12:00 ~
▶ 방　송 : 2005.4.23(토) PM. 6:10 ~
▶ M　C : 유재석
▶ 출　연 : 표영호, 정형돈, 노홍철
▶ 게스트 : 이　정

==

S#1. 오프닝 (* 야구장부지 공터)

-유재석, 공터에 체육복 입고 서서

재석　　도전의 한계에 끝은 어디까지인가?
인간 도전 한계의 끝을 보여준다!!
초일류연예인이 되기 위한 울트라 슈퍼 초특급 프로젝트!
무.한.도.전 (숨 한번 돌리고)
오늘 무한도전에 도전장을 내민 싸나이 중의 싸나이들을
소개합니다.

- 가운 입고 각종 멋진 폼으로 4명 등장

-VPB 연예인 소개

재석　　무한도전 식구가 되신 것을 환영합니다.
무한도전 식구들... 얼굴 짝~~~보십시오~~~
정말 거시기하죠??!!! (정말 절망적입니다... 등)
하지만 굼벵이도 구르는 재주가 있다고
아무리 거시기해도 저 합해서 다섯 명이 뭉쳤는데
무엇이든 못하겠습니까?

- 출연자들, 임하는 각오 인터뷰

재석　　무한도전의 맏형님으로서 표영호씨,
어때요? 어떤 각오로 도전에 임하실 건가요?

불안하니까 연예인이다

추석 특집으로 〈나는 가수다〉를 패러디해서 〈나는 트로트 가수다〉란 프로그램을 만들게 됐다. 섭외를 위해 가수 남진을 만났다. 그는 출연을 계속 고사하면서 자신은 시청자가 무섭다고 했다. 자신의 일거수일투족을 낱낱이 지켜볼 시청자들이 무서워 녹화 전까지 잠을 못 자고 녹화 후엔 모든 것을 빨린 듯한 허전함에 한동안 아무 일도 못한다고 한다. 남진은 올해로 가수 데뷔 45주년이 됐다. 뼛속부터 가수라 할 수 있는 그가 아직도 시청자 앞에 서는 것을 두려워한다는 말이 신선했다. 우여곡절 끝에 출연 승낙을 받아냈는데 결국 그날부터 잠을 설치고 있다는 소식을 전해 들었다.

〈나는 가수다〉는 노래 대결을 벌여 꼴등 한 사람을 탈락시킨다. 시청자들은 누가 1등했나보다 누가 탈락되는가를 훨씬 궁금해한다. 바로 이 궁금증이 〈나는 가수다〉를 끌고 가는 최고의 동력이다. 출연 가수들도 1등을 하기보다는 탈락되지 않기 위해 안간힘을 쓴다. 부담감에 한숨도 못 잔 채 방송국에 도착하고 자기 순서를 기다리며 초조해하고 공연을 마치고는 아쉬움에 자책한다. 대기실에서 경쟁 가수의 무대를 지켜보면서 겁에 질리고 투표결과가 발표될 때는 긴장감에 심장이 졸아버릴 것 같다. 그리고 PD는 이러한 가수들의 불안심리를 극대화해 편집하고 시청자들은 연예인들의 불안을 즐긴다.

연예인은 태생적으로 불안한 영혼이다. 무엇보다 인기에 대한 강박관념 때문이다. 인기로 먹고사는 연예인에게 인기는 세상의 전부다. 인기가 없기에 불안해하지만 아이러니컬하게도 인기를 얻을수록 더 불안해진다. 그토록 염원하던 인기를 잡았는데도 오늘을 즐기지 못하고 이 인기가 언제 자신을 떠날까 전전긍긍한다. 그리고 결국 자신이 예감했던 대로 내리막이 시작되면 허탈감과 상실감에 괴로워한다.

연예인의 두 번째 불안은 나이듦이다. 아날로그 TV에서 HD급 대형 화면으로 기술이 진화하면서 여배우들의 불안은 더욱 커졌다. 작은 주름, 잡티 하나도 적나라하게 드러난다. 자기 프로그램을 모니터하는 여배우의 눈에는 다른 것은 안 보이고 자기 외모의 결점만 보인다. 가만히 있자니 불안하고 뭐라도 해야겠기에 보톡스와 레이저를 맞고 얼굴에 손대기 시작한다. 한번 그 맛을 들이니 끊지 못하고 반복되어 중독에 이른다.

그러다 보니 이런 경우도 생긴다. 여배우를 캐스팅하고 서둘러 촬영을 시작하려는데 불안한 주연 배우가 사전 상의도 없이 얼굴 튜닝에 들어간다. 결국 코앞에 다가온 방송 날짜에도 불구하고 몇 주 동안 여배우 얼굴이 자리 잡기만을 모든 스태프들이 기다린다. 그리고 생방송처럼 초치기로 드라마를 찍어 방송한다.

미래에 대한 경제적 불안 또한 연예인을 괴롭힌다. 프리랜서이다 보니 수입이 불규칙적이기에 끊임없이 한눈을 판다. 식당이나 인터넷 쇼핑몰을 직접 열기도 하고 다른 이의 사업에 이름을 빌려주기도 한다. 그러면 미래에 대한 대비도 했으니 걱정거리가 하나 줄어야 할 텐데 오히려 걱정 리스트에 항목 서너 개가 추가된다.

불안하지 않은 현대인이야 한 사람도 없겠지만 연예인의 불안은 성격이 다르다. 연예인들의 불안은 자신이 아닌 다른 사람의 시각에 맞춰 살아야 한다는 데서 출발한다. 그들은 밖으로 보이는 모습으로 판단된다. 자신의 가치를 자기가 아닌 대중으로부터 인정받아야 한다. 마치 남의 삶을 사는 것과 같다. 그리고 외부에 보여주기 위한 삶과 자신의 실제 삶과의 괴리는 새로운 불안을 낳는다. 한편으로 생각하면 연예인이 누리는 경제적 부와 특권은 이러한 불안감에 대한 보상일 수 있겠다.

연예인들의 불안이 숙명적으로 피할 수 없는 것이라 해도 불안을 지혜롭게 관리할 수는 있다. 불안이 지나치면 사람의 영혼을 갉아먹어 파멸에 이르게 하지만 적당한 불안은 약이 된다. 언제 떨어질지 모르는 인기에 대한 불안 때문에 겸손할 수 있고 외모에 대한 불안 때문에 자기관리에 철저할 수 있다. 앞날의 경제적 불안 때문에 흥청망청 살지 않는다.

얼마 전 〈나는 가수다〉에서 탈락한 윤도현은 이 프로그램을 통해 자신이 속한 밴드 YB가 다시 일어설 수 있었다고 소감을 밝혔다. 처음 출연요청을 받고는 부담감 때문에 안 하겠다고 도망 다녔지만 지금에 와서 돌아보니 하지 않았으면 어떡할 뻔했나 하는 생각까지 든다는 것이다.

불안을 관리하는 또 한 가지 방법은 그냥 그대로 받아들이는 것이다. 불안은 연예인의 직업병과도 같은 것이니 불안하다고 불안해할 필요가 없다. 불안은 당연한 것이니 불안하면 안심해도 된다. 그러면서 자신을 더 믿어본다. 『월든』의 저자 헨리 데이비드 소로의 말대로 "당신의 삶은 생각만큼 그리 엉망이지 않다".

〈나는 트로트 가수다〉 중간평가 녹화 날, 남진은 제작진과 다른 출연 가수들이 깜짝 놀랄 만큼 새로운 무대를 보여주었다. 밤잠을 못 이루게 한 불안을 창조의 원동력으로 선용한 것이다. 이것이 45년이 넘도록 여전히 대중의 사랑을 받는 국민가수 남진의 인기비결이 아닐까.

구글 본사에서 부른 K팝

지난 월요일 미국 IT기업 구글 본사가 있는 미국 캘리포니아 주 마운틴뷰의 야외공연장에서 〈코리안 뮤직 웨이브 인 구글〉이 열렸다. 이번 콘서트는 유튜브 프리젠츠www.youtube.com/presents를 통해 전 세계에 인터넷으로 생중계됐고, 한국에서는 녹화, 편집되어 방송되었다.

세계 1위 동영상 플랫폼인 유튜브의 프리젠츠 채널은 우리나라에서도 인기를 끌고 있는 제이슨 므라즈Jason Mraz, 테일러 스위프트Taylor Swift와 같은 세계적 뮤지션들의 콘서트를 생중계하여 음악 팬들 사이에서 큰 반향을 일으켜왔다. 그런데 이번에는 소녀시대, 원더걸스, 동방신기 등 우리 대표 선수들이 전 세계 시청자 앞에서 K팝K-POP을 선보이게 됐다. 그동안 한류의 주요 무대였던 아시아를 벗어나 세계 팝의 본무대인 미국에서, 그것도 세계 최고의 인터넷 기업 구글과 함께 말이다.

지난해부터 국내 방송사들은 구글과 유통 협약을 맺고 방송 콘텐츠를 구글의 자회사 격인 유튜브의 전용 채널들을 통해 제공해 왔다. 방송사로서는 클립 영상에 붙는 광고 수익을 나눠 가지면서 새로운 시장을 개척할 수 있고, 또한 국내 방송 콘텐츠를 글로벌 시장에 알릴 수 있는 좋은 기회다. 그러고 보면 지난해부터 시작된 유럽과 남미의 K팝 열풍의 일등 공신은 유튜브다. 서구의 네티즌들에게 꽃미남, 꽃미녀 아이돌들의 일사불란한 군무와 중독성 짙은 멜로디의 K팝은 전혀 새로운 음악이었다. 수천억 달러의 마케팅 비용을 들여도 할 수 없는 일을 유튜브가 대신해준 셈이다.

이번 콘서트가 열리기까지 많은 우여곡절이 있었다. 원래는 구글 캠퍼스 앞마당에서 구글러구글 직원를 대상으로 작은 음악회를 열기로 구글 측과 합의했다. 그런데 뜻밖의 태클에 걸렸다. 구글 앞마당 지하는 주차장인데 공연 세트가 그 위에 들어서기에는 그 무게 때문에 붕괴될 위험이 있다는 진단이 내려졌다. 불과 콘서트 한 달 전 일이다. 우리의 멘탈도 붕괴 직전이었다. 결국 원점에서 다시 시작해야 했다.

고심 끝에 구글 앞에 자리한 대형 야외공연장으로 장소를 옮겨 강행하기로 했다. 500명 관객을 생각하고 시작했던 앞마당 음악회가 2만 명이 들어가는 블록버스터급 메가콘서트가 돼버렸다. 관객을 끌어모으는 게 관건이었다. 공연 날은 주말도 아닌 월요일 저

미국 캘리포니아 구글 본사 원형극장에서 열린 K팝 콘서트 | 아침에는 조각구름처럼, 오후 들어서는 뭉게구름처럼, 그리고 저녁이 되자 토네이도처럼 휘몰아치며 구글러와 시민들이 밀려들었다. 가수들도 열광적 호응에 감동해 최고의 무대를 선보였고 각종 피부색의 팬들은 노래를 같이 부르고 춤을 따라 추면서 축제를 즐겼다. 중계를 하던 미국인 카메라맨은 "awesome! awesome!(최고! 최고!)"을 연발했다.

녁, 장소는 샌프란시스코에서 자동차로 두 시간 걸리는 촌구석이다. 홍보할 수 있는 시간도 열흘밖에 남지 않은 상황. 더구나 아직은 K팝이 낯선 미국 땅이 아닌가.

D-1. 리허설을 마치고 숙소로 돌아가면서 공연장 주변을 살폈다. 보통 공연 전날부터 천막을 치거나 담요를 깔고 입장을 기다리는 열성 팬들이 모여들게 마련인데, 그래서 부족한 제작비에도 불구하고 밤샘 경비요원까지 고용했는데, 현실은…… 한 명도 안 왔다. '망했구나.' 그냥 맘을 추스르고 연출에만 집중하기로 했다.

드디어 공연 날! 뭔가 조금씩 움직이고 있다는 게, 변화가 오고 있다는 게 느껴졌다. 관객이 모이기 시작했다. 아침에는 조각구름처럼, 오후 들어서는 뭉게구름처럼, 그리고 저녁이 되자 토네이도처럼 휘몰아치며 구글러와 시민들이 밀려들었다. 6,000석의 객석을 다 채우고 위쪽 잔디밭까지 꽉 채웠다. 현지 뉴스에서는 2만 2,000명이 운집했다고 전했다.

연출진은 감격하고 공연장 관계자는 개장 이래 최대의 인파에 놀라워했다. 가수들도 열광적 호응에 감동해 최고의 무대를 선보였고 각종 피부색의 팬들은 노래를 같이 부르고 춤을 따라 추면서 축제를 즐겼다. 옛날 마이클 잭슨 공연 실황에서 보던 반은 실성한 것 같은 리액션을 직접 볼 수 있었다. 중계를 하던 미국인 카메라맨은 "awesome! awesome!(최고! 최고!)"을 연발했다.

공연장에서만 축제를 즐긴 것은 아니었다. 유튜브 관계자는

500만 명의 접속을 예상했다. 공연 세 시간 동안 유튜브 프리젠츠에 달린 댓글 수는 19만 건에 육박했다. 개인적으로는 세계 IT의 심장부 구글에서 콘서트를 열었다는 상징성과 함께 미국이라는 공연 선진국의 스태프와 같이 협업한 경험에 큰 의미를 둔다.

재미있는 에피소드 한 가지. LED로 장식된 큰 미닫이문 세트 두 짝을 만들었다. 문이 열리면서 가수들이 무대로 등장한다. LED가 무겁긴 하지만 한국에서는 한 쪽에 스태프 한 명씩 붙어 문을 연다. 그런데 덩치도 큰 미국인 스태프들은 한 쪽에 네 명씩 여덟 명이 붙었다. 안전을 위해 그래야만 한다고 노동조합 대장이 우기니 따를 수밖에. 그게 다가 아니다. 공연 중 이 스태프들이 소변이 마려울 수 있으니 예비로 여덟 명을 더 스탠바이 시켜야 한다는 것이다. 결국 우리는 두 명이 하는 일을 미국 스태프 열여섯 명이 하게 됐다. 물론 우리에게도 소변에 대한 대비책은 있다. 공연 날엔 물을 안 마시는 거다! 일하는 시스템의 차이에 서로 놀랐다. 어느 쪽이 맞는지 모르겠지만 아무튼 한국은 대단하다.

아이돌의 댄스에만 집중된 K팝의 현실에 대해 많은 우려의 목소리가 있다. 하지만 서양에서는 낯선 아이돌 댄스라는 새로운 장르를 개척했고, 이를 통해 세계 팝 문화에 기여했다는 사실에 우리는 자부심을 느껴도 좋을 듯싶다. 구글 공연을 마치고 든 생각이다.

생계형 연예인이 사는 법

생계형 연예인. 방송이나 영화 등 연예활동으로 가까스로 입에 풀칠하며 생활하는 연예인을 뜻한다. 시청자들은 이런 생계형 연예인의 우는 소리를 엄살로 받아들이는 것 같다. 연예계가 아무리 부익부 빈익빈이 심한 승자들의 독식 사회라 하지만 그래도 연예인 아닌가.

아침 방송에서 보면 이제 잊혀 기억도 나지 않는 왕년의 연예인이 한강이 내려다보이는 럭셔리한 주택에서 외제 승용차를 굴리며 잘 먹고 잘살고 있다. 평소 삼류 연예인쯤으로 우습게 봤던 코미디언도 어느새 CEO로 변신해 떵떵거리며 잘산다. 그 옆에는 항상 어리고 예쁜 아내가 웃고 있다.

상황이 이러니 가난한 연예인들의 하소연도 배부른 소리로 들릴 수밖에. 하지만 2009년 국세청 자료에 따르면 연예인들의 월평균

수입은 200만원에 불과하다고 한다. 직장인 평균에도 못 미치는 액수다. MBC 코미디 프로그램 〈웃고 또 웃고〉에 출연하는 개그맨들 중 상당수는 오로지 출연료만으로 생활한다. 그들의 출연료는 주당 30만~40만원에 불과하다.

이번 주 〈놀러와〉는 생계형 연예인 특집으로 꾸몄다. 우선 섭외에 애를 먹었다. 자존심 하나로 버티는 연예인인데 생계형이란 콘셉트로 모으려니 대부분 단칼에 출연을 거절했다. 우여곡절 끝에 출연자들을 꾸렸으니 이들이야말로 방송에 목마른 진짜 생계형 연예인인 셈이다.

한때 잘나가던 SBS 공채 개그맨 김경민은 어느 순간부터 출연 제의가 끊어지면서 결국 전기세도 못 낼 정도로 살림이 어려워졌다. 가족과 식사를 하다가 TV에서 고기 먹는 장면이 나오면 채널을 돌린다고 한다. 아홉 살 아들은 어쩌다 방송국에서 전화가 오면 옆에서 속삭인단다.

"아빠, 무조건 한다고 그래."

그는 지금 고정 프로그램 하나 없이 아내의 비누사업을 도우면서 살아간다.

연예인의 가난은 일반인의 가난과 그 성격이 다르다. 워낙 화려한 연예계이다 보니 상대적 박탈감이 더 심할 수밖에 없다. 잘나가던 때를 생각하면 지금의 처지가 한없이 처량해 보이고 자기를 알아주지 않는 PD나 작가들이 원망스럽고 자기에게 등을 돌리는 시청자와 세상이 미워진다. 한때 자기보다 잘나가지 못하던 동료가 한 방에 스타덤에 올라 이 채널, 저 채널을 누비고 다니는 걸 보면 TV를 아예 치워버리고 싶다. 자신감이 없어지면서 사람 만나기를 피하게 되고 자기만의 세계로 움츠러든다. 그러다 보니 세상에서 더더욱 잊히는 악순환이 반복된다. 똑같은 정도로 가난하더라도 연예인이 체감하는 불행지수는 일반인이 느끼는 것보다 훨씬 크다. 행복이나 불행은 모두 상대적이다.

탤런트 윤기원은 녹화 중에 뜬금없이 6년 전 김원희 결혼식에 참석하지 못한 것을 사과했다. 김원희에게 전화를 걸어 청첩장까지 요구해서 받아놓고는 막상 결혼식장에는 가지 못했다고 한다. 결혼식장에 참석할 톱스타들, 쇄도하는 방송국 카메라, 쏟아지는 플래시 세례. 그 와중에 자기에게는 아무런 인터뷰도 오지 않을까 봐, 그래서 자존심에 상처를 받을까 봐 무서워서 가지 못했다는 거다. 아무리 못 나가도 명색이 연예인인데 모양새 빠지는 모습을 보이긴 죽기보다 싫었다고 한다.

윤기원은 유재석과 KBS 코미디언 데뷔 동기다. 시작은 같았지만 30년이 지난 지금 그 둘이 서 있는 위치는 하늘과 땅 차이다. SBS 공채 탤런트이기도 한 윤기원은 요즘 석 달에 7만원 하는 헬스장에 다니면서 주로 만화 채널 시청과 인터넷 검색으로 시간을 보내며 부모 집에서 살고 있다.

녹화는 유쾌하게 마쳤다. 하지만 그 유쾌함 아래에는 고달픈 삶이 주는 페이소스가 있었다. 그들을 도와주고 싶지만 연출가로서 내가 해줄 수 있는 것은 없다. 프로그램에 고정으로 꽂고 싶은 마음은 굴뚝같지만 피 말리는 시청률 경쟁에 그들을 배려할 자리는 남아 있지 않다. 그렇다고 유재석의 출연료를 나눠줄 수도 없는 노릇이다. 냉정하게 말하자면 연출자 입장에서는 유재석을 잡을 수만 있다면 지금보다 훨씬 더 많은 출연료를 줘도 아깝지 않고, 생계형 연예인은 무료로 출연하겠다고 해도 사양하고 싶다.

물질적·정신적 어려움에도 불구하고 연예인이란 직업을 포기하지 않는 이유는 무엇일까. 출연자들의 대답은 한 가지로 모아졌다. 바로 '내일'이었다. 연기로, 개그로, 노래로 세상을 향해 '나 아직 살아 있어' 하고 보여주고 싶은 거다. 고도를 기다리듯 언젠가 자신의 꿈이 이루어질 날이 반드시 올 것이라 믿고 와신상담하고 있는 거다. 윤기원은 자신이 힘들 때마다 떠올리는 서양 속담이 있다며 소개했다.

'누구에게나 그의 차례는 있다Chacun a son tour.'

벌써 김구라가 보고 싶다

이번 주 월요일 MBC 예능국은 긴급회의의 연속이었다. 아침부터 인터넷에서는 개그맨 김구라의 종군위안부 발언이 새롭게 제기됐다. 이미 지난 총선 기간 동안 김용민 후보의 '막말파문'이 핫이슈로 떠오르면서 불똥이 김구라에게 튄 상태였다.

선거가 끝나면 조용해지리라 예상했는데 이번엔 더 센 게 터졌다. 인터넷이 무섭긴 무섭다. 무명시절이었을 땐 아무도 신경쓰지 않았던 케케묵은 인터넷 라디오 방송 파일을 누군가 작심하고 찾아내어 10년 만에 세상에 끄집어냈다. 종군위안부를 윤락 여성들에 비유했다고 보도됐지만 직접 들어보면 엉겁결에 실수로 튀어나온 말이고 종군위안부를 비하하려는 의도는 전혀 없어 보인다. 그렇지만 본의야 어찌됐든 치명적인 잘못이다. 김구라의 말대로 "입 밖에 나온 말을 다시 주워 담을 수는 없는 게 세상의 진리"니까.

김구라 퇴출 요구가 다시 달아오르자 예능국 부장들은 수요일 방송될 〈라디오스타〉를 죽이느냐(결방) 살리느냐를 두고 연속 회의를 했다. 그러던 중 김구라가 기자회견을 준비한다는 소식이 들렸다. 잠정 은퇴를 선언하겠다는 뜻도 같이 전해졌다. 회의 주제는 다시 이미 녹화된 방송분을 어떻게 수정해서 내보내느냐로 바뀌었고, 당장 김구라 없이 촬영을 강행해야 할지 논의했다. 결국 이미 녹화된 내용에서 수위 조절을 해 김구라의 독한 발언을 솎아내고 방송하기로 했다.

어느새 김구라는 일주일에 여덟 개의 프로그램을 맡고 있는 A급 MC로 커 있었다. 김구라가 욕설과 거친 말로 떴다는 것은 새로울 게 없는 누구나 다 아는 사실이다. 그의 독한 인터넷 방송에 마니아들은 열광했고, 드디어 오랜 무명시절을 청산하고 2004년 KBS 라디오 DJ를 꿰차게 됐다. 하지만 동시에 많은 안티 팬들이 있었고 과거 발언 때문에 여러 차례 곤혹을 치르며 마음고생을 해왔다.

하차 인터뷰에서 말했듯이 그는 "지상파 진출 이후 하루도 마음 편한 날이 없었다"고 한다. 아들 동현에게도 "아빠가 이런 발언들을 해 문제가 됐고, 문제가 되고 있고, 앞으로도 문제가 될 것이니 아빠가 언제 어떻게 될지 모른다"는 말을 반복했다고 전해진다.

일련의 사건을 지켜보면서 김구라와 오랜 시간 같이 일해온 PD인 나로서는 참 안타깝다. 당장 그의 빈자리를 메울 대체 MC를 구하는 일이 발등의 불이지만, 이에 앞서 김구라의 예능적 재능이 아깝다. 그의 화법이 일견 무례하고 못돼 보이지만 그것이 오히려 새로운 트렌드를 만들었다. 그간의 엄숙주의, 억지 감동, 영화 홍보 등의 식상한 패턴을 버리고 그는 솔직하고 생동감 넘치는 방송을 선보였다. 시청자들이 궁금해하는 것을 단도직입적으로 물었고 시청자들이 하고 싶은 말을 거침없이 대신 해주었다.

이런 그의 튀는 발언이 마침 우리 사회의 다원주의, 탈권위주의 분위기와 맞물리면서 김구라식 독설은 꽃을 피우게 되었다. 독한 말을 마구 내뱉는다고 모두 독설이 되는 것은 아니다. 시청자가 들으면서 '맞아, 맞아' 고개를 끄덕이고 가슴이 뻥 뚫리는 시원함을 맛봐야 한다. 김구라의 독설에는 그런 공감대가 있다.

그간 많은 프로그램을 연출했지만 김구라만큼 순발력이 뛰어나고 정곡을 찌르는 MC를 별로 보지 못했다. 연예계 전반에 대한 해박한 지식과 사회에 대한 잡학다식함도 그의 또 다른 강점이다. 이제 막 그 열매를 따기 시작했는데 자신을 만들어준 독설이 오히려 부메랑이 되어 자신을 거꾸러뜨렸으니 같은 방송인으로서 마음 아플 뿐이다.

김구라의 하차와 관련해 아들 동현이에게도 많은 관심이 모아졌다. 동현이는 그동안 아버지와 함께 출연하여 특유의 귀여움과 재치로 '누나팬'들의 사랑을 한 몸에 받아왔다. 동현이가 받을 상처에 많은 팬들이 안타까워했다. 김구라도 한창 예민한 시기에 이런 일이 터져서 아들에게 미안하다고 심정을 밝혔다. 잠정 은퇴 발표 다음날 그의 가족은 지방에 내려가 칩거했다. 아버지로서 아들을 여론의 폭격에서 보호하겠다는 고육책일 터이다. 아버지의 바람대로 동현이는 이 고난의 시기를 잘 이겨낼 것이다.

김구라는 확실히 잘못했다. 지금 그 죗값을 온몸으로 치르고 있다. 죄는 미워하되 사람은 미워하지 말라고 했다. 적어도 김구라는 변명하지 않았고 잘못에 책임지고 자신의 가장 소중한 것을 내려놓았다. 그가 언제 연예계에 컴백할지 기약이 없다. 그런데 벌써부터 나는 그가 보고 싶다. 속죄하고 다시 돌아와 전혀 기죽지 않고 예전처럼 시원하게 독설을 날려줄 김구라가.

싸움의 기술

프로그램을 만들다 보면 사람들과 많이 싸운다. 밖에서 보면 언뜻 이해가 안 가겠지만 방송국 현실이 그렇다. 같은 프로그램을 만들면서도 스태프, 때로는 연기자들과 부딪치고 언성을 높이고 상처를 주고받는다. 힘없는 조연출 때 야외촬영을 나가면 모든 스태프들이 다 적으로 보였을 정도였다. 하나의 프로그램을 만든다는 게 아무것도 없는 것에서 새로운 무엇인가를 만들어내는 작업인 만큼 현상유지를 하려는 힘과 변화시키려는 힘 사이에 마찰과 충돌이 생기게 마련이다.

그리고 PD는 항상 아쉬운 쪽에 서 있다. 스태프가 회사 선배일 때는 더 난감하다. 온갖 애교와 아양을 총동원해서 부탁한다. 이것 좀 찍어 달라, CG로 만들어 달라, 준비가 안 됐으니 기다려 달라……. 다행히 나는 워낙 좀 불쌍해 보여서인지 그런 부탁이 잘

먹혔지만 그럼에도 그런 읍소가 통하지 않을 때는 최후의 전면전을 벌여야 한다. 방송은 나가야 하므로 물러설 곳이 없다.

나는 말발이 약하다. 화를 어떻게 내야 하는지도 모르겠다. 그러다 보니 싸움이 벌어지면 주로 당하는 쪽이다. 상대가 분명히 잘못했는데도 싸우다 보면 말문이 막혀 '어, 어……' 하다가 내가 옴팡 뒤집어쓰는 꼴이 된다. 그리고 판이 다 끝난 뒤 씩씩거리며 집에 가서야 생각이 난다. '아, 그때 이렇게 받아쳤어야 하는데.' 그런데 경험 만한 스승은 없다고 그런 억울한 일을 계속 겪다 보니 나름대로 싸움의 기술이 생겼다.

첫 번째 방법은 『손자병법』에 나온 대로 '이겨놓고 싸우는' 기술이다. 싸움을 시작하고 이기는 게 아니라 싸우기 전에 이미 이겨놓는 방법이다. 여기에는 많은 준비가 필요하다. 상대의 잘못을 차곡차곡 쌓아두고 그가 결정적인 실수나 패착을 저지르길 기다려야 한다. 최후의 결전을 위해서 여러 가지 버전의 시나리오를 준비한다. 상대가 고수일수록 다양한 시뮬레이션을 해본다. 내가 A로 공격했을 때 상대방이 보일 반응으로 a만을 예상해선 안 된다. 예상치 못하게 b와 c로도 튈 수 있다. 그러면서 각각 a', b', c'로 맞받아 칠 대응책을 준비한다(막상 이렇게 써놓고 보니 내 성격이 굉장히 집요해 보이지만 사실은 그렇지 않다는 걸 믿어주시길). 이런 준비를 마친 뒤에도 쉽사리 움직이지 말아야 하고 작은 승부에 연연해서는 안 된다. 그리고 기회를 잡으면 준비된 모든 것을 한꺼번에 쏟아 부어 완승을 거둔다.

한번은 꼬장꼬장하기로 악명 높은 선배 카메라맨과 야외촬영을 나갔다. 콘티대로 찍었지만 혹시 편집 때 필요할 수 있으니 다른 사이즈로 한 번 더 촬영하자고 요청했다. 평소 관계가 불편했던 선배는 사전에 얘기가 안 됐으니 못 찍겠다고 일언지하에 거절했다. 엄밀하게 따져보면 꼭 다시 찍지 않아도 되는 컷이었지만 그렇다고 많은 스태프와 연기자 앞에서 밀릴 수는 없었다. 머릿속으로 준비한 카드들을 분주히 점검했다.

첫 번째 카드. 프로그램이란 대의를 생각해서 예정에 없었지만 촬영해 달라고 정중히 부탁했다. 또 거절. 아까 찍은 거 그냥 쓰란다. 그럴 줄 알았다. 두 번째 카드를 꺼냈다. 연출권을 내세우며 논리 싸움을 건다. 연출자가 맘에 안 든다는데 다시 찍어야 되는 거 아니냐, 어떻게 NG컷을 그냥 쓰느냐. 선배도 촬영권을 내세우며 자존심을 굽히지 않았다. 이제 마지막 방법이다. 옆에서 눈치만 보고 있던 FD에게 나지막하게 하지만 모두에게 들리게 말했다. “접어라.” 아예 야외촬영을 철수하란 말이다. 끝까지 가는 거다. 물론 내일이라도 밤샘 촬영을 하면 방송 펑크는 막을 수 있다는 계산이 머릿속엔 서 있다. 그리고는 선배에게 덧붙였다. 내부 보고 절차를 통해 시비를 가리겠다고. 이 말에 선배도 정신 줄을 놓는다. “뭐라고? 이런 싸가지 없는…….” 어차피 정면 박치기를 각오한 바다. 물러서지 않고 되받아친다. 이쯤 되면 주변 스태프들이 나서서 싸움을 말린다. 처음엔 계속 '철수!'를 외치지만 적당히 눈치 봐서 선배는 선배대로 나는 나대로 못 이기는 척 재촬영에 들어간다. 분위기는 험악해졌지만 싸움에서는 이겼다.

그런데 이런 준비를 미처 갖추기 전에 싸움이 벌어질 때가 있다. 그때는 '싸우지 않고 이긴다' 수법을 쓴다. 말주변이 없는 내가 불리하니 말수를 줄인다. 그러면서도 상황을 피하지 말고 눈을 맞추고 상대방이 말을 많이 하도록 만든다. 질문을 받아도 수세에 몰렸을 때는 아예 답하지 않는다. 답답해진 상대는 더 많은 말을 하게 되고, 그러다 보면 오버와 실수가 나오게 마련이다. 일부러 상대를 툭툭 자극해서 더 큰 실수를 유도해낼 수도 있다. 그러면 상대방도 말없는 내가 부담스러워지기 시작한다. 자신도 잘못이 있다는 것을 스스로 알고 있다. 이런 식으로 시간을 끌다 보면 이기지는 못해도 적어도 지는 싸움은 피할 수 있다.

그런데 고수의 기술이 하나 더 있다. '지는 게 이기는 거다'라는 비법이다. 이 역설은 의외로 자주 통한다. 몇 년 전 〈건강보감〉이란 프로그램을 연출할 때의 일이다. 〈건강보감〉은 엽기적인 건강음식과 치료법을 소개하면서 인기를 끌었는데 한번은 일본으로 해외촬영을 갔다. 이경규, 김용만, 조형기, 이윤석 등 소위 코미디가 되는 연기자들이 MC였다. 그날 촬영 아이템은 일본의 자연의학법 중 하나인 '오줌건강법!' 자신의 오줌을 직접 마심으로써 병을 예방하고 치유한다는 이론이다. 연출자의 입장에서는 눈이 번쩍 뜨이는 최고의 아이템이다. 자신의 오줌을 자기가 마신다니! 이경규가 벌레 씹은 표정으로 자기 오줌을 마시고 김용만·조형기가 소변 러브샷을 한다. 이보다 더 새롭고 센 그림이 또 있을까. 더구나 충분한 역사적 배경과 의학적 뒷받침이 있고 일본에서는 광범위하게 퍼져 있는 건강법이라니. 작가와 난 촬영 전부터 이미 대박을 확신하고 있었다.

우선 일본 오줌건강학회 회원들을 섭외해서 '신의 물방울'이라 할 수 있는 오줌의 신비에 대해 설명을 들었다. 다음은 직접 자신들의 오줌을 와인 잔에 담아 다 같이 건배하고 원샷을 하게 했다. 황당해하는 우리 출연자들의 리액션도 카메라에 담았다. 이제 우리 차례다. 각자 큰 컵을 하나씩 들고 화장실 앞에 줄서서 차례를 기다리며 소변을 담게 했다. 머릿속에 그렸던 그림 이상의 코미디가 줄줄이 터져 나왔다. 이제 자기의 소변을 마시면 된다. 하지만 문제는 여기서 터졌다. 이경규가 도저히 못 마시겠다는 거다. 아무리 효험이 있는 자연의학법이라도 더 이상은 못하겠다고 버텼다.

별 수 없이 촬영을 중단하고 설득작업에 들어갔다. PD들이 이런 때 잘 쓰는 방법이 있다. 잘 들어주고 충분히 이해한다고 말한 다음 우선은 찍어나 보자, 정 이상하면 편집하거나 방송을 내지 않겠다며 다독이는 거다. 하지만 이 방법도 전혀 통하지 않았다. 이게 방송되면 주위에서 오줌 먹은 개그맨으로 두고두고 놀림을 받게 된다는 거다.

지금 돌아보면 모든 게 코미디지만 당시로선 큰일이었다. 스태프와 일본 학회 사람들 앞에서 체면 구기는 것은 둘째이고 당장 방송 아이템 하나가 펑크 나게 됐으니. 우격다짐으로라도 끝까지 밀어붙일까, 아니면 자존심 접고 MC 말을 따를 것인가. 결국 이경규 뜻을 다 받아들이기로 했다. 형의 말에 따르겠다고 말하고 일본 오줌건강학회 사람들에게 깊이 머리를 조아렸다.

다음날 이경규는 적극적으로 촬영에 임했다. 그렇게 열심히 방송하는 모습은 처음이었다. PD의 뜻을 꺾고 자기 고집을 부린 만큼 나머지 촬영은 어떻게든 재미있게 살리려고 최선을 다한 거다. 일본 민간요법 요리집에 갔는데 굼벵이며 바퀴벌레를 우걱우걱 잘도 씹어 먹었다. 오후에 냉동건강법을 소개할 때는 아래 속옷만 입은 채 영하의 캡슐 안에 솔선수범하여 들어가 이가 딱딱 부딪치도록 떨면서도 코미디를 쳤다. 촬영은 대성공. 전체 프로그램이 잘됐으니 오히려 내 자존심이 세워졌다. 전투에서 지고 전쟁에서 이겼다. 지는 게 이기는 거다.

비슷한 경험이 입사 초창기에도 있었다. 하루는 메인 작가와 크게 싸웠다. 야외촬영 대본을 두고 한판 붙었는데 잘잘못은 제쳐두고 말발에서 우선 내가 상대가 안 됐다. 십여 년간 방송국 정글에서 메인의 자리를 지키며 살아남은 작가와 신출내기 조연출의 말싸움은 시작부터 이미 추성훈과 한민관의 싸움이었다. 서로 언성을 높일수록 점점 수세에 몰리더니 어느 순간 내 말문이 탁 막혀

일본 건강 요리점에서 굼벵이 만두를 먹고 있는 이경규 | 다음날 이경규는 적극적으로 촬영에 임했다. 그렇게 열심히 방송하는 모습은 처음이었다. 일본 민간요법 요리집에 갔는데 굼벵이며 바퀴벌레를 우걱우걱 잘도 씹어 먹었다. 촬영은 대성공. 전체 프로그램이 잘 됐으니 오히려 내 자존심이 세워졌다. 지는 게 이기는 거다.

버렸다. 따발총처럼 쏟아지는 공격 앞에 얼굴만 벌게지고 심장만 벌렁거릴 뿐 아무 말도 못했다. KO패! 보기 좋게 대자로 뻗어버린 거다.

얼마나 내 자신에게 화가 나던지. '바보 같은 놈. 작가 앞에서 이 무슨 망신인가.' 그런데 몇 달 후 그 일을 잊은 지 오래됐을 때 이상한 말을 들었다. 나와 싸웠던 그 작가가 주위에 내 칭찬을 하고 다닌다는 거다. 그 PD 대단하다고. 한번은 자기와 크게 싸웠는데 서로 감정이 상할 순간 그 PD가 스스로 자제를 하더란 것이다! 자제한 게 아닌데. 말발이 달려 받아치지 못했을 뿐인데. 그 때문에 내가 얼마나 속상해하고 이를 갈았는데. 하지만 내 속사정이야 어떻든지 나는 졸지에 참을성 있고 그릇이 큰 PD로 소문나게 됐다. 지는 게 이기는 거다.

반대의 경우도 있다. 항상 당하기만 하던 나였는데 한번은 상대쪽에서 결정적인 잘못을 저질렀다. 그리고 내 쪽의 임전준비는 완벽했다. 그 순간 하나 더 생각했다. 이 사람과는 앞으로 다시 볼 일이 없다. 그러니 제대로 그간의 수모를 되갚으리라. 그리고는 정면으로 붙어서 일방적인 승리를 거뒀다. 모처럼의 완승에 의기양양해졌다. 하지만 시간이 흐르고 절대 만날 일 없을 줄 알았던 그 사람과 딱 맞닥뜨리게 됐다. 그리고 그때는 정말 희한하게도 꼭 내가 부탁해야 하는 타이밍이었다. 어쩌겠는가. 얼굴에 비굴한 웃음을 띠고 찾아가 부탁할 수밖에. 이기는 게 지는 셈이 됐다.

싸우고 나서 더 친해지는 경우가 있고 아예 등 돌리는 경우가 있다. 생산적인 싸움이고 파괴적인 싸움이다. 경험으로 보면 '일'로만 싸우면 더 친해질 수 있다. 직장생활하면서 일로는 얼마든지 싸울 수 있다는 합의가 있다. 오히려 상대의 열정을 높이 살 수도 있다. 하지만 싸움에 '인신공격'이 동반되면 끝이다. 싸우고 나서 서로 원수가 된다. 인신공격은 반칙이다. 싸울 때 싸우더라도 페어플레이를 해야 한다.

꽃미남, 짐승남, 꽃짐승

이번엔 '꽃짐승'의 시대가 왔다. 어렵다. 얼굴은 '꽃미남'이어야 하고 몸은 '짐승남'이어야 한다. 몇 년 전만 해도 꽃미남의 시대였다. 뽀얀 피부에 예쁘장한 마스크의 남자 주인공이 여성 시청자의 안구를 정화시키면서 모성적 본능을 일깨웠다. 〈꽃보다 남자〉로 대표되는 미소년들은 도시적 외모와 섬세한 성격으로 꽃미남 열풍을 만들었다. 그러다가 이태 전쯤 가수 2PM이 무대에서 러닝셔츠를 찢으면서 혜성같이 등장, 짐승남 시대의 도래를 알렸다.

짐승남의 등장은 갈수록 치열해지는 경쟁사회의 탓도 크다. 하루하루 사는 게 힘들다 보니 여성들은 꽃미남을 챙겨줄 여력이 없어졌고, 그 대신 자신을 보호해줄 믿음직한 야성의 짐승남이 필요하게 됐다. 선 굵고 반항적인 마스크, 여성의 허리만큼 굵은 허벅지, 왕王 자가 선명한 탄탄한 복근, 울퉁불퉁 터질 듯한 팔뚝 등 단련된 근육의 남성성에 열광했다.

트렌드가 이렇다 보니 개그맨까지도 근육을 불리기 시작했다. 관객 앞에서 말로 웃기지 못하면 상의를 벗어젖힌다. 몸으로라도 웃기겠다는 의도다. 적어도 꺅! 하는 즉각적 리액션을 끌어낼 수 있다. 그런데 여성들의 욕심은 끝이 없나 보다. 짐승남은 사내답고 믿음직스럽긴 하지만 세련된 맛이 떨어졌다. 몸은 좋은데 머리는 안 되는 머슴 스타일이니 정서적인 부족함을 채워줄 새로운 남성상이 필요하게 됐다. 그리고 '아름답고도 강한' 꽃짐승이 탄생하게 됐다.

KBS의 새 월화드라마 〈빅〉에서 공유가 이미지를 확 바꿨다. 원래 갖고 있던 단아하고 댄디한 꽃미남 이미지에다 거칠고 섹시한 짐승남 이미지를 더해 꽃짐승 연기자로 거듭난 것이다. 〈빅〉의 작가인 홍자매(홍정은·홍미란)는 이런저런 상황을 만들어 꽃짐승 공유의 벗은 몸을 다각도로 보여줬다. 교통사고로 죽었다가 살아나는 장면에서는 나비 등 근육을, 알레르기를 살핀다는 핑계로 상반신을 벗기고서는 다비드 조각상 몸매를, 괜히 옷을 갈아입히면서 초콜릿 식스팩을 적나라하게 보여주며 여심을 흔들었다. 여성 시청자들은 '눈이 호강했다' '공유의 근육이 머릿속을 떠나지 않는다' '포토샵한 줄 알았다'며 뜨거운 반응을 보였고, 남자 시청자들은 '공유 때문에 부부싸움 나겠다'며 불편한 심기를 드러냈다.

얼마 전 〈황금어장〉에서는 주영훈과 조영구를 초대했다. 주영훈은 방송 프로그램과 연계해 폭풍 다이어트에 도전, 15킬로그램을 감량하면서 '호빵맨'에서 '근육남'으로 거듭난 바 있다. 조영구도 살과의 전쟁을 선포하고 월드스타 비를 역할모델로 삼아 10주간 식이요법과 운동을 병행한 결과 12킬로그램을 감량했다. 하지만 시청자들의 관심은 딴 데로 쏠렸다. 이들이 보여준 몸짱의 부작용이다. 몸은 탄탄한 근육질이 됐지만 얼굴은 살이 빠지면서 급속히 노안老顔이 돼버렸다. 몸은 영화 〈300〉의 용사이지만 얼굴은 〈반지의 제왕〉의 '스미골'이 된 셈이다. 주영훈은 빈혈이 생겨 밤에 화장실 갈 때도 벽을 잡고 다닌다고 고백했다. 조영구는 더 심각했다. 몸이 힘드니 자꾸 눕게 되고 만사가 피곤하고 아들이 안아 달라고 하는 것도 귀찮아졌다는 것. 설상가상으로 탈모까지 진행됐다며 울상이었다. 스튜디오는 폭소가 터졌지만 무리한 몸만들기의 나쁜 예를 잘 보여줬다.

좋은 예도 있다. 미국에서 식당 아르바이트를 하던 차인표는 주방장의 터질 듯한 근육질 가슴이 너무 부러워 그 비법을 물었다고 한다. 답은 간단했다. 팔굽혀펴기만 하면 되었다. 문제는 하루에 1,500개를 해야 한다는 점! 그 주방장은 TV를 보다가 광고만 나오면 무조건 팔굽혀펴기를 했다고 팁을 알려줬다. 주방장도 대단하지만 그 말을 그대로 따라한 차인표는 더 대단하다. 그는 지금도 틈만 나면 팔굽혀펴기를 하면서 하루 1,500개를 채운다고 한다. 그는 가슴근육을 키우면서 자신감이 붙고 친구도 늘었으며, 탤런트 공채시험에서는 '소양강 처녀' 노래에 맞춰 양쪽 가슴을 꿈틀거리는 묘기를 선보여 합격했단다. 몸만들기의 선순환이다.

꽃짐승 신드롬은 연예인이건 일반인이건 남자에게 피곤한 일이다. 예전에 남자배우는 몸짱일 필요가 없었다. 〈별들의 고향〉에서 신성일의 몸은 울퉁불퉁 근육질이 아니어도 좋았다. 〈뽕〉의 이대근은 D자형 몸매여도 러브신을 찍는 데 아무런 걸림돌도 되지 않았다. 얼굴과 몸매는 여배우의 몫이었다. 그런데 이제 남자의 성상품화가 자연스러워졌다. 남자배우의 남성성을 여성들은 눈요깃거리로 즐기고 소비한다.

일반인도 힘들어지긴 마찬가지다. 몸만들기는 이제 연예인이나 젊은 세대만의 관심사가 아니다. 중장년 일반인까지 몸짱되기에 열심이다. 외모가 경쟁력으로 떠오르면서 얼굴을 가꾸는 데 아낌없이 투자하는 그루밍grooming족 남성도 늘어나고 있다. 남자들은 꽃짐승이 되려고 자신을 다그치고, 꽃짐승이 되고 나서는 또 유지하려고 자신을 닦달하게 됐다. 남자들은 고달프고 여자들은 신났다.

방송가의 진리, 운칠기삼運七技三

지난주 〈놀러와〉 녹화 때 가수 이상우가 배우 한가인과의 첫 만남 일화를 소개했다. 이상우는 〈9시뉴스〉를 시청하던 중 당시 고등학생이던 한가인이 인터뷰하는 장면을 우연히 보게 됐다. 느낌이 좋아 수소문해서 한가인을 만났고 졸업할 때까지 1년을 기다린 뒤 계약을 맺었다. 얼마 후 한가인은 톱스타 반열에 오르게 됐다. 엉겁결에 인터뷰를 하게 된 한가인이나 하필 그때 그 장면을 보게 된 이상우나 둘 다 운이 좋았던 거다.

배우 정진영은 영화 〈초록물고기〉를 촬영할 때 연출부 스태프로 일하고 있었다. 어느 날 단역 배우가 갑자기 펑크를 냈고 급한 김에 그가 대타로 출연하게 됐다. 그게 계기가 되어 배우의 길이 열렸다고 한다. 행운이 가만히 있는 정진영을 찾아와 품에 안긴 셈이다.

요즘 〈나는 가수다〉로 인생 자체가 바뀌어버린 가수들도 엄청난 행운아들이다. 언더그라운드에서 얼굴 없는 가수로 우울한 시절을 지내오던 그들이 갑자기 대한민국에 불어닥친 오디션 열풍에 힘입어 한 방에 인생역전을 이뤄냈다.

'운칠기삼運七技三'은 방송가에서도 진리로 통한다. 노력과 실력만 가지고는 부족하다. 운이 따라줘야 한다. 외모도 좋고 연기도 잘하는데 참 안 풀리는 배우가 있다. 어렵게 배역을 따내도 중간에 영화가 엎어지거나 흥행에 참패한다. 반면 길거리에서 우연히 캐스팅되고 어설픈 '발 연기'를 해도 찍는 영화마다 대박 나는 배우가 있다.

그러니 세상은 참 불공평해 보인다. '운運'은 '옮긴다, 움직인다'라는 의미다. 뜻풀이대로 운은 움직인다. 이곳에서 저곳으로 옮겨 다닌다. 경기순환 곡선 같다. 불황기에 바닥에 있다가 서서히 회복되면서 호황기로 들어선다. 그리고 정점을 치고는 다시 하강하며 침체기를 맞는다. 운과 불운은 반복된다.

매니저 Y씨가 있다. MC몽, 신정환, 그룹 SG워너비를 데리고 있었다. MC몽이 출연하던 〈1박2일〉이 국민프로그램이 되면서 광고 촬영과 행사가 줄을 이었다. 신정환은 지상파와 케이블 채널을 누비며 예닐곱 개의 프로그램에 고정 출연하고 있었다. 행운의 여신이 Y씨의 애인인 듯했다.

그러다가 어느 순간 MC몽이 병역기피를 위해 고의로 이를 뽑았다는 의혹이 불거졌다. 프로그램에서 하차했고 재판에 휩싸였다. 곧이어 신정환은 해외 원정도박 사건이 터졌다. 이것도 부족해서 이제 막 앨범 활동을 시작하려던 SG워너비의 멤버 한 명이 뺑소니 혐의로 기소됐다. 방송가에선 Y씨를 불쌍해하기에 앞서 신기해했다. 어떻게 한 기획사에서 이런 불행이 연거푸 터질 수 있을까. 역시 '불행은 홀로 오지 않는다'.

반대의 경우도 있다. 매니저 C씨는 힘든 시기를 보냈다. 데리고 있던 그룹 거북이의 한 멤버가 갑작스레 세상을 떠났다. C씨는 빚더미에 앉았다. 그러던 중 지인의 소개로 작곡가 방시혁을 만났다. 그러고는 합심하여 바닥에서부터 다시 시작했다. 그래서 만든 그룹이 에이트, 옴므, 2AM이다. 이번엔 운이 그의 편이 되어줬다. 발표하는 곡마다 대박이 났다. 지난해부터 단일 곡으로 낸 최고의 음원수익 기록을 C씨의 소속 가수들이 매번 경신하고 있다. 그러고 보면 '행운도 홀로 오지 않는다.'

알아서 오고 또 알아서 떠나는 운이지만 어느 정도의 관리는 가능한 것 같다. 유재석은 긴 무명시절을 겪었다. 평상시에는 참 웃긴데 울렁증이 심해 정작 방송에서는 못 웃겼다고 한다. 그러던 유재석이 좋은 때를 만났다. 좋은 PD를 만났고 좋은 프로그램을 만났다. 그리고 국민MC가 됐다. 내가 옆에서 지켜본 유재석은 자기에게 찾아온 운을 잘 관리하는 사람이다.

그의 운 관리법은 '겸손'과 '조심'이다. 오늘의 자기가 있기까지는 재능뿐 아니라 운이 도왔다는 것을 알기에 겸손하고, 또 그 운이 언제든 자기를 떠날 수 있다는 걸 알기에 조심한다. 항상 출연자와 시청자에게 예의를 갖춘다. 독설로 웃기는 여느 코미디언과는 반대로 자기를 낮추면서 웃음을 만든다. 녹화가 끝나면 모든 스태프들에게 일일이 머리 숙여 인사를 한다. 내가 유재석의 팬이 될 수밖에 없는 게 바로 이점이다. 그는 강한 자건 약한 자건 한 결 같이 챙겨준다. 운은 한동안 그의 편이 될 것이다.

반면 매사가 잘 안 풀릴 때 운을 관리하는 방법도 있다. 다수의 히트작을 내며 잘나가던 PD가 있다. 그러다가 한 프로그램이 삐끗하더니 그의 운이 다한 듯했다. 이제 손을 대는 프로그램마다 망한다. 연출하는 프로그램이 구닥다리처럼 낡아 보인다. 이럴 땐 잠시 흐름을 끊어줘야 한다. 대중의 트렌드와 유행코드가 바뀐 거다. 시청자의 기호는 바뀌었는데 PD는 지금까지 해왔던 문법대로 연출을 하니 실패할 수밖에 없다. 그럴 땐 잠시 손을 놔야 한다. 억지로라도 쉬다 보면 마음에 여유가 생기고 시야가 넓어진다. 대중의 바뀐 취향도 읽을 수 있다. 그리고 고집을 버리고 마음을 열게 된다. 스스로가 변하니 프로그램도 발전한다.

자신의 운이 침체기일 때 유용한 또 하나의 방법은 잘나가는 사람 옆에 붙어 있는 거다. 요즘 승률이 좋은 작가와 같이 일하고, 떠오르는 신인 연기자와 같이 일한다. 그러면서 그들의 운을 같이 누린다. 자신의 운도 바닥을 찍고 서서히 올라오는 것을 느낀다.

'운칠기삼'이란 말을 들을 때마다 궁금한 게 있다. 왜 운運과 기技를 7대 3의 비율로 나눴을까? 그러면서 드는 생각이 이 비율은 평

〈무한도전〉 괌 촬영 중 유재석과 나. 가운데는 진영주 작가 | 유재석의 운 관리법은 '겸손'과 '조심'이다. 오늘의 자기가 있기까지는 재능뿐 아니라 운이 도왔다는 것을 알기에 겸손하고, 또 그 운이 언제든 자기를 떠날 수 있다는 걸 알기에 조심한다. 내가 유재석의 팬이 될 수밖에 없는 게 바로 이 점이다. 운은 한동안 그의 편이 될 것이다.

균치라는 생각이다. 역사와 경험을 통해 얻어진 결론값이 7대 3인 거다. 중요한 것은 평균치인 만큼 사람마다 운과 기의 비율이 다를 수 있다는 점이다.

억세게 운 좋은 사람은 운팔기이運八技二가 될 수 있다. 그렇다면 지지리 운이 없다고 생각되는 사람은 기技의 몫을 키우면 되지 않을까. 운運이 3밖에 없다면 대신 기技를 7로 만들면 된다. 실력을 연마하고 내공을 쌓는다면 운삼기칠運三技七로 운칠기삼運七技三과 똑같은 결과를 낼 수 있을 것이다. 하늘은 스스로 돕는 자를 돕는다지 않는가.

TV 속 여배우의 노출은 무죄? 유죄?

영화 〈후궁〉을 봤다. 개봉 보름 만에 관객 200만 돌파를 눈앞에 두고 있는 〈후궁〉은 무엇보다 주연 여배우 조여정의 파격 노출에 세간의 관심이 쏠렸다. 조여정과는 특별한 인연이 있다. 10여 년 전 힘들었던 조연출 기간을 끝내고 PD가 되어 맡은 첫 작품이 〈뽀뽀뽀〉였다. 그때 거의 무명이었던 조여정이 '뽀미'로 캐스팅됐다. 당시 보조개 파인 풋풋한 얼굴로 뽀뽀뽀 친구들을 깨우고 아침체조를 하고 옛날이야기를 수줍게 들려주던 요정 같은 뽀미 누나였다. 그런데 세월이 흘러, 뽀뽀뽀 친구들이 성인이 됐고 뽀미 누나의 벗은 연기를 보게 됐다. 어색하기만 한 이 사실이 영화 속 반전보다 더 큰 반전으로 느껴졌다. 하지만 여자의 변신은 무죄이듯 뽀미 누나의 변신도 무죄이리라.

〈후궁〉뿐만 아니라 올 상반기에 개봉됐던 〈간기남〉 〈은교〉 〈돈의

맛〉 모두 독특한 설정과 튼실한 스토리를 갖추었지만 정작 화제가 된 것은 여배우들의 과감한 옷 벗기였다. 단기간에 강력한 효과를 내는 데는 섹슈얼 마케팅 만한 것이 없나 보다.

인간의 원초적 본능을 자극하는 섹슈얼 마케팅은 가요계에서도 통한다. 아이돌들의 노출이 거스를 수 없는 시대적 흐름이 된 지 오래다. 여배우가 극의 완성도를 위해 전라 연기를 펼치듯이 가수들도 노래의 메시지를 표현하기 위해 노출을 감행할 수 있다. 하지만 요즘은 튀기 위해 벗기 경쟁을 벌이는 듯하다. 노출 의상이 화제가 되고, 여기에 '쩍벌춤'이나 '의자춤' 또는 '엉덩이춤'이 더해지면 선정성 논란에 휩싸이면서 화제가 된다. 포토뉴스가 쏟아지고 포털의 검색어에 오른다. 적어도 노이즈 마케팅에는 성공한 셈이다.

화끈한 노출로 주목받기 좋은 타이밍 중 하나가 영화제의 레드카펫이다. 언론의 관심에서 밀려난 영화이거나 지명도가 떨어지는 배우일수록 이 기회를 잘 활용할 수 있다. 영화제에서만큼은 드레스 사이로 가슴과 등, 허벅지를 합법적으로 드러낼 수 있지 않은가. 사진기자들과 네티즌들의 폭발적 주목을 독점할 수 있다. 그리고 그 파급력은 '냄비근성'이란 말이 무색할 정도로 오래간다. 사이버상에서 쉼 없이 퍼나르고 포스팅되기 때문이다.

독자 중에 확인해보고 싶은 분은 검색창에 '부산영화제 노출 여배우'를 쳐보시길. 충무로에서도 생소했던 그 여배우는 가슴 라인이 적나라하게 드러나는 빨간색 드레스를 입고 나왔다. 그녀는 같은 날 세상을 떠나 전 세계인을 슬픔에 빠지게 했던 스티브 잡스를 인기 검색어 2위로 끌어내리고 순식간에 1위로 올라섰다. 이 여배우 때문에 함께 레드카펫에 올라섰던 슈퍼 A급 여배우들은 울분을 삭혀가며 협찬 받은 드레스를 반납해야만 했다.

드라마 제작발표회도 노출 마케팅의 기회다. 발표회장마다 특히 계단 옆에는 100여 명의 사진기자들이 포진하고 있다. 행사가 시작되면서 여배우들이 미니스커트 뒤를 핸드백으로 가리며 계단을 오르는 모습, 그마저 힘들면 속 보일라 게걸음으로 걸어 올라서는 하의 실종 모습, 등판이 아예 없는 반전 백리스backless 모습 등이 인터넷 갤러리에 실시간으로 오른다. 드라마 홍보는 없고 노출과 난감해하는 배우들의 이미지만 남는다.

재미있는 반전은 여배우의 노출 마케팅이 TV에서는 안 먹힌다는 점이다. 시청자들은 야한 장면, 야한 대화를 TV를 통해 보는 것을 불편해한다. 그나마 남자배우가 벗는 것에 대해서는 관대하지만 온가족이 환한 거실에 모여 있는데 여배우의 노출 장면이 나오면 분위기가 갑자기 어색해지면서 하나 둘 자리를 뜨게 마련이다. 또한 벗는 프로그램에는 시청률과 상관없이 광고가 안 붙는다. 기업의 이미지가 나빠진다고 광고주가 기피하기 때문이다.

시청자들은 그럼에도 불구하고 여배우가 벗어야 한다면 그 정당성을 머릿속으로 따진다. 스토리상으로 벗어야 할 합당한 핑계거리가 있어야 맘 편히 볼 수 있는 거다. 야한 장면을 볼 때 느껴지는 죄의식을 무마해줄 알리바이를 찾고자 하는 심리다. 아무 맥락도 없이 벗기 위해 벗으면 넋을 빼놓고 보다가도 TV를 끄면서 여배우를 욕하는 이중성을 시청자는 갖고 있다. 즐거움을 위해 벗는 것에는 엄격하고 작품성을 위해 벗는 것에는 관대하다. '선데이서울'은 안 되지만 '채털리 부인의 사랑'은 오케이라는 의미랄까.

얼마 전에 흥미로운 설문결과를 접했다. 시민 200명을 대상으로 조사를 했는데 노출로부터 지켜주고 싶은 스타 1위로 '아이유'가 뽑혔다. '국민여동생' 아이유만큼은 다른 아이돌 가수와는 달리 절대 벗지 말아주길 바라는 마음인 거다. 자기 여자가 벗으면 누가 볼세라 노심초사하면서도 남의 여자들의 노출에는 끝없이 한눈파는 도둑 심보가 시청자들에겐 있다.

연예인 출연료의 끝은 어디?

드라마 〈스파이 명월〉의 촬영 거부 사태가 세간의 화제가 되면서 여주인공 한예슬의 출연료가 도마에 올랐다. 열악한 제작 여건을 탓하면서 촬영장을 떠난 한예슬은 회당 3,000만원의 출연료를 받아왔다. 제작비의 10퍼센트가 넘는 액수다.

연예인의 높은 출연료는 어제 오늘의 일이 아니지만 2000년대 들어서 한류 열풍과 대형 기획사의 코스닥 상장을 거치면서 천정부지로 뛰어올랐다. 고현정은 드라마 〈대물〉에서 회당 5,500만원, 이병헌은 〈아이리스〉에서 1억원, 배용준은 〈태왕사신기〉에서 2억 5,000만원씩을 받았다. 속사정이야 어찌됐건 그 천문학적 숫자에 서민들은 놀랄 수밖에 없다. 한편으로는 아무리 인기가 있고 연기가 뛰어나다지만 그들이 들인 노동에 비해 그 정도의 보상이 과연 정당한가라는 의문을 갖게 된다.

얼마 전 40여 년 철권통치의 막을 내린 리비아의 카다피 대통령은 종종 가족모임에 미국의 팝스타들을 초대해 노래를 부르게 했다. 세계 여론의 뭇매를 맞은 이른바 '카다피 리스트'에 오른 머라이어 캐리, 어셔, 비욘세는 카다피 앞에서 개인 공연을 벌이는 대가로 100만 달러약 12억원가 넘는 돈을 챙겼다. 1시간도 안 되는 공연에 12억원이라니. 천부적 재능을 타고났고 피나는 노력을 했다손 치더라도 상식을 뛰어넘는 그들의 쉬운 돈벌이에 허탈감마저 든다.

지난달 강호동의 〈1박2일〉 하차 선언이 있자 대한민국 방송계는 호떡집에 불난 듯이 소란이 벌어졌다. 올해 말 출범 예정인 종편이나 경쟁 지상파 방송사에서 파격적 출연료를 제시해 강호동을 빼간다는 보도가 뒤를 이었다. 강호동은 〈1박2일〉에서 회당 1,000만원이 넘는 출연료를 받는다고 한다. 그는 현재 네 개의 지상파 프로그램을 하고 있다. 어림잡아도 출연료로만 연 20억원의 수입을 올리는 셈이다. 그런데도 본격적인 출연료 인상 전쟁이 곧 벌어진다고 하니 도대체 강호동 몸값의 끝은 어디일까?

본방송과 재방송을 합친 〈1박2일〉의 단순 광고수입은 주당 11억 5,000만원, 연간 550억원에 달한다. 산술적으로 따지자면 강호동에게 1회 출연료로 1억원을 지급해도 남는 장사를 할 수 있다는 계산이 나온다. 시청자들은 한쪽 눈은 부러움으로 또 한쪽은 질시의 눈으로 바라본다. 맘 맞는 동료들과 열심히 놀면서 '다 차려진 밥상에 숟가락 하나 얹을 뿐인데' 아무리 자유시장주의 원리에 의 한다지만 그들이 쏟은 노동 대비 보상은 일반적인 정서와 너무 차이가 크다.

올해 들어 지상파 방송사 살림살이는 더 빠듯해지게 됐다. 광고시장은 한정돼 있는데 매체는 늘어나고 또한 자금력을 갖춘 종편채널까지 뛰어들면 수입은 줄고 비용은 껑충 뛰어오르게 된다. 특히 초반 기선잡기 과열경쟁에 의한 출연료의 도미노식 인상이 불가피하다.

돌파구는 두 가지다. 우선 새로운 스타 개발이다. 유재석·강호동의 뒤를 이을 새 인물을 찾아야 한다. 이러한 필요에는 모두 공감하지만 시청률 조급증에 걸려 있는 지금의 방송국 분위기에서는 당분간 힘들 것 같다. 프로그램이란 게 시작 후 어느 정도의 시행착오가 불가피하고 그런 과정을 겪으면서 진화하게 마련인데 유재석·강호동이 출연하지 않는 한 이러한 과정을 참아주지 않는다. 박명수가 MC를 맡아 망한 프로그램이 10개가 넘는다(명수야 미안. 너를 예로 들어서). 모두 6개월을 넘기지 못했다. 박명수가 여전히 2인자에 머물고 있는 것은 그의 깜냥 때문만이 아니다.

또 한 가지는 인물보다 콘텐츠에 승부를 거는 방법이다. 궁하면 통한다고 하지 않던가. 어차피 유재석·강호동이 할 수 있는 프로그램은 물리적으로 한정되어 있으니 그들 없이도 성공할 수 있는 포맷을 개발해야 한다. 그래서 나온 것이 〈세바퀴〉이고 〈나는 가수다〉이다. 이들 프로그램은 1인자 MC 없이도 프라임 시간대에서 성공할 수 있다는 좋은 예를 보여줬다.

『뉴욕타임스』 논설위원인 에두아르도 포터Eduardo Porter는 "가격은 누가 뭐래도 그것의 값어치다. 합리성을 따지지 말라"고 했다. 한 번 출연으로 소시민의 1년 연봉만큼의 돈을 챙겨간다는 건 결코 합리적이지는 않다. 하지만 실제 시장에서 거래가 이뤄진다면 그 가격이 해당 연예인의 값어치인 셈이다. 노동에 대한 대가는 어차피 공평하지 않다. 그 차이와 다름을 인정하는 똘레랑스가 필요하다. 자포자기가 아니다. 바뀐 세상을 향해 소통의 문을 여는 작업이다.

소녀시대 수영의 꿈

지난주 〈놀러와〉의 초대손님은 얼마 전 파리 공연을 성공적으로 마치고 돌아온 SM타운의 가수들이었다. 이번 프랑스 콘서트는 공연 전부터 많은 화제를 낳았다. 콘서트 표를 구하지 못한 현지 팬들이 공연을 하루 더 연장해 달라고 루브르박물관 앞에서 시위를 벌였다.

가수들의 입국 때 드골공항으로 몰려든 유럽 팬들의 극성에 한국은 물론 프랑스도 놀랐다. 공연에서 보여준 열광적인 반응도 충격적이고 신기했다. 파란 눈에 노랑머리 유럽인들이 한국말 노래를 부르고 춤까지 따라 췄다. 문화적 자존심이 높기로 세계 최고인 프랑스의 젊은이들이 한국 아이돌에 열광해 눈물을 흘리고 정신을 잃어 실려 나가는 모습은 우리에게는 얼떨떨하고 어리둥절한 장면이었다. 프랑스 유력 신문인 『르몽드』는 "유럽을 덮친 한류"라는 제하의 기사를 다뤘으며, 『르피가로』는 "한류가 프랑스를 강타하다"라고 대서특필했다.

쏟아져 나온 외신 보도만큼이나 이번 신드롬을 바라보는 국내 시각도 다양했다. 올림픽에서 금메달을 딴 것처럼 국위를 선양한 한국 가수들을 자랑스러워하고, 이러한 열풍을 진즉에 기획하고 준비해온 엔터테인먼트 대표에 대한 찬사가 이어졌다. 한편으로는 대형 기획사와의 노예 계약이나 스파르타식 아이돌 가수 육성에 대한 문제점을 지적하면서 일시적 바람에 그칠 수 있으니 호들갑 떨지 말자는 목소리도 많았다. 한류의 경제적 가치를 수치화하면서 수출산업에 활용하자는 시각도 있었다.

이런 다양한 견해 속에서 정작 이번 유럽 한류의 주인공인 가수들의 생각은 빠져 있었다. 그들이 파리 콘서트를 거치면서 무엇을 느꼈고 어떤 생각을 하는지 궁금했다. 오늘의 한류를 있게 한 원동력을 그들에게서 찾아보고 싶었다. 그래서 그들을 스튜디오에 불렀다.

녹화장에 둘러앉은 소녀시대, 슈퍼주니어, 동방신기, 에프엑스의 가수들은 아직도 파리 공연의 생생한 기억에 흥분돼 있었다. 유럽 팬들이 그토록 열정적 반응을 보이리라곤 전혀 예상치 못했다고 한다. 지구 반대편에서 직접 만든 태극기를 흔들고 서툴지만 한국말로 그들의 이름을 연호하는 모습은 한류 주역들도 처음 보는 낯선 광경이었던 것이다. 언어장벽 때문에 벌어진 재미있는 해프닝도 소개됐다. 발음이 어려워서인지 소녀시대 효연은 계속 '요년'으로 불렸다고 한다. 팬들이 직접 만든 플래카드에도 수영은 '수염'으로, 예성은 '여성'으로 빅토리아는 별명인 '둥둥' 대신 '빅토리아 뚱뚱'으로 잘못 적혀 있기도 했단다.

오늘의 성공이 있기까지 아이돌 가수들이 겪었던 고생과 외로움에 대한 솔직한 이야기도 나왔다. 이들은 빠르면 초등학생 때부터 연습생으로 들어가 엄청난 트레이닝을 받는다. 특히 SM엔터테인먼트의 훈련과정은 혹독하기로 소문이 나 있다. 노래, 춤, 연기, 외국어를 맨투맨 형식으로 맞춤식 수업을 진행하고, 따라오지 못하면 어김없이 도태된다. 언제 데뷔할 지 기약도 없는 상태에서 자신과 싸워 이겨야 하고 같은 연습생끼리의 경쟁에서 살아남아야 한다.

슈퍼주니어의 이특은 연습실 옥상에서 우는 여자 연습생들이나 우는 모습을 들키지 않으려고 벽을 치며 흐느끼는 남자 연습생들을 많이 목격했다고 털어놓았다. 이러한 고난은 연습생 시절에만 그치지 않는다. 오히려 본격적인 활동이 시작되면 이전과는 차원이 다른 어려움들이 줄지어 기다리고 있다. 데뷔 이후에 겪었던 자기 재능에 대한 끝없는 회의와 자책을 이야기하며 덩치에 어울리지 않게 눈물을 흘리는 신동을 보면서 그들이 겪고 있는 외로움의 무게를 느꼈다.

한류를 낳은 원동력에 대한 답을 녹화가 끝날 즈음에 찾을 수 있

놀라와
파리에서 왔수아~!
SHINee
HOLLYWOOD

열광적인 파리 K팝 콘서트 모습과 공연을 마친 후 〈놀러와〉에 출연한 소녀시대 수영 | 소녀시대의 수영은 "인생에서 가장 아름다울 때 꿈을 이루기 위해 최선을 다해 달리고 있다"고 말했다. 최고의 작곡가가 되려는 꿈, 그리고 최고의 기획자가 되려는 꿈, 그런 꿈들이 모여서 오늘의 한류가 태동된 게 아닐까.

었다. 마지막으로 소감을 묻는 질문에 소녀시대의 수영은 "인생에서 가장 아름다울 때 꿈을 이루기 위해 최선을 다해 달리고 있다"고 말했다. 노래가 좋아서, 춤이 좋아서 가수가 됐고 앞으로 최고의 가수가 되는 게 수영의 꿈이리라. 이런 수영의 꿈이 또 다른 꿈들을 만난다. 최고의 작곡가가 되려는 꿈, 그리고 최고의 기획자가 되려는 꿈, 그런 꿈들이 모여서 오늘의 한류가 태동된 게 아닐까.

10년 후 한류는 어떤 모습을 하고 있을까? 한때 열풍처럼 불었다가 제 풀에 사라져 기록 필름에나 그 흔적이 남아 있는 과거의 유산이 돼 있을 수도 있고 유럽을 넘어 중동, 남미, 미국의 젊은이가 즐기는 하나의 문화로 자리매김했을 수도 있다. 제발 후자였으면 좋겠다. 그때쯤 꿈을 이룬 소녀시대 수영의 모습을, 그리고 이제 다른 이가 꿈을 이루도록 도와주는 수영의 모습을 보고 싶다.

꼴찌였던 연예인, 일 등 했던 PD

연세대학교 출신 개그맨 이윤석에게 들은 이야기다. 방송 녹화 중 출연자들의 고교 시절 성적을 공개했단다. 이윤석이야 전교 우등생이었지만 이경규, 김용만 등 대한민국 예능계를 쥐락펴락하는 개그맨들의 성적표는 민망할 정도였다. 이경규는 반 60명 중 40등을, 김용만은 63명 중 52등을 기록했다. 녹화하면서 새삼 이윤석은 깨달았단다. '나와는 자라온 삶이 전혀 다른 사람들과 같이 일하고 있구나.' 그런데 재미있는 일은 학창시절 성적이 높을수록 연예활동은 더 안 풀린다는 현실이다. 박사학위를 받고 이제 서울예대 교수이기도 한 이윤석의 긴 가방끈은 사실 개그를 하는 데 디딤돌보다는 걸림돌이 된다.

이윤석과 같은 우등생들은 선생님 말씀 잘 듣고 공부에 전념하면서 학창시절을 보냈다. 명문 대학에 진학하며 주위의 기대를 한

몸에 받았다. 반면 이경규, 김용만 같은 열등생들은 야간자율학습도 땡땡이 치고 친구들과 당구 치고 옆 학교 여학생들과 미팅하고 미성년자 관람불가 영화를 보며 시간을 보냈다. 부모님 몰래 '롤라장' 다니고 공부보다는 유행하는 패션과 헤어스타일에 자존심을 걸었다. '나중에 커서 뭐가 될래?' 그런 그들을 보고 어른들은 혀를 끌끌 찼다.

그런데 천지가 개벽됐다. 연예인이 되고 나니 전세가 완전 역전됐다. 토크쇼에 출연한 우등생이 들려주는 옛 이야기는 타의 모범은 될지언정 재미는 없다. 녹화장 분위기가 거룩해지며 축 처진다. 반면 왕년의 문제아는 제 물을 만났다. 학창시절 저질렀던 모든 말썽들은 포복절도할 토크 소재가 된다. 반항하다 선생님께 야구방망이로 맞은 일, 가출해서 벤치에서 신문지 덮고 잔 일 등 당시에는 끔찍했을 경험들이 이제 자랑거리가 됐다. 또한 그들은 학생 때부터 단련된 현란한 말발로 팥으로 메주를 쑨다 해도 시청자들을 믿게끔 만드는 재주까지 있다. 왕년의 히트곡이 나오면 고고장에서 갈고닦은 당시 유행 춤을 즉석에서 보여준다. 스튜디오는 뒤집어진다. 모범생 출신 연예인은 꿔다놓은 보릿자루 신세가 된다. 인생 대역전이다.

이윤석의 절친 서경석은 서울대학교 출신이다. 그는 그냥 이경규 얼굴 한번 보려고 MBC 코미디언 공채에 재미 삼아 지원했다. 출신학교 때문인지 덜컥 합격해버렸고 이왕 이렇게 된 거 경험이나 쌓자는 생각에서 개그맨 생활을 시작했다. 그러다가 이윤석과 콤비를 이뤄 '그렇게 깊은 뜻이'라는 유행어를 만들어 일약 스타가 됐다. 그 후에도 '화살코', '허리케인블루' 등으로 인기를 끌었지만 몇 해 전부터는 주춤하는 모양새다. 언젠가 〈무릎팍도사〉에 나온 서경석의 고민거리는 '급변하는 방송 트렌드를 못 따라 가겠다'였다. 목소리 큰 사람이 대우받고 배려보다는 비난이 대접받으며 유식함보다는 무식함에 더 환호하는 방송 세태가 혼란스럽다는 거다.

비슷한 고민을 PD인 나도 많이 했다. 지금은 따로 활동하지만 개그맨 지상렬과 염경환이 '클놈'이란 팀을 이뤄 인기를 끈 적이 있다. 고등학교 동창인 이 두 친구는 전교 꼴찌를 서로 다투던 '날라리'들이었다. 클놈, 이름도 참 불량스럽지 않은가. 그런데 클놈은 이런 무식함을 무기로 삼고 바보를 자청하면서 예능계의 기린아로 떠올랐다. 안티도 많았지만 마니아는 더 많았다.

어느 날 녹화를 진행하다가 정신을 차려보니 클놈이 스튜디오를 휘어잡으며 말춤, 토끼춤을 추고 있었다. 녹화는 이미 대박이 났다. 클놈의 춤을 보고 있자니 갑자기 고등학교 때 생각이 났다. 반장이었던 나는 야자시간에 매일 뒤에서 공부는 안 하고 말춤, 토끼춤 추는 애들을 조용히 시키는 게 큰 골칫거리였다. 그 당시 나도 생각했으리라. '재네는 커서 뭐가 되려고 저러나.'

클놈만이 아니었다. 둘러보니 A급 연예인 대부분이 학창시절에는 껌 좀 씹고 침 좀 뱉었던 문제아였다. 그런데 이제 그들을 우습게 보던 반장 출신 PD들이 목을 매고 머리를 조아리며 섭외전쟁을 벌인다. 말춤, 토끼춤 추던 그들은 반장 출신과는 비교도 안 될 정도의 큰돈을 벌고 인기를 누린다. 인생 대역전이다.

박지성이 공부를 잘할 필요는 없다. 축구만 잘하면 된다. 박태환이 야자를 할 필요도 없다. 수영만 잘하면 된다. 마찬가지로 예능인이 공부 잘할 필요는 없다. 웃기면 된다. 그리고 중요한 것은 공부 못한다고 모두 웃기는 건 아니다. 그들의 인기는 학창시절 꼴찌였기 때문이 아니라 현재 시청자들에게 큰 웃음을 주기 때문이다.

돌이켜보면 TV에서는 언제나 모자란 사람들이 사랑을 받았다. 배삼룡이 그랬고 심형래가 그랬다. 지금은 김준현, 박명수가 그렇다. 그들을 바라보며 시청자들은 우월감을 느끼고 삶의 고단함을 위로 받는다. 다만 요즘 바보들은 뻔뻔해졌다. 연기가 아니라 실제로 자기는 모자라다는 걸 인정하고 시작한다. 오히려 자신의 무식함을 드러내지 못해 안달이다. 그 안에는 너희도 잘난 척해봐야 잘난 것 없는, 다 똑같은 바보가 아니더냐 하는 믿음이 깔려 있다.

연예인의 연애

최근 톱스타 이효리와 그룹 롤러코스터 출신 이상순의 데이트 장면이 잠복 중이던 사진기자에게 포착됐다. 증거가 잡힌 이상 이효리 측도 연애 사실을 인정했고 이상순도 한 연예 프로그램의 기습 인터뷰에서 모든 게 사실이라고 밝혔다. 그리고 이효리는 트위터에 강아지를 몰래 촬영하고 있는 자신의 모습을 올리면서 "아놔~ 몰래 찍지 맙시다"라는 메시지를 남겼다. 파파라치에 대해 불편한 마음을 우회적으로 표현한 셈.

같은 날 개그맨 김병만은 내년에 결혼할 연상의 예비신부와 이미 혼인신고를 마쳤고 그녀에게 이미 자녀가 있다는 사실을 공개했다. 사실 김병만이 결혼할 여성이 있다는 보도는 지난 3월에 이미 나왔다. 하지만 약혼녀에 대한 언론의 추측성 기사와 네티즌의 신상털기가 시작되면서 김병만은 많은 스트레스를 받아온 걸로 알려졌다. 더 이상 여자친구와 자녀가 가십거리가 되거나 상처받지 않도록 배려의 깜짝 고백을 한 셈이다.

대중의 인기로 먹고사는 연예인에게 연애는 금기사항이다. 팬들은 자신들의 우상이 딴 사람의 연인이 될 때 배신감을 느낀다. 임자 있는 연예인으로 일단 찍히면 신비감과 매력이 반감되면서 팬들은 떠나고 CF 단가도 떨어진다. 그렇기에 연예기획사는 소속 연예인들에게 '연애금지령'을 공공연히 내리곤 한다.

하지만 남녀 관계가 어디 뜻대로 되던가. 아무리 철저히 단속한다 해도 이성에 대한 본능은 막을 수 없다. 더구나 연예인이란 항상 인기에 불안해하고 외로워하는 존재가 아닌가. 외로울수록 사랑받고 사랑할 대상을 갈구한다. 그리고 비밀연애를 감행한다. 아이돌 원조 세대라 할 수 있는 HOT의 토니는 녹화장에서 항상 눈을 내리깔고 다녔다고 한다. 혹시나 여자 가수와 눈이라도 마주쳐 인사라도 나눌 양이면 일거수일투족을 감시하던 팬들이 아우성을 치고 상대 여가수에게 테러도 서슴지 않았기 때문이다. 하지만 그런 와중에도 방송국 층계나 비상구에서 몰래 데이트를 즐겼다고 털어놓았다. 그러다가 본격적으로 사귀게 되면 미사리 카페를 이용하거나 차 안 데이트를 했는데 이때도 동료들을 끌고 가 연막을 치거나 여자 가수 매니저를 매수하는 등 치밀한 사전준비가 필요했다고 한다.

시간이 흐름에 따라 연예인들의 연애 모습도 많이 달라졌다. 우선 스마트폰과 SNS 때문에 비밀연애가 어려워졌다. 전 국민이 파파라치가 된 셈이다. 아무리 변장하고 은밀한 곳만 골라 다녀도 무인도가 아닌 한 폰카의 사정권에서 벗어날 수 없다. 외국도 위험하기는 마찬가지다. 한류 열풍이 고맙기는 하지만 이젠 한국 관광객뿐 아니라 현지 외국인의 눈도 피해야 한다.

하지만 궁하면 통한다 하지 않았던가. 요즘 연예인들은 아예 생활현장을 데이트 장소로 이용한다. 임도 보고 뽕도 따겠다는 작전이다. 촬영장에서 상대 배우와 밀어를 속삭이거나 레슨을 받는 연습실에서 동료 가수와 비밀 데이트를 한다. 또한 교회도 연예인들이 즐겨 사용하는 데이트 장소가 됐다. 영혼을 매만져주던 교회 오빠에서 몸까지 어루만져주는 연인으로 발전하는 것이다.

얼마 전 원더걸스의 선예는 박진영 사장의 5년 연애금지 기간을 어기고 그간 교제를 해온 사람이 있다고 밝혔다. 솔직함이 대세인 요즘은 이처럼 아예 선수를 쳐서 만남을 공식적으로 발표하기도 한다. 죄짓는 것도 아닌데 맘 졸이며 숨어서 사귀는 게 싫으니 떳떳하게 공개 만남을 갖겠다는 것이다. 하지만 현실은 녹록치 않다. 뜨거운 관심 속에 어디를 가든 카메라 세례를 피할 수 없고 좋든 싫든 연애과정이 공개되면서 심리적 스트레스를 받게 된다. 무엇보다 사귀다가 서로 헤어졌을 때의 뒷감당이 어렵다. 인터넷에는 연관 검색어로 전 애인의 이름이 항상 떠 있으니 정작 당사자들은 잊었다 해도 오히려 대중은 항상 기억하고 있는 꼴이 돼버린다.

지난달 말에 있었던 청룡영화제는 수상자보다 사회를 봤던 김혜수와 그녀의 전 남자친구 유해진의 만남이 더 이슈가 됐다. 수상소감을 말하는 유해진을 미소 지으며 바라보는 김혜수의 표정, 시상식이 끝나고 둘이 다정하게 포옹하는 모습, 또 "오늘 김혜수가 가장 아름다웠다"는 유해진의 인터뷰 내용이 화제를 모았다. 둘의 속사정이야 알 수 없지만 사귈 때뿐만 아니라 서로 헤어진 다음에도 서로에 대한 축복을 빌어주는 모습이 좋아 보였다.

연예인이 건강해야 이를 바라보는 팬들이 건강해지고 나라도 건강해진다. 건강하게 연애하고 건강하게 헤어지는, 또 그들을 건강하게 바라보는 팬들이 점점 늘어가는 것 같아 다행이다.

진짜 자존심을 지키는 길

코미디언 이경규가 이런 얘기를 했다.

"다른 코미디언이 웃기는 프로그램은 절대 보지 않는다."

그런 프로그램을 보노라면 자존심이 상하고 어느새 기가 죽기 때문이다. 반면 코미디언이 나와서 웃기지도 못하고 진땀 빼는 프로그램은 꼭 본단다. 어느새 맘이 편해지고 기가 살아나기 때문이다.

얼마 전에 본 한 토크쇼에서 1980, 90년대 천재 코미디언으로 명성을 날리던 최양락이 출연했다. 그는 지난해 말 〈KBS 연예대상〉을 시청하다가 이경규가 코미디 대상을 탈 것 같자 채널을 돌렸다고 한다. MBC 공채 동기이자 라이벌인 이경규가 상 받는 모습에 마음이 편치 않았던 것이다. 여기에 더해 같이 출연했던 남희석도 "〈무한도전〉이나 〈1박2일〉을 한 번도 본 적이 없다"고 농담처럼 던졌다. 왕년에 대한민국 최고의 '개그감'을 자랑하던 그가 후배들이

날고뛰는 활약상을 쿨하게 지켜보기란 쉽지 않은 일이리라.

나도 PD로서 비슷한 경험을 한다. 지난해 가을에 〈오늘을 즐겨라〉라는 프로그램을 만들었다. 예능에서 보기 힘든 영화배우 정준호·신현준을 어렵게 섭외해서 자신 있게 내민 카드였다. 결과는 참담했다. 시작부터 한 자릿수 시청률로 고생만 하다가 결국 6개월 만에 막을 내리게 됐다. 후속 프로그램으로 〈나는 가수다〉가 시작됐다. 그런데 〈나가수〉는 방송 전부터 화제몰이를 하더니 단숨에 두 자릿수 시청률을 기록하며 대박이 났다. 방송가에서는 물론이고 대한민국에서 최고의 화제가 됐다. 그런데 시작한 지 두 달이 지났건만 여태껏 〈나가수〉를 한 번도 안 봤다. 내가 망한 시간대에 딴 PD가 와서 대박을 냈다는 사실에 자존심이 상처를 입은 것이다.

이 정도야 인지상정으로 이해하고 넘어갈 수 있겠지만 문제는 이런 일이 쌓인다는 데 있다. 내가 망한 프로그램의 후속이라 안 보고, 잘나가는 동시간대 경쟁 프로그램이라 안 보고, 라이벌 PD가 만든 프로그램이라 안 보고……. 점점 안 보는 프로그램이 늘어난다. 그러다 보니 트렌드에 뒤처지고 소통에 문제가 생긴다. 자존심을 세울 때마다 벽을 하나씩 세우는 셈이다. 그리고 결국 몇 겹의 벽에 갇혀 있는 자신을 발견한다. 이게 정말 내 자존심을 지키는 일일까.

'자존심' 하면 생각나는 이야기가 있다. 바로 중국 한나라 한신의 일화다. 한신은 비록 가난했으나 왕손의 자존심을 지키며 살아갔다. 어느 날 저잣거리에서 만난 건달이 한신을 보고 시비를 걸었다. 한신에게 칼로 자신을 찌르든지 아니면 자신의 가랑이 사이로 기어가라고 명령했다. 한신은 저항하지 않고 그의 말에 순순히 따라 가랑이 사이를 기었다. 구경하던 사람들이 모두 한신을 비웃으며 자존심도 없는 겁쟁이라고 놀렸다. 하지만 훗날 한나라의 개국공신이 되어 고향을 찾은 한신은 자신을 가랑이 사이로 기어가게 했던 사람을 찾아 벼슬을 주며 이렇게 말했다. "그때 내가 인내하여 오늘날 성공할 수 있었다"고.

자존심自尊心을 국어사전에서 찾아보면 '자신의 품위를 스스로 지키는 마음'이라고 나와 있다. 한신은 가랑이 사이를 기어 지나가면서 비웃음을 받았지만 나중에 가서는 결국 '자신의 품위를 스스로 지켜냈다.' 당장의 자존심을 버림으로써 진정한 자존심을 지킨 셈이다.

자존심에 대한 또 다른 이야기를 들었다. 내가 다니는 교회의 목사님께서 아끼는 여 제자에 대한 일화다. 그 제자는 정부기관에서 일하고 있었다. 어려운 살림이지만 공부를 더 하고 싶어 사직을 하고 유학길에 오르기로 결심했다. 그런데 직장 상사가 정보를 주더란다. 자원해서 사직을 하면 실업수당을 받지 못하니 권고해직을 당한 걸로 해주겠다는 거였다. 그 제자는 상사의 마음 씀씀이에 감사하며 그렇게 하겠다고 말하고 집으로 돌아왔다.

하지만 밤새 마음에 계속 걸리더란다. 실업수당은 정말 필요하지만 그렇다고 양심을 속이기는 싫었던 것이다. 다음날 다시 회사에 가서 그냥 사실대로 사직한 걸로 해달라고 하고 회사를 그만두었다. 그 상사나 동료들은 모두 그녀를 이해할 수 없었고 주변의 친구들도 바보 같은 짓을 했다고 말했다. 그러면서 정말 자기가 한 일이 어리석었냐고 묻더란 것이다. 목사님은 정말 잘한 일이라고 옳은 일을 한 것이라고 칭찬했고, 그 제자는 그제야 표정이 밝아져서 돌아갔다고 한다.

우리 사회에서 자존심은 흔히 '남이 나를 어떻게 보느냐'를 의미한다. 내가 한물갔다고 보이진 않을까? 내가 모양 빠지게 보이진 않을까? 등 다른 사람에게 비쳐지는 나의 모습을 자존심으로 인식하는 것이다. 하지만 앞의 경우들은 다른 사람이 아닌 자신에게 떳떳함으로써 자존심을 지켰다.

우리 사회는 자존심이 세다. 하지만 훗날을 위해 당장의 굴욕을 참았던 한신이나 남의 시선보다 자신에게 떳떳했던 여 제자 정도의 자존심은 지켜줘야 진정 자존심이 세다고 할 수 있지 않을까. 자존심과 속 좁은 것은 분명 다르다.

백청강이 선물받은 옷 이백 벌

지난주 〈놀러와〉 녹화에 오디션 프로그램 〈위대한 탄생〉의 최종 우승자인 백청강이 출연했다. 녹화날이 되자 백청강의 팬클럽에서 소위 말하는 '조공'을 보내왔다. 출연자들뿐만 아니라 스태프 전체가 먹고도 남을 만큼의 도시락, 샌드위치, 과일, 음료수가 배달됐다. 백청강을 잘 부탁한다는 애교 섞인 쪽지도 들어 있었다. 이제 막 스타덤에 오른 그는 벌써 세 개의 팬클럽을 갖고 있고 팬들로부터 받은 옷만 해도 200벌이 넘는다고 한다.

스타가 있는 곳엔 팬들이 있다. 스타에게 팬은 살벌한 연예 생태계에서 항상 자기 편이 되어주는 든든한 후원군이다. 언제 어떤 상황에서도 기댈 수 있다는 점에서 가족 같은 존재이기도 하다. 반대로 팬에게 스타는 사랑과 충성의 대상이다. 스타를 통해 대리만족을 느끼고 무조건적인 사랑을 베풂으로써 정서적 카타르시스를 경험하기도 한다.

스타에 대한 팬들의 사랑 표현방법은 시대에 따라 변해왔다. 예전에는 정성껏 준비한 편지와 선물을 보내거나 공개방송에서 색깔 풍선을 흔들며 응원하는 정도에 머물렀다. 그러다가 대형 팬클럽이 만들어지면서 전국구, 지역구로 조직화되고 스타가 속한 기획사와 함께 전략적으로 움직이기 시작했다. 회비를 모아 스타들의 뒷바라지를 자청하고, 일부 팬클럽은 생일선물로 오토바이, 자동차를 선물하기도 한다. 앨범 판매 순위를 높이기 위해 회원당 대여섯 장씩 CD를 사들인다. 음원이 발표되는 날에는 가족, 친구들의 인터넷 아이디를 총동원해서 음악 사이트 창을 여러 개 띄워놓고 스트리밍 서비스를 돌려 기어코 음원 차트 1위를 달성하기도 한다. 스타의 얼굴을 보기 위해 연습실과 숙소 앞에서 밤을 지새우는 '사생팬스타와 사생활을 같이하는 팬'의 극성도 한층 심해졌다.

이러한 팬덤문화가 요즘은 한 단계 진화된 모습을 띤다. 자금력을 갖춘 30~50대 팬들이 '이모팬', '삼촌팬'으로 유입되면서 팬클럽의 콘텐츠가 다양해졌다. 그룹 JYJ의 팬들은 억대의 비용을 들여 버스 광고를 했고 인터넷 라디오 방송국까지 개국했다. 홍보를 위해 직접 팬클럽이 나선 것이다. 최근에는 스타의 이름으로 장학기금을 만들거나 수천만원씩 현금이나 쌀로 기부하는 게 트렌드가 됐다. 때로는 국경을 넘어 빈민구제를 하거나 학교를 지어주기도 한다. 팬들의 선행은 곧 스타의 선행이라는 논리다.

팬들의 이러한 끔찍한 사랑에 대한 보답으로 스타도 팬들에 대한 서비스를 소홀히 하지 않는다. 팬들만을 위한 특별 콘서트를 개최하고 하계 캠프를 마련해 스킨십을 갖는다. 특히 요즘 각광을 받는 것이 SNS를 통한 팬들과의 쌍방향 교류다. 팬들은 친구와 채팅을 하듯 스타와 대화할 수 있고 사생활도 공유하면서 친밀감을 증대시킨다. 스타에게도 새로 나올 음반이나 영화에 대한 입소문을 내는 데 SNS가 가장 효과적인 홍보수단이 되었다.

얼마 전 녹화장에서 만난 소설가 이외수는 '트위터계의 간달프'라는 별명에 어울리게 녹화가 끝나자마자 MC인 유재석·김원희와 사진을 찍더니 짧은 소감을 달아 트위터에 글을 올렸다. 곧바로 팬들의 답글이 우수수 달리고 인터넷에서 바로 기사화 됐다. 이씨의 팔로어는 60만 명에 육박한다. 트래픽으로 따지자면 세계 5위권에 든다고 한다. 강원도 화천의 산골에 사는 예순여섯의 그. 하지만 그는 트위터를 통해 팬들과 교감하고 세계와 대화한다.

스타와 팬이 공생하는 모양새는 시간에 따라 변해왔지만 예나 지금이나 바뀌지 않은 게 있다면 서로 간의 '소통에 대한 노력'이다. 이 소통은 스타와 팬 사이의 소통이기도 하지만 이를 넘어서 세상과의 소통이기도 하다. 스타에게 팬은 세상으로 통하는 창문이 되어주고 마찬가지로 팬은 스타를 통해 세상과 대화한다. 그렇게 서로 힘이 되어주면서 함께 성장한다.

독자 여러분께 한 가지 제안하고 싶은 게 있다. 특정 스타의 팬이 되어보라는 것이다. 요즘 눈에 띄는 배우여도 좋고 소녀시대의 한 멤버여도 좋다. 한창 이슈가 되고 있는 〈나는 가수다〉에 출연하는 가수여도 좋다. 팬클럽에 가입할 필요까지는 없지만 그래도 그 연예인에 대해 기사도 찾아보고 지갑을 열어 노래도 다운받고 휴대전화의 통화 연결음도 바꿔보는 것이다. 그 스타가 출연하는 프로그램도 찾아서 시청하고 SNS의 팔로어가 되어보는 것이다.

생활의 작은 활력소가 될 것이다. '그 나이에 주책이다'라는 주위의 시선을 좀 받으면 어떠랴. 세상과 새로운 소통의 길을 내는데 그 정도쯤이야. '성을 쌓는 자는 망하고 길을 내는 자는 흥한다'라는 말도 있지 않은가.

쿨한 건방이 주는 유쾌함

알고 지내는 언론사 연예담당 기자의 전화를 받았다. 강호동의 잠정 은퇴 이후 그의 빈자리를 대신할 스타에 대해 PD들에게 설문조사 중이라고 했다. 나의 선택은 '건방진 도사'로 알려진 유세윤이었다.

유세윤의 가장 큰 매력은 '유쾌한 건방짐'에 있다. 보통 건방지면 상대방 기분은 상하게 마련인데 그의 건방짐은 묘한 중독성이 있다. 한마디로 유쾌하다. 〈무릎팍도사〉에 나온 초대손님의 감추고 싶은 과거나 스캔들일수록 오히려 또박또박 강조하며 소개한다. 별말 없이 옆에 앉아 있다가 게스트를 툭툭 약 올리거나 빈정거린다.

"삐쳤어? 에이, 삐쳤네. 삐쳤어."

배려심 없는 무례함에 열 받을 수도 있건만 건방짐이 콘셉트이니 한 방 맞은 초대손님도 그냥 쑥스럽게 웃으면서 넘길 수밖에. 그리고 이제 무게 잡는 것을 포기한다. 안 그랬다가는 망신만 더 당한다. 마음을 바꾸니 어색했던 분위기는 풀어지고 오늘 한번 제대로 보여주고 싶어진다.

얼마 전 유세윤은 〈엠넷 20's 초이스〉에서 버라이어티 부문 상을 받았다. 벌써 세 번째 수상이다. 감격스러운 시상식 자리에서 그의 수상소감은 이랬다.

"세 번째 받는 거라 지겹네요."

순간 객석은 빵 터졌다. 그의 코미디는 이런 식이다. 기대하지 않던 순간 제대로 허를 찌른다. 엄숙하고 감동적인 자리에서 어울리지 않는 파격을 선보인다. 그래도 PD, 사장님, 매니저 등 고마운 사람들을 줄줄이 열거하는 여느 수상소감보다 훨씬 마음에 남는다.

이런 '유세윤표 건방짐'은 박명수의 호통개그나 요즘의 김어준식 비틀기와는 또 다르다. 박명수는 밑도 끝도 없이 버럭 윽박지르면서 어이없게 웃기고, 김어준은 대놓고 비꼬거나 야유한다. 유세윤은 이보다 좀 더 고차원적 수법을 쓴다. 정면 승부를 피하고 옆에서 일정 거리를 유지한 채 시니컬하게 깐족거린다. 뻔뻔한 건지 아무 생각이 없는 건지 보는 시청자가 당혹스럽기도 하지만 한편으론 우리 모두가 지켜야 한다고 믿어왔던 착함, 예의바름, 배려의 가치를 아무렇지도 않게 내팽개쳐버리니 혐오스러우면서도 매력적인 상반된 감정이 생긴다.

걸 그룹 브라운아이드걸스의 '시건방춤'이 있다. 팔짱을 낀 채

다리를 쩍 벌리고 골반을 좌우로 흔들며 도도하게 춤을 춘다. 이름대로 참 건방져 보인다. 지난여름 태국에서 열린 한류 콘서트에서 전광판을 통해 시건방춤을 관객들에게 가르쳐주었다. 곧이어 브아걸이 나오자 스타디움을 가득 채운 태국의 팬들이 시건방춤을 따라 췄다. 가수와 팬들이 하나가 되어 춤추는 그 순간이 콘서트의 하이라이트였다. 모두가 시건방춤의 낯선 매력을 맛봤다. 춤을 추는 그 순간만큼은 건방져도 될 것 같기에, 예의 바르지 않아도 될 것 같기에, 그래서 느껴지는 자유가 있다.

'건방' 하면 또 떠오르는 스타가 장근석이다. 요즘 일본에서 장근석의 인기는 상상 그 이상이다. '제2의 욘사마'라 불리지만 이미 배용준의 인기를 넘어섰다는 평가도 있고, 일본 젊은 여성의 80퍼센트가 장근석을 이상형으로 꼽는다고도 한다. 장근석의 인기비결은 그의 '쿨한 건방짐'이다. 그는 올해 대종상 시상식에서 여우주연상을 받은 김하늘에게 꽃다발을 전하면서 손가락으로 V자를 그리고 카메라를 보고 윙크를 하는 등 철없는 짓으로 시청자의 원성을 샀다. 하지만 이러한 재기발랄함이 '장근석답다'는 애정 어린 평가도 동시에 있었다.

〈개그콘서트〉에서 요즘 단연 화제가 되는 '애정남애매한 것을 정하는 남자'이란 코너가 있다. 애정남은 살면서 겪게 되는 여러 가지 애매한 상황을 명쾌하게 정리해준다. 예를 들어 결혼 축의금으로 5만원을 할까 10만원을 할까 고민할 때 애정남은 신랑(또는 신부) 부모님이 자기 이름을 알고 있으면 10만원, 모르면 5만원이라고 간단하게 정해준다.

이 애정남에게 유쾌한 건방짐과 불쾌한 건방짐의 경계를 묻는다면 어떻게 답할까? 같은 건방이라도 못 나가는 B급 연예인이 떨면 유쾌하고, 잘나가는 A급이 하면 버르장머리 없는 행동이라 욕먹을 수도 있겠다. 하지만 그보다 애정남은 같은 건방이라도 보고 웃으면 오빠, 정색하거나 화를 내면 아저씨로 나누지 않을까. 예의는 좀 없지만 젊은이들의 넘치는 열정과 끼를 높이 사준다면 그 정도 건방짐쯤은 받아줄 수 있다. 나아가 그들의 유쾌한 건방짐을 즐길 수도 있으리라.

여의도 방송국 근처에 항상 할리데이비슨 오토바이가 세워져 있다. 그 앞을 지날 때마다 언젠가 한번 그 오토바이를 타고 싶다는 로망이 생겨난다. '퉁투둥-둥' 하는 할리의 심장 뛰는 소리도 좋겠지만 높게 솟아오른 핸들을 잡는 것만으로도 양팔이 쑤욱 위로 올라가고 허리가 쭈욱 펴지면서 거만한 자세가 되리라. 가끔은 겸손한 척 착한 척은 개에게나 줘버리고 건방진 그 자세로 도로를 질주하고 싶다.

강호동이 포복절도하는 이유

〈무릎팍도사〉 MC 강호동을 보면 초대손님의 별로 웃기지 않은 말에도 바닥에 나뒹굴며 배꼽을 잡는다. 그 큰 얼굴이 벌게지고 목에 핏줄이 서도록 소리치며 웃어댄다. '참 오버한다'는 생각이 든다. 그런데 그 오버의 힘은 크다. 녹화 걱정에 밤잠을 설치고 나온 출연자의 긴장이 그 과장된 웃음으로 조금씩 풀어진다.

강호동의 오버 리액션은 '쫄지마, 당신 잘하고 있어'의 다른 표현인 셈이다. 출연자의 표정이 밝아지고 마음의 빗장이 벗겨진다. 고마운 마음에, 풀어진 마음에 그동안 어디서도 털어놓지 않았던 비밀이야기들이 술술 나온다. PD들의 강호동 사랑에는 그럴 만한 이유가 있다.

물리학에는 '작용-반작용의 법칙law of action and reaction'이 있다. 작용이 있으면 반드시 반작용이 있고 그 크기는 같다는 법칙이다.

방송에서도 이 진리가 통한다. 작용(액션)에는 반작용(리액션)이 뒤따라야 하고 리액션은 액션의 크기만큼 중요하다.

여기 연인에게 사랑 고백을 하는 장면이 있다. 사랑을 고백하는 남자만큼 이를 받아주는 여자의 반응이 중요하다. 비록 말은 하지 않아도 눈으로, 표정으로 대사 이상의 감정을 표현한다. 화면에 고백하는 남자의 모습만 나오고 듣고 있는 여자의 반응 표정이 없다면 마치 이가 하나 빠진 듯 찜찜한 장면이 되고 만다. 그래서 실력 있는 연기자들은 리액션 연기를 잘한다. 싸우는 장면을 찍을 때도 때리는 연기보다 맞는 연기를 더 잘한다.

예능 프로그램을 만들 때 '웃음 더빙'이란 단계를 거친다. 1차 편집된 테이프에 동원 방청객들의 웃음을 덧입히는 과정이다. 이때 동원되는 게 여자 대학생들이다. 이들의 리액션이 가장 자연스럽고 다양하기 때문이다. 리액션에도 세대 차이가 있다. 아무래도 기성세대는 리액션에 인색하다. 이들은 마음속에 있는 것을 그대로 밖으로 표현하면 경박하게 보인다고 배워왔다. 끝까지 포커페이스를 유지하고 속마음을 들키지 않아야 한다고 들어왔다. 이에 반해 요즘 세대들은 즉각적이고 솔직한 리액션을 보인다. 자신의 감정을 드러내는 데 당당하고 주저함이 없다. 또한 남성보다 여성의 리액션이 훨씬 밝고 풍부하다. 아무래도 감성에 있어서는 여성이 앞서기 때문이리라.

재미있는 것은 지방에 따라 리액션에도 차이가 있다는 것이다.

강호동은 게스트의 별로 웃기지 않는 말에도 포복절도하는 리액션을 보여준다 | 우리가 바라는 것은 냉철한 분석이 아니라 마음을 같이해주는 공감이다. 옳고 그름을 판단하기보다 있는 그대로의 모습을 받아주기를 바란다. 그러기에 리액션은 상대에 대한 배려다. 머리가 아닌 마음으로 상대방을 포용하는 힘이다.

〈게릴라 콘서트〉란 프로그램이 있었다. 가수가 주사위를 던져 콘서트를 개최할 도시를 즉석에서 결정하고 그 지역에 내려가 짧은 시간 동안 홍보를 한 뒤 무대에 오르는 구성이다.

그런데 유독 가수들이 기피하는 지역이 있다. 충청도다(오해를 막기 위해 미리 밝히자면 나는 충청도 출신이다). 충청도 사람들은 유난히 리액션이 느리다. 연예인을 길에서 만나고도 소 닭 보듯 무덤덤하다(하지만 집에 돌아가서는 연예인을 봤다고 난리친다). '꺄악!' 소리에 익숙해져 있던 가수들은 이런 반응에 당황할 수밖에 없다. 콘서트 중에도 리액션이 뜨뜻미지근하다. 가수들이 열창을 해도 엄숙한 표정들뿐이니 이건 좋다는 건지 싫다는 건지 충청도 양반의 속내를 도통 알 수가 없다. 반대로 가수들이 선호하는 지역은 서울과 경상도다. 서울 관객은 콘서트를 가수와 함께 즐길 줄 알고 경상도 관객은 뜨겁고 열정적이기 때문이다.

한국과 일본을 오가며 방송생활을 하는 윤손하가 얼마 전 〈놀러와〉에 출연해서 한·일 양국의 리액션에 대해 비교한 적이 있다. 한마디로 일본 방송의 리액션이 훨씬 크고 풍부하다는 것이다. 실제로 일본 오락 프로그램을 보고 있자면 별거 아닌 거에 크게 놀라고 그다지 웃기지도 않은데 포복절도하는 모습을 자주 볼 수 있다.

처음 일본에 진출했을 때 윤손하는 오해를 받았다고 한다. 본인은 충분히 즐기고 있음에도 리액션이 크지 않아 시청자들이 보기에는 윤씨 혼자 우울하고 불만이 있는 듯 보였기 때문이었다. 결국 윤손하는 일본 매니저에게 리액션 특훈을 받았다고 한다. 웃을 때는 평소보다 한 톤을 높여 웃고 놀랄 때는 눈과 소리뿐만 아니라 온몸으로 반응하는 법을 배웠다. 그 후부터는 일본 방송에 쉽게 적응하게 됐다고 한다. 비록 몸에 밴 오버 리액션이 한국 일상생활이나 시아버지 앞에서 불쑥불쑥 튀어나와 곤란을 겪기도 했다지만 말이다.

어찌 보면 과장된 리액션은 거짓일 수 있다. 그냥 안 웃기면 안 웃기는 대로 재미없으면 재미없는 대로 느끼는 그대로 표현하는 게 오히려 진실한 리액션일 수 있다. 재미없을 땐 '재미없거든' 하고 냉철하고 객관적으로 말하는 게 옳은 일일 수 있다.

하지만 문제는 방송에서는 상황이 다르다는 데 있다. 아니, 사실은 실생활에서도 마찬가지다. 우리가 바라는 것은 냉철한 분석이 아니라 마음을 같이해주는 공감이다. 옳고 그름을 판단하기보다 있는 그대로의 모습을 받아주기를 바란다. 그러기에 리액션은 상대에 대한 배려이다. 머리가 아닌 마음으로 상대방을 포용하는 힘이다. 여기에 가장 중요한 것은 진심이다. 진심이 담겨 있지 않은 과도한 리액션은 눈총을 받아 오히려 분위기를 망칠 뿐이다.

선거가 가장 즐거운 연예인은?

선거방송은 재미있다. 순간순간 손에 땀을 쥐게 만든다. 지금까지 있었던 대통령 선거, 국회의원 선거를 되돌아보라. 후보끼리 엎치락뒤치락 박빙의 뒤집기를 반복한다. 투표율에 따라, 지역에 따라 여야의 희비가 엇갈리며 혼전을 벌인다. 예상하지 못했던 후보가 당선되고 모두가 믿었던 후보가 낙선한다. 시청자들은 천국과 지옥을 오가며 환호와 탄식 속에 다음날 아침까지 TV 앞을 떠날 수가 없다. 어느 스포츠 경기나 영화가 이보다 더 드라마틱할 수 있을까. 게다가 요즘 흥행 코드인 '리얼'의 진수를 보여준다. 1퍼센트의 허구도 용납하지 않는 리얼의 끝이다.

이번 국회의원 선거를 앞두고 개그우먼 곽현화는 상반신을 벗은 채 '투표로 보여줍시다'라고 쓴 피켓을 들었다. 행위예술가 낸시랭은 흰색 비키니 차림으로 서울 시내를 활보하며 투표참여 퍼포먼스를 벌였고, 개그맨 김제동은 투표율 70퍼센트가 넘으면 웃옷을 탈의하겠다고 약속했다. 〈나는 가수다〉 출신의 가수 열여섯 팀은 바쁜 일정 속에서도 한데 모여 투표를 독려하는 노래를 만들어 무료로 배포했다.

요즘 신조어가 된 소셜테이너socialtainer나 폴리테이너politainer만 나선 게 아니다. 여러 이유로 다양한 연예인들이 기발한 아이디어를 냈다. 선거를 알려야 한다는 역사적 사명감으로, 또는 이참에 자기 존재감을 알리려는 잔머리 계산으로, 아니면 이제라도 개념 연예인 축에 끼어들려는 심산으로……. 그러다 보니 무겁고 딱딱한 투표가 연예인과 같이하는 재미난 단체놀이가 됐다.

선거 날 당일에도 스타들의 투표 이벤트는 계속됐는데 이효리는 일찌감치 투표를 하고 인증샷을 자신의 트위터에 올렸다. 그룹 JYJ의 팬들은 투표 인증사진을 앞다퉈 올리며 가수와 함께 '투표 인증샷 놀이'로 투표율을 끌어올리는 데 한몫했다.

'투표 패션'이란 것도 생겨났다. 부지런한 사진기자들은 연예인이 거주하는 지역의 투표소에 일찌감치 자리 잡고 스타들의 투표 패션을 인터넷에 올렸다. 평소 생활하는 그대로 편한 옷을 입은 채 투표 길에 오른 연예인들의 동네 패션이 화제가 됐다. 이번 총선에서 연예인들은 TV를 통해서가 아니라 투표를 통해 시청자들과 색다른 유대감을 경험했다. 시청자들은 스타도 연예인이기 이전에 우리와 같은 대한민국의 국민이란 사실을 새삼 기억해냈다.

"5! 4! 3! 2! 1! 새누리당 ○○○석, 민주통합당 ○○○석".

선거일 오후 6시는 방송국으로서는 운명의 시각이다. 투표 종료와 함께 출구조사 결과가 발표되는 이 순간을 위해 방송 3사는 일찌감치 선거방송 TF를 꾸려 각고의 노력을 기울여왔다. 현존하는 최첨단 방송 기술이 총동원되어 갖가지 볼거리로 시청자들의 이목을 즐겁게 해준다. 어느 방송사가 준비를 잘했는지, 기획과 아이디어가 빛나는지 리모컨을 들고 비교하면서 보는 맛이 쏠쏠하다.

이번 선거방송에서 MBC는 관심이 집중된 후보자들의 얼굴을 바탕으로 한 3D 아바타를 그래픽으로 만들었다. 문재인, 문성근, 강용석 등 실제 총선 후보들이 마치 스튜디오에 직접 나온 것 같은 그림을 연출했다. SBS는 현장에 나가 있는 기자를 컴퓨터그래픽을 이용해 스튜디오로 불러내는 기술을 개발했다. 새누리당, 민주통합당 당사에 나가 있는 기자가 순식간에 공간이동을 해서 스튜디오에 나타나 진행자들과 나란히 서서 방송을 진행하기도 했다.

기술적 현란함 외에 콘텐츠 기획력도 중요하다. 몇 년 전부터 선거방송의 트렌드로 교양과 예능이 융합된 이른바 '쇼양쇼+교양' 성격이 강화되고 있다. 시간이 지나면서 지루해지는 선거방송에 예능적 요소를 더해 재미도 아울러 선사하는 작전이다. 코미디언 박미선, 탤런트 조형기가 기자들과 나란히 앉아 선거에 관련된 OX 퀴즈를 풀고 인기 프로그램인 〈스타킹〉〈개그콘서트〉 등을 총선에 맞게 패러디하여 선보였다. 시청자들이 휴대폰을 통해 방송국으로 전송한 투표 인증사진을 생방송 화면 아래에 보여준 아이디어는 젊은 세대의 큰 호응을 얻었다.

한편으로는 선거 때마다 금전적으로 짭짤하게 누리는 스타들도 있다. 트로트 가수 박현빈은 후보들의 캠페인 노래를 1,000곡 가까이 만들어줬다고 한다. '오빠 한번 믿어봐'란 가사에 후보 이름을 넣어 '홍길동을 믿어봐' '기호 1번 믿어봐'로 바꿔 녹음하면 훌륭한 선거송이 된다. 선거에 따라 가격이 달라지는데 대통령 선거 때는 곡당 1,000만원, 국회의원 선거는 200~300만원, 지방자치단체 선거는 100만원 정도란다. 이번 총선 선거구는 246곳. 후보자는 일반적으로 평균 3~4곡, 많게는 5~7곡까지도 로고송으로 사용한다. 선거 한 번으로 몇 년 치 수입을 벌 수 있다는 계산이 나온다.

투표방송의 연성화에 대해 마치 스포츠 경기 중계하듯이 선거를 희화화한다는 비판도 있다. 하지만 선거에 모든 것을 걸고 죽기살기로 전쟁처럼 치러지는 현실보다 후보자와 국민이 같이 즐기는 축제로 자리 잡는 것이 훨씬 더 미래지향적이다. 연말에 있을 대통령 선거 때 중앙선거관리위원회가 이런 구호를 내걸면 어떨까. '선거를 즐겨라!'

인맥을 만드는 최고의 노하우

연예계 최고의 마당발 하면 박경림과 정준호를 들 수 있다. 몇 년 전 일이지만 박경림 결혼식에는 대한민국의 연예인이 총출동한 듯 자그마치 5,000명의 하객이 모였다. 특히 히딩크 전 국가대표 축구팀 감독이 여자친구와 함께 참석해 화제가 됐다. 얼마 전 결혼한 영화배우 정준호의 경우에는 연예인들뿐만 아니라 스포츠 스타, 기업 총수, 정치인, 나아가 두바이 왕족까지 참석해 '인맥 종결자'라는 별명을 얻었다.

엄청난 하객 수는 평소 이들이 얼마나 인맥 관리에 열심이었나를 잘 보여준다. 오죽했으면 정준호의 아내 이하정 아나운서는 결혼 전 남편을 따라 여기저기 인사를 하러 다니느라 몸져누워 병원에 입원하기까지 했을까. 박경림은 인맥 관리에 대한 자신의 노하우를 책으로 펴내기도 했다.

인맥 쌓기는 언제부터인가 우리 사회의 뜨거운 관심사가 됐다. 예전에는 인맥 관리는 세일즈맨이나 정치인들이 주로 하던 영역이었다. 그런데 이제는 대학생은 취직을 위해, 직장인은 승진을 위해, 주부는 자녀의 진학을 위해 인맥 만들기에 전념한다. 여기에 SNS를 통한 디지털 네트워크도 더해져 인맥 관리를 안 하면 경쟁에서 도태되는 것 같은 강박증까지 생겨났다.

연예인들의 인맥은 방송 소재로도 곧잘 사용된다. 녹화 중에 친한 연예인에게 다짜고짜 전화를 해 퀴즈를 내기도 하고, 예고 없이 전화를 걸어 녹화장소로 불러내기 대결을 벌이기도 한다. 이때는 '얼마나 친한 연예인을 부르느냐'보다는 '얼마나 인기 있는 스타가 나오느냐'가 관건이다. 토크쇼 섭외의 제1계명도 '친한 사이끼리 묶어서 섭외한다'는 것이다. 친한 친구끼리 모이면 사석에서 놀 때처럼 자연스럽고 재미있는 최고의 화학작용이 발생한다. 그래서 한때 유 라인유재석 라인, 강 라인강호동 라인, 규 라인이경규 라인이란 신조어가 생겨나면서 이를 이용한 프로그램이 만들어지기도 했다.

이러한 연유에서인지 연예인들도 인맥 확장에 열심이다. 특급 스타와 친해지면 여러모로 도움을 받는다. 프로그램 섭외 때 주연 배우의 말 한마디로 곧바로 캐스팅될 수 있다. 유명 드라마 작가와 인맥을 만들면 아예 처음부터 그 배우를 염두에 두고 대본을 쓰기도 한다. PD도 이미 캐릭터를 잘 아는 배우를 계속 기용하는 경향이 있기에 일단 연출자의 라인에 들어가면 캐스팅 기회를 자주 얻을 수 있다.

마찬가지로 PD와 작가도 A급 연예인과 줄을 대기 위해 동분서주한다. 평소에도 안부 문자와 기념일을 챙기고 술자리가 있으면 새벽이라도 찾아가 얼굴도장을 찍는다. 그리고 이렇게 공을 들이며 다져온 인맥은 프로그램 섭외로 이어진다. 이제 섭외를 잘하는 게 유능한 PD, 유능한 작가의 첫 번째 요건이 됐다.

한편으론 이러한 인맥 쌓기 열풍에 씁쓸한 뒷맛이 남는다. 잘나갈 때는 벌떼처럼 모여들다가 인기가 떨어지면 우수수 떨어져 나가는 세태 때문이다. 어떻게든 줄을 대려고 안달을 하다가도 자신에게 도움이 안 된다고 느끼는 순간 발길을 돌린다. 상대를 내 출세에 이용하기 위해 인맥에 집착하는 것이다. 생각해보면 이건 인맥이 아니다. 내 이용가치가 없어졌을 때 오히려 내게 다가와야 본래 의미의 인맥이라 할 수 있지 않을까.

지난주 일요일 후배 PD의 결혼식에 갔다. 사회는 유재석이었다. 예전에 같이 프로그램을 한 인연으로 사회를 맡았다고 한다. 나는 결혼식에 부지런히 다니지 않는 편인데도 유재석이 사회 보는 모습을 스무 번은 족히 본 것 같다. 유재석은 대한민국에서 가장 바쁜 연예인 중 한 명이다. 그럼에도 동료 연예인이나 스태프들의 결혼식 사회 부탁은 시간이 허락하는 한 흔쾌히 들어준다고 한다. 이번 주 녹화장에서 그를 만났을 때 궁금해서 물어봤다. 왜 그렇게 사회를 많이 보느냐고. 피곤할 텐데 시간 나면 집에서 좀 쉬고 싶지 않

유재석은 결혼식 사회를 잘 봐주는 것으로도 유명하다 | "일생에서 가장 중요한 시간은 바로 지금이고 일생에서 가장 중요한 사람은 지금 내 옆에 있는 사람이다. 그리고 일생에서 가장 중요한 일은 그 사람에게 선을 베푸는 것이다." 이것이야말로 인맥 만들기의 최고 노하우가 아닐까.

느냐고. 돌아온 답은 이랬다.

"내가 도와줄 수 있을 때 돕는다는 게 좋아."

러시아 문호 톨스토이의 단편집『세 가지 질문』에 이런 글귀가 나온다. "일생에서 가장 중요한 시간은 바로 지금이고 일생에서 가장 중요한 사람은 지금 내 옆에 있는 사람이다. 그리고 일생에서 가장 중요한 일은 그 사람에게 선을 베푸는 것이다." 이것이야말로 인맥 만들기의 최고 노하우가 아닐까.

SM-YG-JYP, 최후의 승자는?

우리나라 가요계의 부자 순위는? 2011년 말 보유 주식가치로 따져보니 1등은 SM엔터테인먼트의 이수만2,085억원, 2등은 YG엔터테인먼트의 양현석1,395억원, 3등은 JYP엔터테인먼트 박진영110억원으로 드러났다. 이 세 사람은 2011년 '대중음악 사운드' 조사에서 '한국 대중음악 파워 100'에도 순서는 다르지만 1, 2, 3등으로 뽑혔다.

이들 빅3 기획사 대표와 대표 가수가 나와서 오디션을 심사하고 맘에 드는 지망생을 즉석에서 자신들의 기획사로 캐스팅하는 프로그램이 있다. 일요일 저녁에 방송되는 〈K팝 스타〉가 바로 그것인데, PD 입장에서 보면 참 부러운 프로그램이다. 어떻게 빅3 대표들을 모을 생각을 했고, 또 그것을 가능하게 만들었을까. 2년 전부터 난립하기 시작했던 오디션 프로그램의 진화는 이제 끝났고 내리막만 남았다고 생각했는데 이렇듯 차별화되고 경쟁력 있는 포맷이 나왔다는 게 놀랍다.

〈K팝 스타〉의 관전 포인트는 참가자들의 경쟁 외에도 심사위원인 보아SM, 양현석YG, 박진영JYP의 자존심을 건 경쟁이다. 같은 공연을 보고도 정반대의 평가가 나오고 서로 견제하며 티격태격한다. 박진영이 "실력이 형편없다. 그만둬라"고 혹평을 쏟아낸 출연자에 대해 양현석은 "내 생각은 그것과 정반대다. 천만불짜리 음색을 가지고 있다"며 극찬한다.

가요계 최고 고수들의 평가가 이렇듯 엇갈리니 시청자는 도대체 누가 맞는 건지 헷갈리고 결과가 궁금해진다. 또한 이들은 무엇을 보고 캐스팅을 할까? 어떤 색깔을 원할까? 어떻게 훈련시킬까? 각자 다른 시선과 트레이닝 시스템을 갖고 있기에 삼인삼색三人三色을 비교하면서 보는 재미가 있다.

SM엔터테인먼트의 이수만 회장은 HOT, SES, 보아, 동방신기를 만들어 한류를 개척한 주인공이다. 아시아, 유럽을 넘어 이제 미국 시장까지 진출한 최고의 아이돌 그룹 소녀시대와 슈퍼주니어를 배출하기도 했다. 〈K팝 스타〉에서 보아가 캐스팅하는 기준은 '가창력'이다. 아시아 무대를 이미 경험해본 그녀이기에 가수에겐 역시 기본기가 가장 중요하다고 생각한다.

촬영차 SM빌딩에 간 적이 있다. 두 가지가 인상적이었다. 연습생들이 하나같이 조각상 같은 비주얼을 갖췄다는 점, 그리고 마주치는 사람에겐 누군지 몰라도 무조건 깍듯이 인사한다는 점이다. SM의 문화를 그대로 보여주는 단면이었다. '아이돌 사관학교'란 별명이 말해주듯이 얼굴이 되는 지망생들을 모아 노래, 춤, 외국어, 예능, 예절에 이르기까지 체계적으로 가르친다. 소속 직원이든 연습생이든 회사원처럼 일정 시간에 출퇴근하는 것을 원칙으로 삼는다. 심지어 소속 작곡가도 마찬가지여서 SM의 대표 작곡가인 유영진도 오전 9시에 출근해 오후 5시에 퇴근한다. 이렇다 보니 결과물이 다를 수밖에. 소녀시대의 면면만 봐도 모든 여성 아이돌 그룹 중에서 에이스만 모은 것처럼 아우라가 있어 보이지 않는가.

YG엔터테인먼트의 양현석 대표는 서태지와 아이들에서 '아이들'에 불과했다. 그렇지만 이젠 그의 전공 분야인 힙합음악을 주류에 편입시키며 한국 음반시장을 주도하고 있다. 그가 만든 2NE1, 빅뱅은 아이돌 그룹 중 가장 독특하고 음악성 있는 팀으로 인정받는다. 〈K팝 스타〉에서 양현석은 출연자들의 '개성'을 최우선으로 본다. 지금 실력은 떨어져도 자기만의 색깔이 있다면 훈련을 통해 완성시킬 수 있다는 믿음이 있다. 개성을 강조하다 보니 YG 소속 가수는 캐스팅 때 절대로 얼굴을 보지 않는다는 말이 돌며 외모가 안 되는 지망생들의 희망이 되었다는 우스갯소리도 있다. 빅뱅을 캐스팅했던 매니저는 대성을 마지막 멤버로 들였을 때 주위에서 "YG는 진짜로 얼굴을 안 보는군요"라는 말을 들었단다. 그 후로 대성이는 '못생긴 애'로 불렸다고.

서울 합정동에 있는 YG 건물을 방문했을 때 양 대표가 자신의 사무실을 구경시켜준 적이 있다. 가장 먼저 눈에 띈 것은 한쪽 벽에 우뚝 서 있는 3미터 정도의 초대형 '로버트 태권V'였다. 그밖에도 온갖 미니어처들이 가득 전시되어 있었다. 마치 디즈니랜드라도 온 느낌이 들었다. 왜 이렇게 꾸몄느냐고 물었더니 자신의 상상력을 자극해주기 때문이란다. SM에 잘 짜인 인공미가 있다면 YG에는 재기 넘치고 자유로운 자연미가 있다.

JYP의 박진영 대표는 타고난 딴따라다. 한 살 때부터 춤을 췄다는 그는 40대가 된 지금도 매년 자신만의 음반을 내고 무대에 선다. 요즘은 〈드림하이 2〉를 제작하고 직접 출연하면서 연기에 푹 빠져 산다고 한다. 박진영은 god와 비를 만들었고 이어서 원더걸스, 2PM, 2AM을 낳았다. 이들이 보여주듯이 JYP는 '대중성'을 가장 중시한다. 〈K팝 스타〉에서 보면 박진영은 자신이 택한 연습생들을 스파르타식으로 교육한다. 거리낌 없는 지적과 혹평을 쏟아 붓고 직접 나서서 하나하나 세심하게 가르친다. 연습생에게는 가혹하겠지만 짧은 시간에 가장 확실한 성과를 낼 수 있는 방법이다.

〈K팝 스타〉의 최종 우승자가 궁금해진다. SM, YG, JYP 중 어느 집안 자식이 마지막에 웃을까? 누구의 눈이 가장 정확했을까? 그리고 어떤 트레이닝 시스템이 가장 큰 효과를 발휘할까? 대한민국 가요계 절대고수들의 내공을 가늠할 수 있는 한판 승부이기에 흥미진진하다.

연예인 천국에서 연예인은 살기 힘들다

아이돌 가수와의 열애설로 곤욕을 치른 한 연기자가 말했다. "연예인으로 살기 참 힘들다"고. 정말 대한민국은 연예인의 천국이면서도 연예인으로 살기는 힘든 나라다.

얼마 전 〈놀러와〉의 초대손님으로 신혼부부인 영화배우 정준호와 아나운서 이하정을 섭외했다. 그런데 공교롭게도 녹화 전날 인터넷에서 심상치 않은 루머가 돌기 시작했다. 최근에 결혼한 한 스타 부부가 두 달 만에 별거에 들어갔고 이혼 직전이라는 내용이었다. 네티즌 수사대가 즉각 가동되는 듯하더니 여러 연예인 부부가 후보로 거론됐다.

의심되는 커플에 대한 신상털기가 시작됐고 각종 '카더라' 통신이 부지런히 날라졌다. 급기야 소문의 주인공은 J씨라고 이니셜을 밝힌 기사가 떴다. '정준호 이하정 이혼'이 실시간 검색어 1위로 올라섰다. 당장 다음날 녹화가 걱정이 되던 차에 정준호가 기자와의 인터뷰를 통해 잘못된 보도라고 밝혔다. 그러면서 모든 것이 해프닝으로 정리되는 듯했다. 하지만 다음날 오전 새로운 기사가 '단독'이란 머리말을 달고 나왔다. 소문의 주인공이 정준호가 맞고 유부녀와의 불륜도 있다는 내용이었다.

네티즌들이 다시 바빠지기 시작했다. 비난의 댓글이 쏟아졌다. 예정대로 녹화를 강행할 것인가를 묻는 기자들의 전화가 쇄도했다. 급히 정준호와 통화를 했다. 자신은 떳떳하며 녹화에 임하겠다고 밝혔다. 기자들이 방송국으로 속속들이 모여들었다. 평소 한적하던 스튜디오가 100여 명의 기자와 VJ로 북적댔다. 경호업체를 불러 스튜디오와 대기실을 통제시켰다. 기자들의 플래시 세례를 받으며 정준호 부부는 제 시간에 도착했고 우여곡절 끝에 녹화는 비공개로 시작됐다. 녹화하는 내내 마음이 불편했다. 스튜디오 밖에 진을 치고 있는 기자들, 실시간으로 올라오는 악플들, 이 때문에 불안해할 게스트 부부, 마찬가지로 동요되는 MC들. 모든 것이 살얼음판 위를 걷는 형국이었다.

결국 녹화 중간에 기자회견을 갖기로 했다. 모든 의혹에 대한 것을 털고 후련한 마음으로 녹화를 다시 시작하는 게 낫겠다는 판단에서였다. 이하정 아나운서를 우선 대기실로 대피시켰다. 급한 대로 〈놀러와〉 세트에서 진행된 기자회견에서 정준호는 자신의 결백을 차분하게 조목조목 밝혔다. 모든 의심이 풀렸다. 퇴근시간이 지

정준호는 〈놀러와〉 세트장에서 녹화 중간 즉석 기자회견을 가졌다 | 이제 연예인에 대한 우리 사회의 애증 감정을 훌쩍 뛰어넘었으면 좋겠다. 연예인의 전문성을 존중하고 다름을 인정하는 여유를 이젠 우리도 갖고 있다. 연예인도 많은 직업군 중의 하나다. 그러니 이제 좀 너그러워지고 적당히 무관심해져도 좋겠다.

난 기자들은 서둘러 기사를 송고하고 돌아갔다. 사이버 세계는 언제 그런 일이 있었냐는 듯이 평온해졌다. 한마디로 '아님 말고'였다. 하지만 당사자들은 큰 상처를 받았다.

며칠 전에 있었던 한 아나운서의 죽음도 앞의 사건과 별로 다를 게 없다. 가장 비밀스러워야 할 남녀 관계에 관련된 사생활이 인터넷과 SNS로 온 세상에 알려졌다. 거기에 악의적 댓글과 조롱이 더해졌다. 그 아나운서는 결국 극단적인 선택을 하게 됐다.

우리나라 사람들은 연예인을 참 좋아한다. 인기 검색어 10위 중 7~8개는 연예인 관련 검색어다. 매 시간별로 연예인에 대한 인터넷 뉴스가 수백 개씩 쏟아진다. 오빠부대와 같은 팬덤문화는 더욱 강력해지고 스타는 우리 사회에서 최고의 영향력을 갖게 됐다. 하지만 이런 스타에 대한 열광의 한편에는 그들에 대한 미움이 동시에 자리한다.

대중의 눈에 비친 연예인들은 천문학적 출연료를 받고 몇 억대 CF를 찍는다. 히트곡 몇 곡 부르고 몇 천만원 행사비 받고 죽어서도 50년간 저작권료를 받는다. 고급 밴을 타고 다니고 어리고 예쁜 아내를 뒀으며 어딜 가나 VIP 대접을 받는다. 마약이나 음주운전도 좀 쉬었다가 나오면 용서된다. 그리고 때 되면 한두 달씩 해외여행을 떠난다. 대한민국에서 연예인이란 직업, 정말 이보다 좋을 순 없지 않은가. 그러니 그들이 누리는 이런 특권에 대중은 당연히 상대적 박탈감과 적개심이 생긴다. '배고픈 건 참아도 배 아픈 건 참

지 못하는' 우리가 아닌가.

하지만 빛이 있으면 그림자가 있는 법. PD로서 옆에서 지켜본 연예인들은 대부분 유명세를 톡톡히 치르고 있었다. 자기 능력에 대해 끝없이 번민하고 언제라도 고꾸라질 수 있는 인기에 대한 불안에 잠 못 이룬다. 팬들에 감사하지만 한편으론 그들이 무섭다. 그러기에 스타는 항상 예민하고 불안하다. 그리고 무엇보다 외롭다.

이제 연예인에 대한 우리 사회의 애증감정을 훌쩍 뛰어넘었으면 좋겠다. 연예인의 전문성을 존중하고 다름을 인정하는 여유를 이젠 우리도 갖고 있다. 연예인도 많은 직업군 중의 하나다. 그 안에는 고운 이도 있고 미운 이도 있다. 꼴뚜기도 있고 미꾸라지도 있다. 사람 사는 세상이 다 그렇지 않은가. 그러니 이제 좀 너그러워지고 적당히 무관심해져도 좋겠다. 그리고 그들의 인격은 내 인격만큼이나 존중받아야 한다.

예능 프로를 보면 세상이 보인다 2

싸이스타일이 통했다

호주에서도 싸이의 '강남스타일'이 대세였다. 〈위대한 탄생〉의 오디션 심사를 위해 호주 시드니를 다녀왔다. 200여 명의 백인, 흑인, 아시아계 인종이 오디션에 참가해 식지 않은 K팝의 열기를 보여줬다. 추가 촬영을 위해 UNSW뉴사우스웨일즈대학교를 방문했던 후배 PD에게서 들은 이야기다. 오디션 지원자가 소속된 댄스 동아리를 촬영하는데 춤을 주문하자 회원들이 다같이 '강남스타일'의 말춤을 추더란다. 가사의 내용은 모르지만 춤이 재미있고 멜로디가 단순하다며 틈만 나면 '강남스타일'을 틀어놓고 단체로 춘다는 말도 전했다. 남반구까지 왔으니 뭔가 호주만의 독특한 춤을 담으려 했는데 결국은 말춤 추는 호주인만 촬영하게 됐다며 후배 PD는 허탈해했다.

'강남스타일'의 유튜브 조회수가 3천만이 넘었다. CNN, 『타임』,

『월스트리트저널』, 『LA타임스』에서도 꼭 봐야 할 뮤직비디오라고 소개했다. 미국뿐만이 아니다. 스위스, 프랑스, 싱가포르, 네덜란드 언론들도 '강남스타일'의 열풍을 보도했고, 각국의 음원차트(아이튠즈 댄스 차트)에서도 상위권에 등극했다. 국내에서 '태릉스타일' '대구스타일' '홍대스타일'로 패러디되더니 해외에서는 '월마트스타일' '호주스타일' '건담스타일' 등 수십 가지 버전으로 확산되고 있다.

'강남스타일'이 이렇게까지 뜬 게 참 뜻밖이다. '강남스타일'은 원래 '싸이스타일'이다. 싸이는 처음부터 이랬다. 그를 세상에 알린 첫 히트곡 '새'도 마찬가지다. 가사는 세고 원초적이고 춤은 단순하고 우스꽝스럽다. 뮤직비디오도 일부러 가수의 웃긴 외모를 부각시키고 온갖 싸구려 코미디를 쓸어 담은 삼류 영상물이다. 그러니 '강남스타일'이 싸이의 고유 브랜드로서 국내 팬들의 환호를 받을 수는 있었겠지만 이 콘텐츠가 세계적으로 통하리라곤 제작자나 싸이 본인도 미처 예상치 못했을 것이다. 그런데 이 '싸이스타일'이 제대로 통했다.

싸이의 엽기적 춤과 반복적 멜로디가 외국인에게는 새롭다. 지금까지 K팝에서 보던 꽃미남·꽃미녀 아이돌이 아니다. 이제는 좀 지겨워질 만한 칼군무도 아니다. 올백 머리의 우습게 생긴 아저씨가 4차원의 막춤을 춘다. 음악적 완성도는 둘째 치고 우선 재미있다. 듣는 음악을 넘어 볼 수 있는 음악, 갖고 놀 수 있는 음악이니 매력 만점이다.

싸이의 음악과 뮤직비디오가 루저문화라지만 사실은 교묘하게 위장된 A급 콘텐츠다. 싸이가 소속된 YG엔터테인먼트는 허술하게 음악을 만들어내는 곳이 아니다. 양현석과 작업한 제작자들의 얘기를 들어보면 다들 그의 치밀함과 정열에 놀랐다고 한다. 뮤직비디오 제작도 마찬가지. 보통 한곡 당 3~4천만원으로 만들 때 YG는 3~4억원을 들인다. 이번 뮤직비디오도 A급보다 많은 돈을 들여 B급 스타일로 만들었다. 그리고 그 탁월한 접근법이 세계에 통했다.

한편으로 소셜미디어의 힘에 방송선수들도 새삼 놀랐다. 그간 말로만 듣고 피부로 느끼진 못했는데 이번엔 제대로 통감했다. 한류 열풍 이후 신곡을 유튜브를 통해 전 세계에 선보이는 것은 이제 당연한 수순이다. 그런데 이번엔 달랐다. 피드백이 몇 백배로 커져서 돌아왔다. '야호~' 하고 혼자 소리 질렀는데 이 산, 저 산, 골짜기, 계곡을 거쳐 천둥 같은 소리로 증폭되어 돌아왔다. 단순한 댓글달기를 넘어 해외 네티즌들이 직접 UCC사용자 제작 콘텐츠를 만들어 올린다. 패러디 영상 외에도 리액션 영상이 쉼 없이 올라온다. 리액션 영상은 뮤직비디오를 보는 자신의 모습을 촬영한 콘텐츠다. '강남스타일'을 보면서 놀라워하고 박장대소하고 따라 춤추는 세계 각국, 특히 인터넷 기반이 잘 갖춰진 선진국의 팬들의 리액션 동영상이 화제가 됐다. 그들은 뮤직비디오를 감상하는 콘텐츠 소비자이면서 동시에 생산자인 프로슈머prosumer가 됐다.

'강남스타일'의 글로벌한 흥행 뒤에는 또 하나의 소셜미디어, 즉 트위터와 같은 SNS의 힘도 컸다. 초기 확산의 진앙지는 2NE1 산다라 박의 팬인 해외 트위터 사용자로 알려졌다. 수만 명에 달하는 그녀의 팔로워들이 부지런히 뮤직비디오를 소개했다. 그러면서 해외 팝스타와 음반 제작자들도 싸이의 음악을 접하게 됐고 다시 2차 퍼나르기 빅뱅이 일어났다.

소통의 방법이 바뀌었다. 개인주의에 젖어 있는 현대인도 다른 사람과 교감하고 싶고 자기를 표현하길 원한다. 상호 소통을 통해 자기 존재의 의미를 찾고 싶은 거다. 다만 얼굴과 얼굴을 맞대기는 번거롭고 귀찮으니 사이버에서 만나 대화하고 UCC로 자기 느낌을 알린다.

싸이는 군대를 두 번 갔다 왔다. 대마초 사건도 있었다. 연예계 대표 문제아였다. 지난 주 〈힐링캠프〉에 출연했던 싸이는 "가수 인생 12년 중 제대로 활동한 기간은 3~4년에 불과하다. 다른 사람들은 한 번 겪기도 힘든 일을 여러 차례 겪었다"고 그동안의 맘고생을 털어놨다. 그러던 그가 가장 자기스러운 콘텐츠로 재기에 성공했다.

뒤늦게 부랴부랴 싸이를 섭외하려고 전화했더니 미국 최고 인기 가수 저스틴 비버의 소속사에서 불러서 미국 가고 없단다. 그러니 인생은 새옹지마塞翁之馬다. 지금 잘나간다고 잘난 척할 것도 없고 지금 못 나간다고 고개를 떨굴 필요도 없다. 그냥 지금에 충실하고 오늘을 온전히 누리는 게 상책이다.

〈놀러와〉 400회의 비밀

〈놀러와〉가 400회를 맞는다. 첫 회부터 지금까지 〈놀러와〉를 지켜온 유재석·김원희와 옛이야기를 나누다 보니 감회가 새로웠다. 2004년 3월, 파일럿정규 프로그램으로 편성되기 전에 시청자의 반응을 보기 위해 시험 삼아 만드는 프로그램 녹화를 할 때만 해도 〈놀러와〉가 이렇게 장수하리라곤 담당 PD인 나도 예상치 못했다.

당시 국장님이 나를 부르시더니 장르에 상관없이 새 프로그램을 하나 만들라는 미션을 내리셨다. 고민 끝에 토크 프로그램을 만들기로 했다. 그때만 해도 MBC에는 토크쇼가 없었기에 경쟁력이 있다고 판단했다. 호스트MC 섭외를 위해 희망 리스트를 뽑았는데 유재석, 김원희가 1순위였다. 둘과는 같이 일해본 적도 없고 잘 알지도 못했다. 어쩔 수 없이 '맨땅에 헤딩' 작전을 펼쳤다. 무작정 만나서 조르는 거다. 유재석, 김원희는 지금도 잘나가지만 그때도 여전히 잘나갔다. 본인들은 아쉬울 게 전혀 없는 상황. 같이 일하자는 PD들이 번호표를 뽑고 줄을 서서 기다리는 형국이었다. 말재간도 없는 내가 약속도 없이 찾아갔으니 결국 서로 분위기만 더 어색해져서 돌아왔다. 섭외 가능성은 전혀 없어 보였다.

궁여지책으로 짜낸 다음 방법이 두 연예인의 약한 부분을 공략하는 작전이었다. 유재석은 마음이 여리다. 먼저 매니저를 구워삶아 내 편으로 만든 다음 유재석을 찾아가 계속 불쌍한 표정을 지었다. 우선 첫 발을 담그게 만드는 게 급선무. 특집 프로이니 더도 말고 딱 한번만 해달라고 읍소했다. 김원희는 출연료로 공략했다. 주위 탐문을 해보니 그녀가 돈에 약하다는 정보를 들었기 때문. 뒤를 생각하지 않고 출연료를 세게 질렀다(나중에 예산 초과로 국장님께 엄청 깨졌다).

이렇게 천신만고 끝에 파일럿을 만들게 됐다. 녹화는 유쾌하게 잘 풀렸다. 동갑내기 두 MC의 궁합은 기대 이상으로 잘 맞았다. 시청률도 14.9퍼센트. 성공적인 시작이었다.

하지만 다시 MC 붙잡기에 들어가야 했다. 레귤러로 덜컥 편성이 확정됐다며 유재석에게 계속해야 된다고, 아니면 아예 프로그램을 접을 거라고 하소연 반 공갈 반 졸랐다. 제목도 〈유재석·김원희의 놀러와〉이기 때문에 딴 사람은 안 된다는 억지도 부렸다. 김원희에게는 제작비 부족으로 출연료를 좀 깎아야 한다며 대신 나중에 올려주겠다고 조삼모사 작전을 썼다. 김원희는 유재석을 꼭 잡으라며 조건부로 승낙했다.

프로그램을 하나 새로 만들 때는 기존의 레귤러 프로를 하는 것보다 몇 곱절의 힘이 든다. 신이 혼돈 속에서 천지를 창조했듯이 모든 것을 무無에서부터 시작해야 하므로. 우여곡절을 겪고 나서 겨우 〈놀러와〉를 출범시켰고 시작만큼이나 굴곡 많은 8년이란 세월이 흘렀다.

〈놀러와〉 400회의 역사를 옆에서 지켜보면서 장수 프로그램이 되기 위한 몇 가지 비결을 뽑아봤다. 우선 프로그램의 주인이 확실해야 한다. 시청자들은 제목보다는 누가 진행하는 프로그램인가로 기억한다. 그래서 한때는 〈신동엽의 러브하우스〉처럼 MC의 이름을 타이틀에 넣어 프로그램의 아이덴티티를 강조하는 게 유행이었다. 〈전국노래자랑〉에는 송해 씨가 있고 〈무릎팍도사〉에는 강호동이 있다. 최고의 MC들을 모아놔도 대장이 분명치 않으면 프로그램은 산으로 간다. 집단 MC체제지만 〈남자의 자격〉은 이경규를 중심으로 돌아간다. 확실한 주인이 있어야 그를 구심점으로 하여 프로그램이 정리된다. 〈놀러와〉의 롱런 뒤에는 유재석·김원희라는 환상 콤비가 있었다. 찰떡궁합 두 MC는 주거니 받거니 북 치고 장구 치고 식의 만담개그를 펼치며 프로그램의 주인 역할을 확실히 수행했다.

장수 프로그램의 두 번째 비결은 스타를 만들어내는 길이다. 대중은 항상 새로운 스타에 목말라 있다. 처음에는 다소 어설프더라

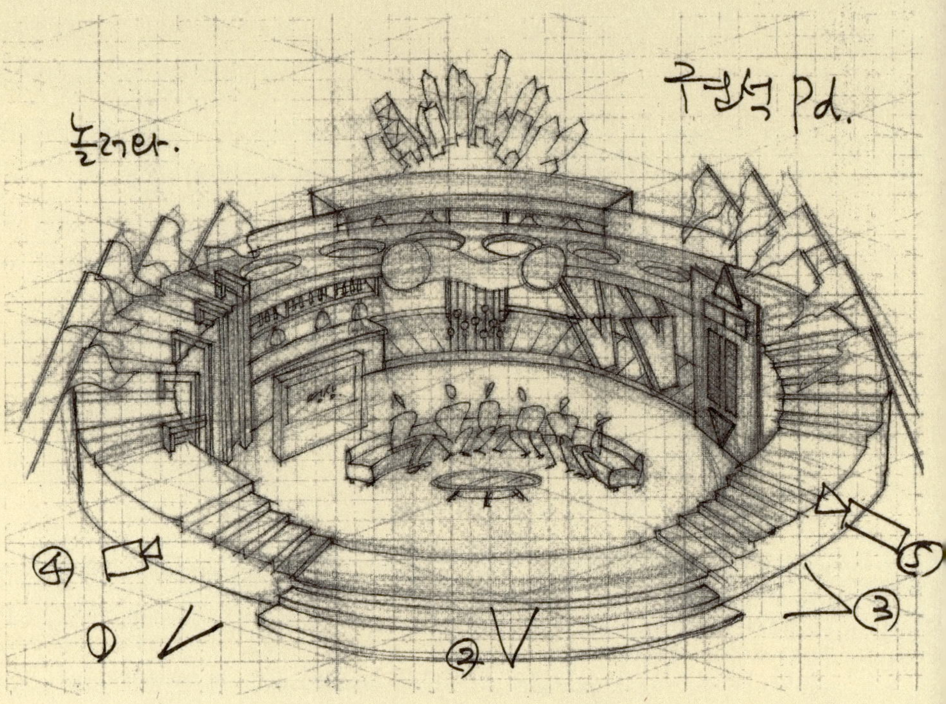
놀러와.
구현석 Pd.
④
⑤
①
②
③

〈놀러와〉 파일럿 제작 당시 세트 스케치와 실제 녹화장면 | 천신만고 끝에 파일럿을 만들게 됐다. 녹화는 유쾌하게 잘 풀렸다. 동갑내기 두 MC의 궁합은 기대 이상으로 잘 맞았다. 시청률도 14.9퍼센트. 성공적인 시작이었다. 우여곡절을 겪고 나서 겨우 〈놀러와〉를 출범시켰고 시작만큼이나 굴곡 많은 8년이란 세월이 흘렀다.

도 일단 될성부른 떡잎을 발견하고 방송에서 밀어주면 언론의 주목을 받고 입소문이 돌면서 프로그램에 대한 인지도를 높일 수 있다. 〈놀러와〉를 시작하면서 새로운 떡잎을 찾는 일에 몰두했는데 우연히 케이블TV에서 리포터로 활동하던 노홍철을 소개받았다.

그를 처음 본 순간 'already but not yet!(이미 하지만 아직!)'의 느낌을 받았다. 그는 이미 스타의 내공을 갖췄으나 아직 드러나지 않았을 뿐이었다. 가능성은 충분했다. 바로 녹화에 투입했다. 녹화 전 정수경 메인 작가가 긴장하고 있는 노홍철에게 한마디 했다. "네가 하고 싶은 대로 맘껏 해봐." 하지만 첫 녹화는 비참했다. 던지는 말마다 생뚱맞기만 했고 특유의 오버액션은 거부감만 들었다. '산만함'의 캐릭터는 그냥 산만할 뿐이었다. 같은 패널이었던 박명수의 견제 또한 엄청났다. 박명수는 새로운 스타 탄생을 언제나 못마땅해 한다. 자기 크기도 바쁜데 또 누굴 키우냐며 처음부터 노홍철 투입을 반대했다. 노홍철이 무슨 말이라도 할라치면 지레 면박을 주면서 상대를 무안하게 만들어서 웃기려고 했다. 하지만 그 전략마저 웃기지도 않았다. 부조정실에 있던 내 등에 식은땀이 쭉 흘렀다.

녹화 후 노홍철을 뺄 것인가 말 것인가를 놓고 작가들과 긴급회의에 들어갔다. 결론은 한 달만 더 기회를 줘보자는 것. 그리고 거짓말처럼 딱 한 달이 되던 날, 녹화장에서 김원희가 외쳤다. '오늘 노홍철 입 터졌네!' 스타 탄생의 순간이었다. 일단 노홍철의 입이 터지자 그 폭발력은 대단했다. 특히 대학생들 사이에서 그의 정신없음과 절대 긍정의 캐릭터가 큰 인기를 끌었다. 녹화장에서 느껴지는 노홍철의 인기는 유재석·김원희를 능가할 정도였다. 〈놀러와〉를 통해 노홍철이 컸고 노홍철을 통해 〈놀러와〉가 장수했다.

스타를 만들 때 아예 생짜배기 신인을 발굴하는 방법 외에도 옛날 스타를 재발견하는 길도 있다. '세시봉'은 후자에 속한다. 2010년 추석 특집으로 현재 〈놀러와〉 연출을 맡고 있는 신정수 PD가 케케묵은 세시봉 가수들을 끄집어냈다. 송창식·윤형주·조영남·김세환의 세시봉 친구들이 들려주는 감미로운 통기타 선율은 기성세대에게는 옛날의 향수를 불러일으켰고, 젊은 세대에게는 '엄마 아빠 때의 음악도 이렇게 좋을 수 있구나'란 충격을 주었다. 음악의 힘에 더해 이들에겐 한때 한국 대중문화를 풍미했던 세시봉의 이야기가 있었다. 사랑과 우정의 에피소드들이 화수분과 같이 끝없이 솟아나오면서 시청자들을 웃기고 울렸다. 방송 이후 낙원상가 악기점에는 통기타가 동났고 동네 음악학원마다 기타를 배우려는 어른들과 학생들로 넘쳐났다고 한다. 세시봉 가수들은 제2의 전성기를 맞았고 〈놀러와〉도 제2의 전성기를 맞았다.

〈놀러와〉 장수의 세 번째 비결은 역설적으로 들리겠지만 뚜렷한 대박 코너가 없었다는 점이다. 일단 코너가 화제가 되면 자가발전이 되면서 시청률이 오르고 A급 게스트들이 제 발로 걸어온다. 코너가 뜨면서 선순환이 시작된 거다. 주간 시청률 1, 2위를 다투면서 전성기를 맞는다. 하지만 대박 행진에도 끝은 있다. 그리고 일단 내리막이 시작되면 과거의 영화 때문에 상대적으로 더 초라해 보인다. 산이 높을수록 골도 깊은 법이니까. 〈놀러와〉는 뚜렷한 기복 없이 지금껏 버텨왔다. 중간중간 반짝 빛을 발할 때도 있었지만 올라갈 듯하다가 떨어지고 떨어지는 듯하다가 올라가면서 약한 체력으로 근근이 지내왔다. 그래도 방송국에는 효자 노릇을 톡톡히 했다. 유재석·김원희 이름 덕분에 그리고 제작진의 열심 덕분에 광고는 완판됐고 시청률도 기본 이상은 해왔으니까.

자기 브랜드를 가진 PD는 행복하다. 그런 의미에서 〈놀러와〉를 만들었다는 브랜드를 갖고 있는 나는 행복한 PD이다. 〈놀러와〉 400회를 맞아 오늘이 있기까지 힘써주신 좋은 연기자, 좋은 작가, 좋은 후배 PD들, 그리고 시청자들에게 감사할 따름이다

예능도 '닥치고 정치'

"이명박 대통령은 집배원 4만 5,000명에게 휴대전화 문자 메시지를 보내 '어려운 여건 속에서도 묵묵히 소임을 다하고 있는 여러분께 감사의 마음을 갖고 있다'고 격려했습니다. (잠시 쉬고) 그런데 어려운 여건은 누가 만든 걸까요?"

케이블 채널 tvN의 〈새터데이 나이트 라이브SNL 코리아〉를 보다가 깜짝 놀랐다. '이렇게 세게 해도 되나?' 싶었다.

지난해 '애정남'의 최효종은 연말 〈KBS 연예대상〉 시상식에서 우수상을 받았다. 시청자와 네티즌에게 감사한다고 수상소감을 밝혔지만 사실 일등공신은 그를 '국회의원 집단 모욕죄'로 고소했던 강용석 의원이다.

나는 〈개그콘서트〉의 서수민 PD가 대단하다고 생각한다. 지상파에서 그것도 공영방송에서 정치풍자 코미디는 결코 쉽지 않다.

코미디를 코미디로 봐주지 않기 때문이다. 웃자고 한 말에 죽자고 달려드는 게 다반사다. 방송국 안팎에서의 압박이 상당했을 텐데 그에 굴하지 않고 밀어붙인 그녀의 뚝심이 놀랍다. 물론 여기엔 시청자의 전폭적 지원이 있기에 가능했으리라. 그래서인지 요즘 〈개그콘서트〉는 30퍼센트에 가까운 시청률을 기록하며 주간시청률 1위 행진을 이어가고 있다.

2012년은 정치의 해다. 총선과 대선이 있다. 정치가 국민의 최대 화두가 됐다. 선거철의 정치에 대한 뜨거운 관심이야 매번 있던 일이지만 이번엔 좀 다르다. 젊은 층이 달라졌다. 탈정치적 성향이 강했던 젊은 세대들이 가장 정치적인 세대가 됐다. 그 매개는 스마트폰과 SNS의 돌풍이다. 이제 젊은 세대들은 트렌드에 뒤처지지 않기 위해 정치뉴스를 클릭하고 보다 시크해지기 위해 대놓고 현 정권에 흠집을 내는 팟캐스트 〈나꼼수〉를 듣는다.

그러다 보니 '올해의 예능은 닥치고 정치다'라는 대세론이 힘을 얻으면서 지상파는 물론 케이블 채널에서도 정치풍자 코너가 우후죽순 생겨나고 있다. 정치는 예전에도 코미디의 좋은 소재였다. 하지만 그때는 두루뭉수리 우회적으로 세태를 꼬집은 반면 요즘은 직설적이고 화끈하다. 이제 시청자들은 코미디를 보면서 웃음만을 기대하지 않는다. 그간 묵은 체증이 한번에 쓸려 내려가는 시원함을 동시에 바란다.

예능 프로그램들은 정치풍자에 그치지 않고 본격적으로 정치인을 출연시키기 시작했다. 지난주 박근혜 한나라당 비상대책위원장이 토크쇼 〈힐링캠프〉에 나왔다. 국밥집에서 연예인과 같이 밥을 먹고 노래방 반주에 맞춰 자신의 18번도 불렀다. 젊은 시절 찍었던 비키니 사진을 공개하고 짝사랑과 가족사에 얽힌 짠한 이야기도 털어놨다. 시청률은 두 배 이상으로 뛰어오르며 〈힐링캠프〉는 처음으로 동시간대 1위를 차지했다.

이번 주는 문재인 노무현재단 이사장이 출연해서 스피드 퀴즈도 풀고 격파 시범도 보인다고 한다. 강용석 의원은 '고소·고발 집착남'이란 콘셉트로 〈화성인 바이러스〉에 출연했고 〈주병진 토크 콘서트〉에는 이준석 한나라당 비대위원이 나왔다. 혈혈단신으로 〈나꼼수〉의 적진에 뛰어들어 화제가 됐던 홍준표 의원은 이번에는 종편 코미디 프로그램에 나와 앞치마를 두르고 요리를 했다.

이들이 시사교양이나 토론 프로그램이 아닌 예능에 출연하는 것은 유권자에게 정서적으로 한발 다가가기 위함이다. 평소에 보여주지 못했던 인간적 모습을 소탈하게 드러냄으로써 지명도도 올리고 시청자의 호감을 사겠다는 계산이다. 특히 올해 선거의 태풍의 눈이 될 젊은 층에 구애하기에는 예능 프로그램 출연 만한 수단이 없다.

제작진 입장에서도 정치인 출연은 남는 장사다. 토크쇼가 난립한 가운데 정치인은 노출이 덜 되고 희소성이 있는 '레어 아이템 rare item'이다. '선거철 특수'라는 시의성에도 들어맞는다. 화제성과 경쟁력이라는 두 마리 토끼를 잡을 수 있다. 그러니 이제는 유명 정치인을 섭외하기 위해 PD들은 공식, 비공식 네트워크를 총동원해 물밑전쟁을 벌인다.

몇 년 전 나도 박근혜 의원을 만난 적이 있다. 코미디언 김용만과 가수 박정아를 데리고 삼성동 그녀의 집을 찾았다. 시청자들은 남의 집 구경하는 것을 좋아한다. 냉장고를 열수록 시청률은 수직 상승한다는 방송가 속설도 있다. 하물며 그간 베일에만 쌓여 있던 박근혜 의원이 사는 집이었으니 두말해 무엇 하랴. 집 구석구석을 뒤지고 냉장고도 열어보고 사진첩도 들췄다. 벽에 걸려 있는 박정희 전 대통령이 그린 그림, 글씨를 카메라에 담고 육영수 여사가 수놓은 우리나라 지도도 소개했다. 박 의원은 김용만과 마당에서 탁구도 치고 단전호흡 시범을 보이면서 유연성을 뽐내고 물구나무도 섰다. 시청률이 안 나올라야 안 나올 수 없는 촬영이었다. 하지만 박근혜 의원도 많은 것을 얻었다. 그동안의 차갑고 비밀스러운 인상을 벗고 소탈하고 감성적인 이미지를 얻었다. 그 한 번의 방송으로 100만표 이상을 얻었다는 분석도 나왔다.

'정치'라는 예능 흥행 코드는 당분간 지속될 것이다. 예능까지 정치판이 되어간다는 비난도 있지만 우리 사회의 '소통'에 기여할 수 있는 좋은 기회일 수 있다. 좌-우로, 동-서로, 기성세대-젊은 세대로 갈라져 이젠 건널 수 없을 만큼 깊게 골이 패인 요즘, 예능을 통해 그 골 사이에 구름다리 하나 놓였으면 좋겠다.

아이디어는 머리가 아니라 엉덩이에서 나온다

마케팅 분야에서 최고의 스테디셀러인 『마케팅 불변의 법칙』이 제시하는 첫 번째 법칙은 '더 좋기보다는 최초가 되는 편이 낫다'이다. 시장에서 일 등을 못하고 있을 때 경쟁사보다 더 좋은 제품이나 서비스를 개발하여 승부를 벌이려는 것은 승산이 없다. 그보다는 새로운 영역을 개발해서 그 부문에 최초로 진입해야 한다는 설명이다.

이 법칙은 방송 프로그램을 만들 때도 진리로 통한다. 예를 들어 〈무한도전〉의 경쟁 프로그램을 만들 때 〈무한도전〉보다 더 재미있는 리얼 버라이어티를 만들기보다는 거칠고 서툴러도 새로운 장르를 선보이는 것이 더 큰 경쟁력을 가진다는 얘기다. 시청자들은 잘 만들어진 프로그램보다 새로운 것에 더 끌리게 마련이기 때문이다.

봄·가을 정규 개편 때만 되면 방송국은 섬씽 뉴something new를 찾아 대장정을 떠난다. 하지만 말이 쉽지 새로운 것을 만들어내는 것은 참으로 어렵다. 아니 거의 불가능해 보인다. 지혜의 왕 솔로몬도 '해 아래 새것은 없다'고 말하지 않았던가. 하지만 솔로몬은 솔로몬이고 개편은 개편이다. 시청자를 끌어올 눈에 확 띄는 새로운 게 필요하다. PD와 작가들이 모여 머리를 쥐어짜기 시작한다. 정해진 기한도 없다. 안 나오면 나올 때까지 며칠이고 밤샘 회의를 밀어붙인다. 그런데 참 신기한 것은 그렇게 무지막지하고 비효율적인 회의를 통해서 결국은 뭔가 새로운 게 나온다는 것이다. 이미 남들이 모두 찾아내서 하나도 남아 있지 않을 것 같았던 '섬씽 뉴'가 자기를 찾아줄 새로운 주인을 기다리며 숨어 있었던 것이다.

새 프로그램을 만들 때 내가 자주 사용하는 두 가지 방법이 있다. 첫째는 퓨전fusion이다. 말 그대로 이것저것 섞는다. 어울리지 않을 것 같은, 잘 섞이지 않을 것 같은 것일수록 그 효과는 더 크다. 예능과 교양을 섞는다. 버라이어티와 다큐멘터리를 섞는다. 그래서 새롭게 탄생한 것이 〈비타민〉 같은 인포테인먼트 프로그램이고 〈1박2일〉 유의 리얼 버라이어티 프로그램이다.

두 번째 방법은 역발상이다. 기존의 관념과 상식을 눈 딱 감고 반대로 해보는 것이다. 누구나 알고 있는 프로그램 흥행공식을 예로 들어보자. 우선 특A급 MC가 필요하다. 그리고 당대 최고의 연예인이 게스트로 나와야 한다. 편집은 세련되고 스피디해야 한다. 이게 상식이다. 하지만 역발상 방법에 따르면 청개구리처럼 모든 것을 거꾸로 한다. 특A급 MC를 과감히 버린다. 당대 최고의 연예인 대신 전성기가 한참 지난 연예인들을 모은다. 섹시돌·짐승돌 자리는 아줌마·아저씨 연예인들로 채운다. 편집도 촌스럽고 느릿느릿하게 한다. 이렇게 만들어진 것이 예능 프로그램 중 시청률 1위에 빛나는 〈세바퀴〉다.

그런데 얼마 전 섬씽 뉴를 만드는 또 하나의 방법을 새삼 깨달았다. 〈놀러와〉의 지난주 게스트는 가수 이선희였다. 사실 처음에는 많이 망설였다. 이선희의 저력이야 의심할 바 없지만 잊힌 왕년의 스타가 아닌가. 또한 예능적으로 볼 때 참 무미건조하고 재미없는 캐릭터의 소유자다. 하지만 이런 걱정이 무색하게 녹화는 대박이 났다. 왕년의 히트곡들을 다시 듣는 즐거움도 컸지만 무엇보다 가수생활 20년에 녹아 있는 그녀의 삶에 대한 사랑이 가슴으로 다가왔다. 시청률이 15.9퍼센트로 훌쩍 뛰어올랐다. 시청자 게시판도 칭찬글로 넘쳐났고 방송도 하루 녹화한 것을 아예 두 주로 나눠 특집으로 내게 됐다.

섬씽 뉴를 만드는 새로운 방법. 그것은 옛날 것을 다시 들춰내는 것이다. 옛날 것은 현재의 것이 아니기에 새롭다. '세시봉 열풍'이 잘 보여주었다. 세시봉을 즐긴 것은 향수에 젖은 기성세대만이 아니었다. 젊은 세대도 동참했다. 그들에겐 낯선 통기타 노래와 음악감상실 문화가 새롭게 다가왔고, 그래서 열광한 것이다. 낡은 것이 새로운 것이 되었다. 물론 아무거나 옛날 것을 꺼낸다고 다 통하는 것은 아니다. 낡은 것이지만 자신만의 문화가 있어야 한다. 그래야 우리나라 불변의 흥행 코드인 이야기스토리텔링가 나올 수 있다. 또한 단순한 구닥다리 복고에 그치지 않도록 오늘의 입맛에 맞는 새로운 포장술도 필요하다.

생각해보면 이 우주에는 우리가 이미 발견한 섬씽 뉴보다는 아직 숨어 있는 것이 훨씬 더 많을 것 같다. 그리고 그 섬씽 뉴는 찾으려고 노력하는 자에게만 자신을 드러낸다. 그래서 방송가에는 이런 격언이 있다. '아이디어는 머리가 아니라 엉덩이에서 나온다'. 오늘도 엉덩이로 씨름하며 밤샘 회의를 하는 방송쟁이들에게 섬씽 뉴의 금맥을 찾는 축복이 있기를!

레이디 가가 콘서트에서 본 것

레이디 가가 공연을 보기까지 참 힘들었다. 우선 표구하기가 하늘의 별 따기였다. 공연 두 달 전임에도 티켓 예매를 오픈하자마자 대부분의 자리가 매진됐다. 어쩔 수 없이 대기 신청을 해놓고 포기하는 표가 나오길 기다렸다. 내게는 다행스럽게도 '청소년 관람 불가' 판정이 나자 표가 좀 풀리기 시작했다. 결국 막바지에 가서야 표 확보 성공. 그리 좋은 위치는 아니지만 그래도 레이디 가가를 직접 볼 수 있다는 게 어딘가.

나는 레이디 가가 팬도 아니다. '포커페이스'나 '배드 로맨스' 외엔 그녀의 노래를 알지도 못한다. 내 취향하고도 한참 멀다. 그럼에도 그녀의 내한 공연은 왠지 '봐줘야' 할 것 같았다. 어쨌거나 현재 세계 팝의 최고 아이콘이 아닌가. 예능 PD라는 직업 때문에라도 봐줘야 했다.

공연 당일 공연장까지 가는 길은 멀고도 험했다. 후배 PD들과 함께 서둘러 나섰건만 콘서트가 열리는 서울 잠실 쪽 도로는 추석 귀경길처럼 막혔다. '레이디 가가가 이 정도였어?' 나도 놀랐다. 차 안에서 스마트폰으로 검색해보니 이미 전날부터 공연장 주변은 축제가 시작됐다. 금발머리에 선글라스, 금속으로 장식된 가죽 옷, 과감하게 노출된 드레스 등 그녀의 도발적 패션을 코스프레한 팬들의 사진이 인터넷에 속속 올라왔다. 일산에서 잠실까지 세 시간이 꼬박 걸렸다. 공연장에 도착하고서도 끝이 아니었다. 성인 인증을 해야 한다며 이리 가라 저리 가라 한참을 돌리더니 손목에 종이 띠를 둘러준다. 얼굴 보면 답이 나오는데 굳이 이런 걸.

레이디 가가 공연을 반대하는 단체들의 시위는 계속되고 있었다. 레이디 가가가 프리메이슨이다, 일루미나티다, 사탄 숭배자다, 하는 소문이 있다. 가가의 개인적 종교는 알 수 없지만 그녀가 그런 코드와 상징을 이미 잘 알고 있고 그것을 이용하는 것은 분명해 보인다. 자신을 '마마 몬스터', 팬들을 '리틀 몬스터'라고 부른다거나 한쪽 눈을 가리는 외눈박이 포즈, 뿔 달린 가면이나 분장을 의도적으로 반복하는 사실이 이를 증명한다.

하지만 크게 보면 그녀가 전하려는 메시지는 악마 숭배가 아니라 오히려 차별 없는 세상이다. 이번 월드투어 콘서트의 주제도 'born this way(이렇게 태어난 걸 어떡해요)'다. 튀는 언행으로 이미 학창시절 왕따를 경험한 그녀이기에 서로의 다름을 인정하고 약자를 배려하자고 노래한다.

16년 전(벌써!)에 마이클 잭슨이 똑같이 잠실 주경기장에서 한국 공연을 할 때도 악마 논쟁이 있었다. 그때도 외설적이고 비교육적이라며 공연 반대 시위가 잇따랐다. 하지만 공연을 직접 본 관객들은 감동과 영감을 받았다. 내 생애 최고의 공연도 바로 마이클 잭슨 콘서트였다. 역시 '남대문을 본 사람과 안 본 사람이 우김질하면 안 본 사람이 이긴다.'

시위대를 비켜서 주경기장을 반 바퀴 돈 후에야 간신히 지정된 출입문을 찾았다. 쇼는 벌써 시작됐고 몇 달을 기다려온 팬들은 이미 불붙은 상태였다. 발광 머리띠를 두르고 형광 봉을 흔들며 열광하는 관객들을 헤치고 간신히 자리를 찾아 앉았다.

휴우, 한숨 돌리는 찰나 레이디 가가가 말했다.

"듣자하니 한국 정부가 내 쇼의 공연 등급을 18세 이상으로 정했다고 하더군요."

환호가 이어졌다.

"좋아요. 그렇다면 18세 이상 공연이 어떤 건지를 보여주겠어요."

더 큰 환호가 터져 올랐다. 팬들의 기대치도 쑤욱 올라갔다.

가장 인상 깊었던 것은 레이디 가가와 댄서들이 보여준 예술적 안무였다. 한 편의 팝 오페라를 보는 듯한 느낌이었다. 길쭉길쭉한 무용수들이 선보이는 전위적 현대무용에 넋을 잃게 만들다가도

장난기 넘치는 개구쟁이 같은 춤으로 관객과 하나 되는 무대를 연출해냈다.

내심 거대한 장비를 이용해 규모로 우리의 기를 죽여줄 장면을 기대했는데 그런 파격적인 볼거리는 없었다. 그래도 무대를 꽉 메운 중세의 성채 세트와 곡마다 갈아입는 가가의 실험적인 의상은 공연 선진국의 높은 벽을 느끼게 했다. 한편으론 월드투어의 첫 공연이라서 그런지 미흡한 구석도 많이 보였다. 음향이나 LED 화면 연출은 기대 이하였고, 국내 반대 여론을 의식해서인지 동성애를 표현하거나 야한 장면의 퍼포먼스는 수위가 약했다.

그럼에도 팬들은 충분히 즐겼다. 가사의 뜻을 몰라도, 중간중간 말하는 영어를 알아듣지 못해도, 레이디 가가가 멀리 면봉만 하게 보여도 음악을 즐기는 데는 아무 문제가 없었다. 가가도 마찬가지였다. 주경기장을 가득 메운 4만 5,000명의 팬과 하나 되는 물아일체의 경지를 맛봤으리라. 음악을 즐기는 데 언어장벽과 생각의 차이는 아무 문제도 되지 않았다. 마음을 움직이는 힘. 음악의 힘이다. 음악은 힘이 세다.

버스커버스커와 〈건축학개론〉

요즘 그룹 버스커버스커와 영화 〈건축학개론〉이 대세다. 별로 기대하지 않았는데 거둔 뜻밖의 쾌거라는 데 이 둘의 공통점이 있다. 마치 무명 선수가 처녀 출전하여 챔피언이 되는 것과 같다. 언제나 그렇듯 이런 뒤집기는 유쾌하다. 그리고 속내를 보면 마음 따듯한 반전이기에 반갑다.

버스커버스커는 지난해 〈슈퍼스타K 3〉에 출전하며 얼굴을 알렸다. 준우승을 차지한 이후 잠적하기에 반짝 인기몰이로 끝나는 오디션 프로그램의 희생양이겠거니 생각했는데 지난 3월 첫 앨범을 들고 다시 나타났다. 이름도 낯선 이 3인조 밴드는 대형 기획사에 소속되지도 않았고 지상파 음악 프로그램에 출연하지도 않았다. 하지만 발매 한 달여 만에 앨범이 6만 장 가까이 팔려나갔다. 요즘 각종 음원차트 10위권 안에는 서너 개씩 그들의 곡이 꼭 들어 있다.

아이돌 판이 되어버린 오늘의 우리 가요시장은 팬덤이 주도하는 음악소비가 대부분이다. 하지만 버스커버스커는 새로운 가요 소비자층을 만들어냈다. 그동안 사는 데 바빠 노래 들을 여유가 없었던 30, 40대들이 앨범을 사기 시작했다. '여수 밤바다'라는 노래 때문에 여수를 찾는 관광객이 부쩍 늘었고, '벚꽃 엔딩'으로 버스커버스커는 이승기를 제치고 벚꽃놀이 같이하고 싶은 연예인 1위로 뽑혔다. 가요 관계자들은 '버스커버스커 신드롬'에 놀랄 뿐이다. 이런 촌스러운 음악이 통하다니. 그러면서 그들과 계약하고자 물밑으로 분주히 움직이고 있다.

〈건축학개론〉은 개봉 한 달여 만에 관객 400만 명을 바라보며 한국 멜로영화 흥행 1위 기록을 갈아치웠다. '우리 모두는 누군가의 첫사랑이었다'라는 포스터 카피처럼 15년 만에 다시 만난 첫사랑에 대한 이야기다. 서른다섯 결혼을 앞둔 건축가 앞에 이제는 이혼녀가 된 첫사랑 여인이 찾아와 자기 집을 지어달라고 한다. 그리고는 과거와 현재를 오가면서 '어쩌면 다시 사랑할 수 있을까'라는 기대감을 갖고 영화가 펼쳐진다. 배경이 되는 1990년대의 전람회 노래, 삐삐, 헤어 무스, CD플레이어 등이 첫사랑의 슬픈 기억을 애틋하게 채색하며 30대 남자 관객들을 스크린 앞으로 불러 모았다.

화병 날 것같이 답답해 빠진 남자 주인공이 하는 짓이 어쩌면 내 첫사랑 때와 저리도 똑같을까 놀라웠다. 고백한다고 여자 집 앞까지 찾아가서는 혼자 고민만 하다가 결국 돌아서는 장면에서는 '저 바보!' 하는 탄식이 절로 나왔다. 그런데 내가 옛날에 그랬다. "이제는 끝낼래"라는 선언에 친구 납득이가 말한다. "네가 언제 시작은 했니?" 내 친구가 옛날에 내게 한 말이다. 아마도 나뿐만이 아닌 것 같다. 극장 안의 관객들 대부분 비슷한 경험을 갖고 있고 그때를 추억하며 영화에 흠뻑 빠져들었다.

버스커버스커와 〈건축학개론〉의 매력은 첫사랑 같은 서투름에 있다. 그런데 그 서투름이 예쁘다. 처음이기 때문이다. 버스커버스커 노래는 요즘의 현란한 전자 댄스 사운드가 아닌 20년 전쯤에나 통했을 법한 어쿠스틱 음색이다. 거리 악사를 뜻하는 '버스커'라는 이름대로 그들은 프로이기보다는 아마추어다. 아직 서툴다. 하지만 순수함이 있다. 그래서 예쁘다. 〈건축학개론〉 남녀 주인공의 느려 터진 연애 진도는 기성세대의 눈으로 볼 때 영화관을 뛰쳐나가고 싶을 정도로 답답하다. 그렇지만 '첫'사랑이 아닌가. 인생에서 한 번뿐인 '첫'사랑이기에, 두 번째 세 번째 사랑에서는 맛볼 수 없는 유일한 경험이기에 느림이 아름답게만 보인다.

PD로 방송국에 입사해 5년 정도의 조연출 과정을 거치면 그제야 프로그램 연출을 할 수 있게 된다. 일본어로 입봉入本이라고 하는데 나는 〈뽀뽀뽀〉 프로그램으로 입봉했다. 벌써 10년도 훌쩍 전의 일이다. 처음 프로그램을 맡아 연출하려니 두려움이 클 수밖에. 첫 녹화를 앞두고 한숨도 자지 못했다. 첫 녹화는 엉망이었다. 참

담한 마음으로 녹화 때 망친 것을 편집으로 살려보겠다고 또 일주일을 지새웠다. 그리고 그럭저럭 첫 방송이 나갔다.

지금도 가끔 〈뽀뽀뽀〉 연출 시절이 생각난다. 그때는 모든 것이 부족해 보이고 불안하기만 했지만 지금 와서 돌아보면 그 당시만큼 열심히 일한 때가 없었다. 그때는 아직 미숙하니까 열심히 갈고 닦아서 나중에 좋은 작품을 만들리라 생각했는데 돌이켜보면 그 당시 만든 프로그램들이 오히려 요즘 내 연출작보다 훨씬 더 빛난다. 서툴렀지만 처음이 갖는 열심과 진심이 담겨 있기 때문이다.

그러고 보면 얼마나 익숙한가, 얼마나 능수능란한가보다 더 중요한 게 얼마나 열심인가, 얼마나 진실한가의 문제이다. 버스커버스커와 〈건축학개론〉이 이것을 보여준다. 나는 지금 얼마나 열심인가, 얼마나 진심인가.

〈뽀뽀뽀〉 5천회 특집으로 아프리카 촬영 중 찍은 사진. 선글라스 쓴 사람이 뽀미 누나 조여정 | 지금도 가끔 〈뽀뽀뽀〉 연출 시절이 생각난다. 그때는 모든 것이 부족해 보이고 불안하기만 했지만 지금 와서 돌아보면 그 당시만큼 열심히 일한 때가 없었다. 오히려 요즘 내 연출작보다 훨씬 더 빛난다. 서툴렀지만 처음이 갖는 열심과 진심이 담겨 있기 때문이다.

그러니까 가족이다

요즘 주간 시청률 1위는 KBS 주말드라마 〈넝쿨째 굴러온 당신〉이다. 이 드라마의 인기 요인은 '가족'이라는 감성코드를 건드렸다는 데 있다. 〈넝쿨당〉은 어려서 잃어버린 아들이 해외로 입양된 후 잘 자라서 돌아와 극적으로 가족을 만난다는 게 전반부 내용이다. 특히 지난주 방송분에서 아버지(장용)와 아들(유준상)이 수십 년 만에 만나 부둥켜안고 부자지간을 확인하는 장면은 진한 감동을 주었다. 아무런 대사가 없어도 이심전심으로 시청자는 느낄 수 있었다. 운명의 장난도 감당할 수 없는 아버지의 사랑과 아들의 믿음을. 그러니까 가족이다. 말하지 않아도 다 안다.

토요일 오후 5시는 전통적으로 버라이어티의 시간대다. PD들은 10대 청소년을 타깃으로 잡고 프로그램을 만든다. 이 시간대는 떠들썩한 야외물이어야 한다는 게 정석으로 통한다. 그런데 그 편견이 깨졌다. 그 시간대 독보적 1위를 꿰찬 SBS의 〈붕어빵〉 때문이다. 이 프로그램에는 요즘 잘나가는 아이돌은 한 명도 안 나온다. A급 스타도 없다. 대신 때로는 인터넷 검색을 해야만 알 수 있는 연예인들과 붕어빵처럼 꼭 닮은 자녀들이 나온다. 그런데 재미있다. 아이들이 순수하고 귀여운 건 기본이고 어른들은 절대 생각해낼 수 없는 상상초월의 엉뚱함이 쏟아진다. 개그맨들이 공들여 짠 코미디보다 훨씬 참신하고 유쾌하다. 자기 아이를 바라보는 연예인의 눈에는 사랑이 넘쳐난다. 대부분의 예능 프로그램은 박장대소하며 보고 나면 한구석에 허무한 마음이 들게 마련인데 〈붕어빵〉은 다르다. 웃음이 맑다. 과장, 독설, 거짓말 같은 불순물이 없다. 그러다 보니 보고 나서 마음이 꽉 차고 정화된 느낌이다. 가족의 힘이다. 보는 것만으로도 배부를 수 있다니.

살기 힘들수록 '가족' 코드가 통한다. 앞날이 불투명하니 심리적으로 불안해지고 이럴 때 생각나는 것이 항상 같은 자리에서 내 편이 되어주는 가족이다. 1인 가족, 기러기아빠, 싱글맘 등 가족 해체의 시대에 가족에 대한 그리움은 더욱 절실해진다. 가족을 떠올리는 것만으로도 마음의 휴식과 위로를 받게 된다.

PD들이 이같이 '가족 마케팅'에 힘쓰고 있을 때 연예인은 다른 방법으로 작전을 벌인다. 가족을 적극적으로 노출시켜 자신의 이미지를 높이는 것이다. 개그맨 김구라의 아들 동현이가 좋은 예이다. 인터넷방송에서 욕설과 독설로 남성들의 절대적 지지를 얻어

메이저 지상파로 올라왔지만 김구라에게는 여전히 많은 안티 세력이 있었다. 하지만 동현이가 아빠의 이런 부정적 이미지를 순화시키는 데 결정적 역할을 했다. 다행스럽게도 외모는 아빠를 닮지 않아(^^) 귀여운 데다가 피는 못 속이는지 아빠의 끼와 순발력은 그대로 이어받은 동현이는 뭇 여성 시청자들의 사랑을 받게 됐다. 덕분에 동현이와 같이 출연하여 티격태격 웃음을 만들어내는 김구라는 가정적이고 이해심 많은 호감형 아빠로 인식되기 시작했다.

또한 김구라는 종종 가난했던 무명시절의 가족 얘기를 하면서 자신의 독설 이미지를 해독解毒하기도 했다. 녹화 중에 그가 들려준 에피소드가 기억에 남는다. 김구라가 단칸방을 전전하며 어렵게 생활하던 시절이었다. 하루는 학교에서 돌아온 아들 동현이가 고민을 하더란다. 학교 숙제가 '자기 방 청소하기'인데 아빠, 엄마와 같이 쓰는 단칸방 집에 자기 방이 있을 리 없기 때문이었다. 순간적으로 김구라는 얼굴이 화끈 달아오르며 아들 눈을 쳐다볼 수가 없더란다. 아들 숙제도 할 수 없게 만든 자신의 무능에 자격지심이 생긴 것이다.

그때였다. 김구라의 아내가 기지를 발휘했다. 그녀는 청테이프를 가져오더니 그걸로 방을 반으로 쭉 나눴다. 그러더니 이쪽은 엄마 아빠 방이고 저쪽이 네 방이니 그쪽을 치우라고 했다. 동현이는 금세 표정이 밝아지며 열심히 자기 방 청소를 할 수 있었다. 아내의 재치에 고마움과 행복을 느꼈다는 김구라의 이야기다. 이 같은 김구라의 수줍은 고백은 그에게 성실한 아빠, 순박한 남편 이미지를 만들어줬다.

이경규와 딸 예림이도 비슷한 경우다. 욱하고 호통치는 캐릭터의 이경규는 '딸바보'라는 이미지를 얻으면서 딸에게만은 부드럽고 자상한 아빠로 업그레이드됐다. 최근 '꼬꼬면' CF도 딸과 같이 찍어 꿩 먹고 알 먹고 경제적으로도 재미를 봤다. 〈해품달〉에서 내시 역으로 나왔던 정은표는 〈붕어빵〉에 출연하면서 아이들 덕분에 지명도를 끌어올렸다. IQ 167인 아들과 156의 딸은 좋은 머리 덕분인지 기발한 생각과 표현으로 시청자의 귀여움을 독차지했고 더불어 아빠 정은표 이름도 알려지게 됐다.

'부부 마케팅' 또한 효과적이다. 부부들이 나와서 남편 팀, 아내 팀으로 나눠 속풀이 한판을 벌이는 〈자기야〉는 공감 100퍼센트 토크로 인기를 끌고 있다. 같은 남자인 나는 남편이 아내 흉을 볼 때 10년 묵은 체증이 내려가듯 시원하고, 곧이어 아내에게 두세 배로 당하는 남편들을 볼 때도 웃음이 절로 난다. (항상 남편들은 바보로 나온다!) 다시 안 볼 것처럼 격렬하게 싸워도 결국 죽고 못 사는 게 부부니까. 부부싸움은 칼로 물 베기니까. 가족은 역시 힘이 세다.

'가족 마케팅'의 분위기는 무르익었다. 새로운 콘셉트의 가족도 계속 생겨나고 있다. 또한 외로운 현대인은 가족과 함께 있으면서도 가족을 그리워한다. 문제는 얼마나 새로운 접근으로 가족에 대한 시청자의 감수성을 계속 일깨우느냐에 달려 있다. 그러고 보면 강력한 흥행 코드로 가족이 다시 부각되는 건 그리 반길 일도 아닐 듯싶다. 그만큼 우리 삶이 팍팍하다는 방증이니까.

여자가 원하는 걸 알면 세상은 당신 것

지난 8개월 동안 전체 시청률 1위를 기록하면서 국민드라마로 사랑받던 KBS 일일연속극 〈웃어라 동해야〉가 제목대로 활짝 웃으면서 막을 내렸다. 경쟁 프로그램이었던 MBC의 〈남자를 믿었네〉는 고전 끝에 결국 조기 종영이 결정됐다. 드라마도 제목 따라간다는 방송가 속설에 따르자면 〈남자를 믿었네〉의 패인은 '남자를 믿었기' 때문이다. PD에게 남자는 못 믿을 존재다. 남자는 애당초 뉴스 외엔 TV를 안 본다. 드라마와 예능은 여자의 것이다. 프로그램이 뜨기 위해선 무엇보다 여심女心을 잡아야 한다.

드라마마다 공식처럼 등장하는 '캔디렐라캔디와 신데렐라 합성어'와 '꽃재벌 아들', '출생의 비밀'은 모두 여성 시청자가 좋아하는 구성 패턴이다. 유치하다고 욕먹으면서도 매 회 '엿보기' '우연한 만남'이 남발되는 것도 여성 시청자가 단순한 전개를 선호하기 때문이다.

그들을 위해 이제는 벗어도 남자가 벗는다. 그것도 연하남이.

예능 프로그램도 마찬가지다. 〈놀러와〉의 시청자 층을 몇 주 전에 분석해봤다. 여성 30대가 가장 많이 보고 다음으로 여성 40대, 여성 20대, 여성 50대, 남성 40대 순이었다. 어느새 TV는 올드 세대를 위한 올드 매체가 됐다. 여성, 특히 중장년층 여성 시청자의 마음을 얻지 않고서는 시청률을 기대하기가 불가능해졌다.

또한 화성인·금성인처럼 남자와 여자의 시청 행태는 사뭇 다르다. 집에서 아내와 TV를 보고 있자면 같은 코미디를 봐도 웃는 포인트가 다르다. 나는 박명수·김구라의 직설적이고 강도가 센 코미디를 좋아하는데, 아내는 유재석·이승기의 배려와 부드러움에 더 끌려 한다. 나는 스케일이 크고 선이 굵은 사극·시대극을 좋아하지만, 아내는 아기자기하고 섬세한 멜로물을 선호한다. 나는 미니시리즈를 처음부터 쭉 보든지 아니면 아예 보지 않는데, 아내는 앞 내용을 모르면서도 중간부터 보는 데 망설임이 없다. 이 드라마에서 저 드라마로 철새처럼 옮겨가는 것도 주저하지 않는다.

드라마를 시청한 후 반응도 남자와 여자는 다르다. 어떤 드라마를 봤는데 기대 이상으로 재미있었다고 치자. 남자는 다음 회에 또 봐야지 하고 마음먹는다. 이것으로 끝이다. 하지만 여자의 반응은 훨씬 다양하다. 방송을 보면서부터 SNS로 친구들과 수다를 떤다. 얼굴이 너무 고쳤다느니, 여주인공이 든 백이 어느 브랜드라느니, 재랑 누구랑 사귄다는 등 남자가 볼 땐 대화 주제가 될 수도 없는 걸 갖고 열을 올린다. 이어서 다음날 친구들과 다시 만나 어제 본 드라마 내용을 복기復棋하면서 자기 일처럼 기뻐하고 분개한다. 남자는 옆에서 듣기만 해도 진이 쪽쪽 빨린다.

영화 〈왓 위민 원트What women want〉에 보면 이런 대사가 나온다. "여자가 원하는 것을 알면 세상은 당신 것이다." 방송선수들에게도 이 말은 진리로 통한다. 이제 처음부터 타깃 오디언스target audience를 중장년 여성에 맞춰 프로그램을 기획한다. 리모컨은 이제 엄마의 손에 쥐어져 있다. 공부하기 바쁜 아이들은 프로그램을 더 이상 TV로 보지 않는다. 집으로 오는 학원버스 안에서 DMB로 보거나 컴퓨터로 다운받아 본다. 채널은 여자가 결정하고 남자는 부인 옆에 앉아 아내가 보는 프로그램을 따라 시청할 뿐이다.

그렇다면 여성 40대의 주요 관심사는? 미용, 다이어트, 연애, 자녀교육, 재테크, 건강, 추억 등은 흥행을 보장해주는 키워드다. 스포츠, 자동차, 엽기, 전쟁, 섹스, 게임은 망하기 위한 키워드다.

방송가에는 '연애를 잘하는 PD가 프로그램도 잘한다'라는 말이 있다. 연애는 상대의 마음을 읽어야 잘할 수 있다. 카사노바는 여성의 마음을 잘 읽는다. 여성이 무엇을 원하는지를 정확히 알고 그것을 채워준다. 여자는 그가 바람둥이인 것을 알면서도 떠나지 못한다.

그렇다면 여자들이 원하는 것은 무엇일까? 선물? 이벤트? 아니면 현금? 하지만 카사노바의 대답은 다르다. 여성이 원하는 것은 바로 '공감'이다. 여성은 공감해주기를 원한다. 혼자 느끼는 것으로는 만족하지 못한다. 이야기를 들어주고 머리를 끄덕여주는 것만으로 여성들은 연대감을 느끼고 마음의 문을 연다. 그러니 PD는 '공감'을 만들어내야 한다. TV를 보면서 여성 시청자들이 고개를 끄덕이기도 하고 웃다가 울기도 하며 마음으로 공감하는 그런 프로그램을.

아, 나도 카사노바 PD였으면 좋겠다. 시청자들이 내 프로그램만 갈망하고 딴 채널에는 곁눈질 한번 안 했으면 좋겠다. 하지만 현실은 '노트르담의 꼽추'다. 내가 무조건 여자를 섬겨야 하고 여자를 사랑해야 한다. 남자 PD는 피곤하다.

명품 조연의 조건

'신스틸러scene stealer'란 말이 있다. '화면을 훔치는 사람'이란 뜻 그대로 뛰어난 연기력과 개성으로 주연보다 더 주목받는 조연을 의미한다. 외국 배우로는 내가 좋아하는 스티브 부세미, 국내 배우로는 유해진이나 송새벽을 떠올리면 쉽게 이해가 된다. 그들은 분량은 짧지만 등장만으로도 강한 인상을 남기는 '미친 존재감'을 갖고 있다.

지난주 〈황금어장〉 녹화에 탤런트 김응수를 초대했다. 최근 드라마 〈해를 품은 달〉에서 피도 눈물도 없이 권력만을 좇는 악의 축 역할을 제대로 살려내면서 내시 역할의 정은표와 함께 〈해품달〉의 신스틸러로 인정받았다. 〈추노〉 〈부러진 화살〉 〈샐러리맨 초한지〉 등 요즘 출연작마다 히트를 치고 있는 그는 배우생활 16년 동안 50여 편의 영화에 출연했을 만큼 영화감독들이 즐겨 찾는 명품 조연이다.

명품 조연이 각광을 받는다. 주인공 혼자 이끌어가는 드라마는 없다. 감초 같은 조연이 있기에 주인공이 빛나고 스토리가 입체적으로 살아난다. 진지한 스토리 전개 중간중간 명품 조연이 나와 엽기 발랄한 웃음을 선사하거나 닭살 돋는 오싹한 공포를 조성한다. 시청자들도 숨은 그림을 찾듯 곳곳에 숨어 있는 개성파 조연들의 깜짝 보너스를 감상하는 즐거움에 이미 맛을 들였다.

더구나 방송가는 언제나 주연배우 기근에 시달리고 있다. 시청률을 보장해주는 A급 스타는 한정되어 있고 그렇다고 신인을 쓰자니 불안하고. 결국 경험과 내공을 갖춘 명품 조연에 눈길을 돌리게 된다. 그러다 보니 PD들도 주인공만큼이나 조연 캐스팅에 공을 들인다. 연출가가 특별히 힘주려는 부분을 확실히 따먹어주는 명품 조연이 입 안의 혀처럼 사랑스럽다.

요즘 뜨는 명품 조연의 조건이 있다. 우선 천부적 비주얼이 큰 몫을 한다. 잘생기면 안 된다. 주인공이 죽는다. 어중간하게 잘생긴 게 제일 나쁘다. 이도 저도 아니다 보니 주연도 조연도 힘들다. 한번 보기만 해도 웃음이 빵 터지는 재미있는 얼굴이거나 반대로 길 가던 아이가 한번 보고 울음을 터뜨리는 험악한 인상이라면 적격이다.

요즘 주말극을 평정한 KBS의 〈넝쿨째 굴러온 당신〉을 볼 때 내가 제일 기다리는 배우는 김상호다(인터넷 검색창에 쳐보시길). 빈

대처럼 형님네 얹혀사는 그는 개성적인 얼굴과 허풍 캐릭터로 매번 기대 이상의 재미를 선사한다. 외모적 단점을 최고의 장점으로 승화시킨 셈이다. 영화 〈완득이〉에서 보여준 그의 존재감은 주연을 능가했다.

다양한 변신술도 필요하다. 대중의 주목을 받는 주연배우는 이미지가 고정되어 있다. 섣부른 변신 시도는 공든 탑을 무너뜨릴 수 있다. 하지만 조연배우는 상대적으로 잃을 게 없다. 오히려 코믹과 진지함, 선함과 악함 등 자유로운 변신은 배우로서의 생명을 연장시킨다. 언제 어떤 역할을 맡더라도 자유자재로 변신이 가능한 끼와 훈련을 갖추고 있어야 한다.

얼마 전 토크쇼 〈힐링캠프〉에 출연한 배우 고창석은 타고난 말솜씨와 탈춤, 장구 실력 등 그간 숨겨왔던 '예능감'을 화산처럼 분출시켰다. 〈영화는 영화다〉의 능청스러운 봉 감독 역이나 〈의형제〉에서 보여준 지질한 베트남 보스 역을 그보다 더 맛깔스럽게 소화해낼 배우가 있을까. 다양한 변신술을 갖춘 고창석 역시 요즘 충무로에서 제일 잘나가는 신스틸러이다.

명품 조연의 또 하나 조건은 역시 연기력이다. 조연은 주연과 달리 분량이 적은 만큼 짧은 시간에 강력한 인상을 남겨야 하고 결국 승부는 연기력에서 갈린다.

김응수에게 〈해품달〉에서 가장 기억에 남는 명장면을 물었다. 마지막회에서 칼에 맞아 죽을 때 자신이 지었던 아기 표정이란다.

그는 딸과 같이 다니면 할아버지와 손녀로 오해를 받을 만큼 절대 노안이다. 그가 재현하는 아기 표정에 녹화장에 있던 출연자들은 폭소를 터뜨렸다. 하지만 당사자는 할 말이 있었다. 악의 상징이었던 그는 죽음을 맞으면서야 비로소 평생 자신을 옭아맸던 권력욕에서 벗어나 편안함을 얻은 것이라고 해석했고 그것을 멋들어지게 표현했다. 사실 나도 방송을 볼 때 클로즈업된 그의 마지막 표정이 무척 인상에 남았었는데 그런 의도가 숨어 있었던 것이다.

김응수는 오랫동안 무명의 설움과 가난과 싸우면서 연극 무대에서 실력을 길러왔다. 일본으로 유학을 떠나 영화이론까지 공부하는 열정도 있었다. 이렇게 쌓은 탄탄한 기본기 때문인지 출연 작품의 흥행확률이 75퍼센트를 넘는다고 자랑했다. 주위에서 말하는 대로 운이 좋아서가 아니라 노력의 산물이라는 거다. 결국 '작은 역할은 있어도 작은 배우는 없다.'

그러고 보면 '1등만 기억하는 더러운 세상'이라고 체념할 일도 아니다. 제 몫을 해내는 2등, 3등은 1등보다 더 주목받는 요즘이다. 더구나 2등이 좋은 점도 있다. 2등은 오래간다. 당장의 스포트라이트는 못 받을지라도 자기만의 색깔을 갖고 있으면 오랫동안 팬들의 사랑을 받을 수 있다.

또한 주연은 소수의 작품에 올인하는 반면 명품 조연은 여러 개 작품에 쉼 없이 겹치기 출연이 가능하다. 이쪽에서는 온화한 아버지 역할을 하지만 다른 채널에서는 악랄한 두목 연기를 한다. 시청

〈해를 품은 달〉 마지막 회. 죽음을 맞아서야 권력욕에서 벗어나 마음의 쉼을 얻었고 그것을 아기의 표정으로 표현했다고 김응수는 주장한다 | '1등만 기억하는 더러운 세상'이라고 체념할 일도 아니다. 제 몫을 해내는 2등, 3등은 1등보다 더 주목받는 요즘이다. 2등은 오래간다.

자들이 헷갈릴 정도다. 그러다 보니 주연보다 바쁘다. 아이돌 가수만큼이나 바쁜 스케줄을 소화한다.

유재석 밑의 박명수가 그렇다. 1인자 자리를 뺏길까 노심초사하지도 않고 이것저것 아무거나 다 한다. 그리고 박명수가 유재석을 필요로 하듯이 유재석도 박명수를 필요로 한다. 어차피 인생은 마라톤이다. 승자가 오래 살아남는 게 아니라 오래 살아남는 게 승자다.

변하는 짝짓기 풍속도

짝짓기는 남녀노소를 불문하고 영원한 관심사다. 이성을 사랑하고 사랑받고 싶어하는 욕구는 태어나서 늙어 죽을 때까지 줄어들지 않는 가장 원초적인 본능이다. 그렇기에 남녀의 짝짓기는 타율이 높은 방송소재다. 어떤 외모와 스펙을 갖춘 선남선녀가 나올까, 누구와 누가 연결될까 등이 이런 짝짓기 프로그램의 주요 관전 포인트다. 오늘을 사는 젊은 세대들의 연애관과 결혼관을 엿볼 수 있는 통로이기도 하다.

본격 짝짓기 프로그램의 원조는 1994년에 시작된 〈사랑의 스튜디오〉라 할 수 있다. 내가 조연출 생활을 막 시작하던 당시만 해도 남녀 간의 연애는 비밀스럽고 내숭 떠는 게 미덕이었다. 그런데 이 프로그램에서는 마음에 드는 사람을 '사랑의 작대기'로 바로 찍고 그 결과를 즉석에서 공개했다. 장기 자랑과 게임을 하면서 은밀히 눈빛을 주고받은 출연자들끼리 속마음을 내보이고 선택이 받아들여지거나 거절당하는 장면을 지켜보는 일은 흥미진진했다. 이러한 신세대들의 솔직하고 거침없는 모습을 그대로 보여준 게 당시로서는 파격이었다. 이 프로그램을 통해 결혼까지 이른 커플이 속속 탄생하면서 시청자의 신뢰가 쌓이기도 했다.

한 단계 더 나아가 일반인의 짝짓기를 연예인 버전으로 바꾼 것이 2002년에 방영됐던 〈강호동의 천생연분〉이다. 최강의 비주얼을 갖춘 남녀 아이돌들이 스킨십 게임을 하고 프러포즈하고 짝짓기를 하니 팬들은 눈길을 뗄 수가 없다. 리얼리티와 픽션의 경계에서 시청자들은 '쟤네들 진짜 사귀는 거 아냐?' 하는 의심이 들게끔 만든 것이 이 프로그램의 성공비결이었다. 실제로 많은 스캔들이 터지기도 했다.

여기서 더 발전한 것이 지금까지 방송되고 있는 〈우리 결혼했어요〉다. 이보다 더 강한 설정이 있을까. 아예 연예인들을 결혼시켜버린다. 가상 결혼이기는 하지만 잠자리만 같이 안 할 뿐 결혼식도 올리고 신혼여행도 가고 신접살림도 꾸린다. 서로를 '여보'라고 부르며 닭살 행각을 일삼는다. 어디까지가 설정이고 어디까지가 리얼인지 구분이 힘들다. 재미있는 것은 10대들만 볼 것 같지만 시청자층을 분석해보면 의외로 30, 40대 여성층이 두텁다는 사실. 결혼에 대한 판타지를 자신들이 좋아하는 아이돌을 통해 대리만족을 느끼는 것이다.

결혼보다 센 설정은 없기에 방송선수들 사이에서는 〈우결〉이 연애버라이어티의 종결자라 여기고 있었는데 갑자기 복고풍의 정통 짝짓기 프로그램이 등장했다. 바로 〈짝〉이다. 〈짝〉은 이전보다 훨씬 더 솔직함으로 무장하고 화제몰이를 하고 있다. 담당 PD가 인간 판 〈동물의 왕국〉이라고 했듯이 짝짓기의 원초적인 모습을 적나라하게 보여준다.

10여 명의 남녀 출연자들은 '애정촌'에 모여 일주일간 합숙을 하며 짝짓기에만 전념한다. 첫날엔 모두 헐렁한 단체복을 입고 자기 이름 대신 남자 1호, 여자 2호 같은 번호로 불린다. 자신의 직업이나 나이도 말해선 안 된다. 순전히 외모와 성격으로만 상대를 파악하고 선택하게 된다. 모두 평등한 상태에서 사람 자체에 집중시키겠다는 의도다. 둘째 날이 돼서야 사복을 입을 수 있고 자기소개의 기회가 주어진다.

여기서 흥미로운 것이 상대의 경제력과 직업을 알게 된 후 나타나는 출연자들의 마음의 변화다. 제작진은 일주일간의 밀착촬영과 속마음 인터뷰를 통해 이러한 심리 변화를 보여주는 데 집중한다. 시청자로 하여금 욕하면서도 끝까지 보게 만드는 것이다.

〈짝〉 출연자들의 과거 경력에 대한 잡음, 신상털기 등이 문제가 되고, 또 너무 리얼해서 보기 불편하다는 지적도 있지만 새로운 짝짓기 포맷으로 참가자들의 진정성을 한 단계 끌어올리는 데 성공했다. 또한 여느 짝짓기처럼 결국 여자는 외모, 남자는 사회적 지위로 귀결되는 것도 씁쓸하긴 하지만 분명 그 안에는 오늘을 사는 젊은이들의 사랑 방식이 자리 잡고 있다.

하지만 〈짝〉의 애시청자로서 안타까움이 느껴지는 부분은 다른 데 있다. 출연자들의 나이를 보면 결혼 적령기를 훌쩍 넘긴 게 대부분이다. 지난달에는 아예 노총각·노처녀 편을 특집으로 꾸미기도 했다. 짝짓기는 자연스러운 본능이고 또한 평생을 좌우하는 중요한 선택이다. 그럼에도 짝짓기에 적당할 때 인생에서 가장 건강하고 싱그러울 때 스펙을 쌓느라, 취업준비 하느라, 사회에서 자리 잡느라 사랑이 자꾸만 뒤로만 밀려나는 게 요즘 세태다. 그렇기에 화려한 미모와 스펙을 가진 늙은 젊은이들의 짝짓기를 보노라면 마음 한켠에 안쓰러움과 미안한 마음이 생겨난다.

김구라식 독설 대응법

"지금껏 누구도 차마 묻지 못했던, 항간에 떠도는 소문에 대한 질문을 하겠습니다."

김구라는 작심한 듯 물었다. 순간 배우 최민수 얼굴이 굳어졌다.

"터프가이의 대명사이지만 고수부지에서 최수종한테 두들겨 맞았다는데, 사실인가요?"

정적. 〈라디오스타〉 MC들도 숨을 죽였다. 부조정실에 있던 나도 긴장되어 클로즈업된 최민수 표정만 살폈다.

김구라가 다시 몰아붙인다.

"70대 노인 폭행 혐의를 부정하면서 기자회견장에선 왜 무릎을 꿇었나요?"

역시 독설은 김구라다. 최고의 마초 가이 최민수 면전에서 이렇게 질문할 수 있는 사람이 몇이나 될까? 여차하면 주먹이 날아올 수도 있는 상황이다. 다행히 최민수는 씩 웃어줬다. 한시름 놓였다. 지난주 〈라디오스타〉 녹화장에서 있었던 일이다.

〈라디오스타〉의 인기비결은 독설이다. MC인 김구라, 윤종신, 유세윤은 각자 욕쟁이, 깐족, 건방짐을 캐릭터로 삼는 독설의 달인들이다. 녹화 때 보면 이들은 마치 굶주린 하이에나 같다. 그들에게 초대손님은 살점이 두툼하게 붙어 있는 고깃덩이로 보인다. 큐사인이 떨어지자마자 한꺼번에 달려들어 먹잇감을 물어뜯는다. 가여워 보이기도 하지만 사실 게스트 역시 욕먹는 것을 즐기러 나온 게 아닌가.

숨기고 싶은 과거나 약점을 물고 늘어지는 MC들 때문에 진땀 흘리지만 한편으론 시청자들에게 동정과 친근감을 얻는다. 사회적 물의를 일으킨 후 어차피 한번 맞아야 할 매를 질펀하게 맞아주고 대신 컴백에 필요한 면죄부를 얻어 가기도 한다. 동기야 어찌됐든 시청자들은 잘난 연예인들이 쩔쩔매는 모습에 신나 하고 가려운 곳을 속 시원히 긁어주는 독설 MC들을 응원한다.

얼마 전 〈개그콘서트〉 '용감한 녀석들'의 신보라는 〈해를 품은 달〉의 한가인에게 한 방 날렸다. "김수현이랑 안 어울려. 유you 유부녀!" 〈해품달〉에서 왕의 여인으로 나오는 한가인은 실제로는 김수현보다 여섯 살 연상인 결혼 8년차 주부다. 객석에서는 여성들의 환호성이 터졌다. 자칫 무례하고 불쾌하게 들릴 수 있는 내용이지만 코미디로 푸니 유쾌하게 받아들여진다. 방송 후 며칠간 '신보라,

한가인 독설'은 인기 검색어 상위에 랭크됐다. 역시 독설이 대세다.

'독설'이 예능의 흥행 코드로 떠오르면서 그 의미도 진화됐다. 남을 해치거나 상처를 준다기보다는 친근하고 솔직하다는 뜻을 갖게 됐다. 거칠고 예의 없음이 아니라 시크하고 쿨하다는 이미지도 아울러 얻게 됐다. 그러다 보니 착한 연예인은 내숭에 감까지 떨어지는 것으로, 독설 연예인은 순발력 뛰어나고 인간적인 모습으로 비쳐지게 됐다.

지난해 방송을 통해 아나운서를 공개 채용하는 〈신입사원〉이라는 프로그램에 심사위원으로 출연했다. 연출진이 나를 심사위원으로 부른 의도는 분명했다. 아나운서로 이뤄진 다른 심사위원들이 이미지 관리하느라 못하는 독설을 시원하게 쏴달라는 것이다.

지원자들이 직접 만든 영상물을 배틀 형식으로 평가해 탈락 팀을 결정짓는 중요한 단계였다. 심사평을 할 순서가 왔다. 나는 준비해온 독설을 날렸다.

"보고 나니 싸구려 뷔페를 먹은 기분이네요."

지원자들 얼굴이 사색이 됐다. 탈락 팀은 눈물을 뚝뚝 흘렸다. 그제야 깨달았다. '내가 오버했구나.'

나중에 TV로 보니 예상대로 독한 말들만 편집해서 방송됐다. 같이 보던 아내가 한마디 했다.

"왜 그랬어?"

다음날 인터넷 기사가 떴다. '권석 PD, 아나운서보다 독설 빛나.' 졸지에 독설 PD로 등극했다. 후회막급이었다. 하고 싶어서 한 게 아닌데. 내가 말하려던 건 그게 아닌데. 하지만 아무도 내 속사정에는 관심 없다. 그냥 까칠한 PD로 캐릭터 잡혀버렸다. 독설도 아무나 하는 게 아닌가 보다. 앞뒤 맥락과 통해야 하고 본인의 성향과 맞아야 한다. 평소 선한 이미지의 유재석이 독설을 한다고 상상해보자. 보는 이의 마음이 불편해지고 씁쓸한 여운만 남는다. 그리고 무엇보다 독설에는 '사랑'이 바닥에 깔려 있어야 한다. 그래야 '남을 해치는 말'이 아닌 '남을 위하는 쓴 소리'가 될 수 있다. 상대방을 사랑하지 않는다면 입을 다무는 게 낫다. 독설을 위한 독설은 욕에 지나지 않는다.

여기서 간단한 팁 하나. 우리 주변에는 입만 열었다 하면 항상 비아냥거리고 남의 약점을 들쑤시는 독설가가 꼭 있다. 그런 친구에게 갑자기 공격당할 때가 있다. 웬 만큼 임기응변에 능하지 않으면 맞받아치기 힘들다. 이런 때를 위한 전천후 독설 대응비법이 있다. 그것은 '인정과 삐딱한 칭찬'이다. 예를 들어 "요즘 왜 이리 얼굴이 썩었어?"라고 기습공격이 들어온다면 그땐 이렇게 대응한다. "그렇지?(인정). 너는 참 안 썩어서 좋겠다(삐딱한 칭찬)." 이런 방식이다. 뉘앙스를 눈치 채고 "그게 무슨 뜻이니?" 되물어오면 "뭐가?" 하면서 말한 그대로라는 표정을 지으면 된다. 이 방법은 생각보다 유용하다. 한번 실험해보시길.

〈신입사원〉에 심사위원으로 참여해 멋모르고 독설을 퍼붓고 있는 나 | 다음날 인터넷 기사가 떴다. '권석 PD, 아나운서보다 독설 빛나.' 졸지에 독설 PD로 등극했다. 후회막급이었다. 하고 싶어서 한 게 아닌데. 독설도 아무나 하는 게 아닌가 보다.

얼굴 없는 가수들이 얼굴을 찾았다

2011년 대한민국 예능의 흥행 키워드는 '음악'이다. 오디션 프로그램뿐만 아니라 토크쇼, 버라이어티까지 출연자들이 나와 노래를 부른다. 살았는지 죽었는지 얼굴을 볼 수 없었던 가수들이 쭈뼛쭈뼛 나와 그들의 예전 히트곡을 들려준다. 얼마 전까지만 해도 예능 프로그램에서 노래는 시청률 포기와 동의어였다. 뮤직쇼가 아닌 다음에야 프로그램 중간에 노래가 시작되면 가차 없이 채널은 돌아갔다. 이런 상황이니 어느 PD도 감히 프로그램 중간에 노래 부르는 구성을 넣지 못했다. 그러던 것이 어느 순간부터 시청률 견인의 최고 동력이 노래가 됐다.

시작은 지난해 이맘때쯤 시작된 〈남자의 자격〉 합창단부터가 아닌가 한다. 〈남자의 자격〉에서 합창단을 장기 프로젝트로 들고 나왔을 때 이 바닥에서 나름대로 방귀 뀐다 하는 선수들은 모두 부정적이었다. "그 PD 감 떨어졌구나, TV는 비디오 매체라는 기본도 모르나, 〈남격〉 드디어 망했다……." 하지만 막상 뚜껑을 열었을 때 결과는 담당 PD도 예상치 못한 초대박이었다. 웃음기 없이 진지하게 노래하는 장면에서 뜻밖의 재미와 감동이 화수분처럼 솟아 나왔다.

그해 여름부터 가을까지 대한민국 시청자들의 눈과 귀를 즐겁게 해준 〈남자의 자격〉은 지난해 최고의 예능 프로그램으로 등극했다. 이렇게 시작된 노래의 바람은 '세시봉 콘서트'로 이어졌고 올해 들어 '나는 가수다 신드롬'으로 발전했다. 노래 트렌드에 슬쩍 편승해 프로그램을 만들면서도 한편으로 궁금하다. 아무리 유행은 돌고 돈다지만 갑자기 왜 노래가 각광을 받을까.

얼마 전 '얼굴 없는 가수'라는 콘셉트로 김범수, 조관우, 박완규를 스튜디오에 모았다. 그들은 데뷔 이후 뛰어난 실력에도 불구하고 10여 년간 비주얼 가수들에 밀려 고생한 경험담을 털어놓았다. 재미있는 것은 이들의 초기 앨범 재킷을 보면 고개를 돌리고 있거나 아예 손으로 또는 긴 머리카락으로 얼굴을 가리고 있다는 점이다. 음악은 좋은데 얼굴이 안 되니 궁여지책으로 신비주의 전략으로 홍보를 했던 것이다. 그러다가 노래에 대한 반응이 좋아 조심스레 TV 뮤직쇼에 얼굴을 보이면 다음날로 음반 판매량이 뚝 떨어졌단다.

김범수의 음반 제작자는 그의 얼굴만 보면 깊은 한숨을 쉬고 도

리질했다고 한다. 조관우는 얼굴을 가리려 밤에도 선글라스를 쓰고 무대에 올라서다 발을 잘못 디뎌 바닥으로 떨어졌던 경험담도 털어놓았다. '천년의 사랑'으로 노래는 빅히트를 쳤음에도 얼굴은 알려지지 않았던 박완규는 절대빈곤의 시간을 보냈다고 한다. 영국의 뉴웨이브 밴드 버글스 노래 가사대로 '비디오가 라디오스타를 죽인 셈Video killed the radio star'.

그런데 누가 예상이나 했으랴. 새로운 세상이 왔다. 그간 10대들만 나오는 프로그램에, 정신없는 아이돌 댄스음악에 철저히 소외당했던 중장년 시청자들이 대중문화에 관심을 갖기 시작한 것이다. 이들은 그간 앞만 보고 전력 질주하다가 이제 좀 한숨을 돌릴 수 있는 여유를 갖게 됐다. 이들은 인생의 중간 즈음에서 마음 한 구석이 텅 비어 있는 공허감을 발견하고서는 방황하기 시작했다.

PD들은 이미 TV 리모컨의 새 주인을 재빨리 간파하고 이들을 타깃으로 한 프로그램들을 만들기 시작했다. 키워드는 '추억'이다. 옛 일을 떠올리며 그때를 그리워할 수 있는 콘텐츠를 개발해야 된다. 결론은 음악이다. 그때의 유행곡을 들으면 잔디인형에 물을 준 것처럼 모든 게 되살아난다. 말썽꾸러기 친구들, 가난하지만 행복했던 우리 집, 그리운 어머니, 어색했던 아버지, 서툴기만 했던 첫 사랑……. 마음이 따듯해진다.

음반 제작자들도 그들만의 전문용어로 '막대중음악하고는 전혀 상관없이 지내는 기성세대'이 처음으로 지갑을 열고 음원을 구입하기 시작했

얼굴 없는 가수 시절 김범수와 조관우의 1집 앨범 재킷 | 노래 트렌드에 슬쩍 편승해 프로그램을 만들면서도 한편으로 궁금하다. 아무리 유행은 돌고 돈다지만 갑자기 왜 노래가 각광을 받을까? 키워드는 '추억'이다. 옛 일을 떠올리며 그때를 그리워할 수 있는 콘텐츠를 개발해야 된다. 결론은 음악이다.

다며 분주하다. 김범수는 이번 새 앨범 재킷에 당당히 자신의 정면 얼굴을 넣을 수 있게 됐다고 좋아했다. 이제 선글라스를 벗고 당당히 세상에 맞서겠다고 선언한 박완규도 록음악의 인기몰이와 함께 다시 부활했다. 조관우도 〈나는 가수다〉 출연 이후 최고의 전성기를 구가하고 있다.

데뷔 40주년을 맞은 가수 양희은을 〈놀러와〉에 초대했다. 토크 중간중간에 그녀는 주옥같은 대표곡들을 불렀다. '세노야' '상록수' '한사람' '일곱 송이 수선화'. 그 노래들을 들으면서 나도 모르는 사이 마음의 빗장이 열렸나 보다. 녹화하느라 잔뜩 예민해져 있던 내가 노래를 흥얼거리며 따라 부르고 있었다. 돌아보니 나뿐만이 아니었다. 출연자들 눈에 어느새 그렁그렁 눈물이 맺혀 있고 리액션이라곤 찾아볼 수 없었던 카메라 스태프들도 노래의 감동에 흠뻑 빠져 있었다.

이게 노래의 힘인가 보다. 이솝우화 '해와 바람'의 해처럼 경쟁과 팍팍한 삶에 지친 마음을 무장 해제시키고 한숨 돌리고 잠깐 쉬었다 가게 만드는 힘 말이다. 그러고 보면 노래는 눈으로 듣는 것도, 귀로 듣는 것도 아니다. 노래는 마음으로 듣는다. 가수와 관객이 이심전심으로 부르고 듣는다. 잘 부르는 것보다 진심으로 부르는 게 그래서 더 중요하다.

태국에서 만난 신한류의 현장

지난달 태국 방콕에서 열린 한류 콘서트에 참가했다. 대한민국에서 현재 가장 잘나가는 아이돌 20개 팀을 모아 콘서트를 개최한 것인데 이를 위해 방콕으로 넘어간 가수와 스태프만 해도 340여 명이나 됐다. 태국의 신한류 바람에 대해서는 익히 알고 있었지만, 현지에서 직접 경험한 열기는 예상을 훨씬 뛰어넘었다.

국내 스케줄 때문에 가수들이 여러 번에 나눠 입국했는데 동방신기와 소녀시대가 입국할 때는 무려 4,000명의 현지 팬들이 공항에 모여들어 아수라장이 되었다. 하지만 이 정도는 애교에 불과했다. 극성팬들이 벌인 007작전은 기상천외했다. 항공 스케줄을 미리 알아내 서울까지 왔다가 같은 비행기 편으로, 더구나 비즈니스석을 끊어 아이돌 가수들과 나란히 앉아 재입국을 하는 상류층 자녀들도 있었다. 자신들의 우상을 바로 옆에서 우아하게 지켜볼 수 있다는 데 돈이 문제가 아닌 듯했다. 또한 가수들이 묵는 호텔에 아예 체크인을 하기도 했다. 호텔 앞과 로비는 밤새 소녀 팬들로 북적였고, 혹시 가수들과 우연하게라도 마주치길 바라는 팬들이 엘리베이터에서 내리지 않고 계속 오르락내리락하는 통에 승강기는 줄곧 만원이었다.

이번 콘서트는 유료로 진행되었고 VIP석의 경우 한국 돈으로 20만원이 넘었다. 그럼에도 라자망갈라 국립경기장에 3만 8,000여 명의 관중이 모여들어 제작진을 놀라게 했다. 진심으로 놀란 것은 관객들이 보여준 열광적인 호응이었다. 한국어로 된 노랫말을 어떻게 외웠는지 가수들이 노래할 때마다 같이 부르고 안무도 자연스럽게 따라하는 모습은 우리 스태프들에게도 신기한 구경거리였다.

일본 NHK에서 해마다 12월 31일에 방송하는 〈홍백가합전〉을 참관하러 지난해 도쿄에 갔을 때도 비슷한 경험을 했다. 레코드 가게는 물론이고 길거리에서도 한국 가요를 쉽게 들을 수 있었다. 서점의 한류 코너에는 한국 연예인 관련 잡지와 책자가 우리나라보다 더 다양하게 마련되어 있었다. 소녀시대와 카라의 미니어처 인형을 뽑는 기계도 신기했고, 호텔에서 TV를 켜면 연말 특집 프로그램마다 한국 가수들을 빠지지 않고 다루는 것도 볼 수 있었다.

한류가 등장한 것은 1990년대 중반 중국에서였다. 최진실·안재욱이 출연한 〈별은 내 가슴에〉가 엄청난 호응을 얻었고, 이어서 아이돌 1세대인 HOT와 클론이 인기를 끌며 K팝이 뜨기 시작했

태국에서도 〈우리 결혼했어요〉의 인기가 대단했다. K팝 콘서트에서 듀엣으로 노래하는 조권과 가인 커플 | 현지에서 느낀 '신한류'는 분명 가슴 뿌듯하고 기분 좋은 경험이었다. 하지만 가끔씩 넘어가서 음반 팔고 공연하고 돈만 걷어오는 일방통행식 한류가 돼서는 곤란하다. 문화는 상호 이해가 무엇보다 중요하기 때문이다. 한류 바람은 계속 불어야 한다. 쭈욱~.

다. 이러한 한류 열풍은 중국을 넘어 중화 문화권으로 그리고 동남아시아로 확대됐는데, 여기에는 너무 선진화된 일본과 달리 한국 문화에는 아시아적 정서와 서구적 세련됨이 공존해 있기 때문이라는 분석이다. 그리고 2004년 〈겨울연가〉, 이어서 〈대장금〉이 방영되면서 일본에서도 한류 바람이 불게 됐다. 이 같은 '원조 한류'가 드라마에서부터 비롯됐다면 이번 '신한류'는 한국 가요, 곧 K팝을 중심으로 시작됐다. 특히 아이돌 댄스 그룹의 활약이 두드러졌다.

한국에서 매니지먼트를 하다가 일본으로 건너가 엔터테인먼트 사업을 하는 지인에게 신한류의 이유를 물어본 적이 있다. 한국에 비해 대중음악의 폭이나 인프라가 월등한 일본에서 K팝이 통한다는 게 이해하기 힘들었기 때문이다. 답변은 단순했다. 일본 시청자들이 보기에도 한국 아이돌 가수들이 일본 가수들에 비해 노래도 잘하고 춤도 잘 춘다는 것이다. 또한 외모와 스타일에 있어서도 일본 가수들보다 낫다고 했다. 정말 그럴까, 선뜻 동의하기는 어려웠다.

하지만 우리 아이돌 가수들을 곰곰이 떠올려보니 이해가 되기도 했다. 방송국에 있다 보면 한 주에도 몇 장씩 새로운 그룹들의 CD가 책상에 쌓인다. 그들은 그냥 유행에 편승해 몇 달 만에 뚝딱 만들어진 그룹이 아니다. 초등학교 때부터 연습생으로 들어가 엄청난 훈련을 받는다. 합숙을 하고 기획사에서 지급한 용돈으로 생활하고 스무 살이 넘었어도 휴대폰 하나 없을 정도로 사생활을 포기하기도 한다. 같은 기획사 내에서도 동료들 간의 피 말리는 경쟁에서 이겨야 하고 이 모든 과정을 거쳐 결국 '노래선수'로 만들어진다. 여기에 기획 단계부터 아시아 시장을 겨냥한 제작자들의 노하우가 더해진다. 그러다 보니 노래, 춤, 외모, 스타일이 다 되는 경쟁력 있는 아이돌 그룹이 탄생하는 것이다. 결국 오늘의 신한류 신드롬 뒤에는 오랜 시간 절차탁마하며 자신과의 싸움을 벌인 가수들과 제작자들의 눈물과 땀이 숨어 있는 셈이다.

현지에서 느낀 '신한류'는 분명 가슴 뿌듯하고 기분 좋은 경험이었다. 하지만 가끔씩 넘어가서 음반 팔고 공연하고 돈만 걷어오는 일방통행식 한류가 돼서는 곤란하다. 한때 유행처럼 불다가 제풀에 지쳐 사라지는 한때의 바람이 되지 않으려면 무엇보다 현지 문화와 팬들과 소통하려는 지속적인 노력이 필요하다. 문화는 상호이해가 무엇보다 중요하기 때문이다. 한류 바람은 계속 불어야 한다. 쭈욱~.

스포츠 스타의 예능 본능

축구 스타 박지성이 〈런닝맨〉에 출연한다. 다큐멘터리에 출연한 적은 있지만 예능 프로그램은 처음이다. 그동안 나를 비롯한 무수히 많은 예능 PD들이 박지성을 섭외하려고 온갖 수단과 인맥을 총동원해 공을 들였지만 번번이 실패했다. 시즌 중에는 촬영할 수 없으며 교양 프로그램에만 출연한다는 답만 돌아왔다. 그 미션 임파서블한 섭외를 결국 누군가는 해냈다. 약은 오르지만 섭외 뒤에 숨은 제작진의 맘고생과 열정을 느낄 수 있기에 갈채를 보낸다.

이종격투기 선수 추성훈은 〈정글의 법칙 2〉에 출연하고 있다. 남태평양 바누아투의 극한 야생에 연예인들을 풀어놓고 살아남는 과정을 카메라에 담는다. 리얼리티 장르의 끝이다. 그런 절체절명의 상황에서 추성훈은 그동안의 카리스마를 버리고 '국민허당' 캐릭터를 구축하며 시청률을 동시간대 1위로 끌어올렸다.

스포츠 스타들의 예능 나들이가 이제 새로울 것도 없다. 이미 외국에서는 샤킬 오닐, 베컴, 호날두 같은 선수들이 모델, 영화배우, 가수를 겸업하면서 인기와 돈을 깡그리 거머쥐었다. 이들을 가리키는 '스포테이너sportainer'란 신조어도 생겼다.

우리나라의 김연아, 박태환, 손연재도 마찬가지다. 국민적 인기를 바탕으로 CF와 예능 프로그램에 출연하면서 숨겨온 예능감을 뽐냈다. 스포츠와 애국심이 동의어로 통하는 우리 국민의 정서상 선수들의 이러한 외도를 바라보는 시선이 곱지는 않다. 하지만 일단 스포츠 스타로 뜨면 더 이상 운동선수로만 살도록 주변에서 가만두질 않는다. 광고와 방송은 물론 출판, 음반, 영화 등 전방위에서 끝없는 구애가 밀려온다.

지난주 〈황금어장〉 녹화는 '전설의 운동선수' 특집으로 꾸몄다. 씨름 천하장사 이만기 교수, 꽃미남 배구선수 김세진, 올림픽 레슬링 2연패 심권호, 오노에게 뺏긴 금메달로 유명해진 쇼트트랙 김동성이 출연했다. 이들은 국제 경험에서 나오는 신선한 소재와 그간 다져진 입담으로 〈황금어장〉의 예능 대표 선수들에게 한판승을 거뒀다.

대기실에서 이만기 교수에게 물었다. 운동만 하느라 세상 물정 모르고 순진할 것만 같은 선수들이 왜 이리 예능감이 충만하느냐고. 이 교수의 분석은 이랬다. 운동선수들은 순간 판단력이 뛰어나다. 승부는 누가 찬스를 먼저 잡고 어떤 기술을 쓸지 누가 더 빨리 판단하느냐에 달렸다. 이러한 뛰어난 순간 판단력이 예능에서는 순발력으로 나타난다는 것이다. 그러고 보니 강호동의 프로그램 진행 스타일을 보면 한 판의 씨름경기를 보는 것 같다. 그는 게스트를 맞아 으르다가도 어르고, 쥐락펴락 주무르다가 틈이 보이는 순간 놓치지 않고 파고들어 웃음과 눈물을 쏙 빼놓는다.

또 하나 재미있는 분석을 이 교수는 내놓았다. 운동선수들은 어려서부터 합숙생활을 한다. 선후배, 동기들과 함께 부대끼며 한곳에 살다보면 자연스럽게 거짓말이 는다고 한다. 한창 피가 끓어올라 힘을 주체할 수 없는 10대들을 모아놓았으니 사건 사고는 끊이지 않고, 이를 무마하기 위해서는 추상같은 선배들의 추궁에 이 핑계 저 핑계 거짓말을 늘어놓을 수밖에 없다. 그러면서 자연스럽게 얼굴이 두꺼워지고 말발이 세어진다는 분석이다. 웃기면서도 수긍이 갔다. 방송국에서도 코미디언실의 위계질서가 가장 엄격하다. 선후배 간의 빡빡한 군기를 통해 능청스러움과 언변이 길러지는 셈이다.

내 경험에 비추어 추리하자면 스포테이너들의 뛰어난 예능감의 또 하나의 원인은 그들의 '킬러 본능'에 있다. 원샷원킬이다. 별일 없이 주변을 맴도는 듯하다가도 찬스를 잡으면 절대 놓치지 않고 골로 연결하는 골 결정력이다.

예전에 〈대단한 도전〉이란 프로그램을 만들었을 때 일이다. 첫 회 게스트로 탁구 금메달리스트 현정화 선수를 섭외했다. 탁구대

한쪽 모서리에 탁구공을 올려놓고 반대편에서 라켓으로 공을 쳐서 단 한 번에 맞히는 것이 도전 과제였다. 아무리 올림픽 금메달리스트라 해도 확률적으로나 상식적으로 거의 불가능한 일 아닌가. 현정화 선수도 자신이 없다고 했다. 공정성을 위해 많은 방청객을 스튜디오에 앉혀 긴장감을 더했다. 그런데 놀랍게도 현정화 선수는 단 한 번뿐인 기회를 덥석 잡았다. 방청객들도 경악했다. 당시 MC였던 이경규도 자기 눈을 믿을 수 없어 한 번 더 맞혀보라고 주문했다. 놀랍게도 또 성공! 현정화 선수 자신도 믿을 수 없다는 표정이었다.

이런 게 킬러 본능이다. 결정적인 순간 놀라운 집중력을 발휘해서 확률과 상식을 초월한 결과를 만들어내는 것. 이게 곧 예능인의 '스타성'이 아닌가. 역시 선수끼리는 통하나 보다. 운동선수나 예능선수나 공통되는 교집합이 많다.

어떤 분야든 뛰어난 사람들을 보는 건 신나는 일이다. 같이 봐야 할 것도 있다. 그것은 오늘이 있기까지 대표 선수들이 뒤에서 자기와의 싸움을 하며 묵묵히 흘린 엄청난 양의 땀이다.

꺼진 불도 다시 보자

오디션 프로그램이 대세다. Mnet의 〈슈퍼스타K〉를 시작으로 MBC의 〈위대한 탄생〉 〈나는 가수다〉가 대박이 났다. 이에 뒤질세라 KBS도 〈도전자〉 〈불후의 명곡 2〉를 준비하고 있고 SBS도 〈기적의 오디션〉을 선보인다. 이밖에도 현재 케이블을 통해 방송되거나 방송 예정인 오디션 프로그램이 10개를 넘어선다. 이제 시청자 앞에서 오디션 프로그램들끼리 오디션을 보게 되는 형국이다.

이러한 프로그램들은 대부분 최후의 1인을 가리는 서바이벌 형식을 취하고 있다. 세상에 불구경, 싸움구경만큼 재미있는 게 없다고 한다. '1등만 기억하는 더러운 세상'을 욕하면서도 시청자들은 '마지막에는 누가 이길까?'라는 궁금증 때문에 채널을 돌리지 못한다.

방송 현장에서 이러한 오디션 프로그램의 열풍을 겪으면서 한

가지 궁금증이 생겼다. 왜 뒤늦게 이런 오디션 바람이 분 것일까? 외국에서 오디션 프로그램이 각광을 받은 것은 이미 10여 년 전의 일이다. 전 미국을 열광시키며 빌보드 차트를 석권했던 〈아메리칸 아이돌〉은 2002년에 시작되어 지금은 시즌 10이 진행 중이다. 수전 보일, 폴 포츠를 발굴해낸 영국의 〈브리튼스 갓 탤런트〉, 패션 디자이너를 선발하는 〈프로젝트 런웨이〉, 미국의 부동산 재벌 도널드 트럼프가 직접 직원을 뽑는 〈어프렌티스〉 등도 인기를 끈 지 이미 오래다. 또한 이런 프로그램들은 케이블 방송을 통해 일찌감치 한국에도 소개됐고 더러 한국판으로 제작되기도 했다.

이러한 세계적 유행에 편승해서 지상파 방송에서도 〈스타예감〉 〈악동 클럽〉 〈쇼바이벌〉과 같은 오디션 프로그램이 만들어졌었다. 하지만 이런 프로그램들은 당시에 젊은 세대에게만 잠시 화제가 됐을 뿐 시청률상으로는 실패작이었다. 그래서 결국 방송쟁이들은 '역시 우리나라에서 오디션 프로그램은 안 돼' '우리 시청자들은 연예인만 좋아하지 일반인들을 싫어해'로 결론짓고 그 장르에 대한 미련을 지워버렸다. 그런데 어느 날 갑자기 최강의 트렌드로 오디션 프로그램이 무덤 속의 강시처럼 벌떡 일어선 것이다. 그 이유가 궁금했다. 왜 이전에는 망했던 게 지금은 통하는 걸까?

공개 오디션을 통해 방송사 아나운서를 뽑는 〈신입사원〉은 무려 5,500여 명의 지원자가 모여들어 화제가 됐다. 심사를 하면서 인상적이었던 점은 지원자들 대부분이 특별한 사연을 갖고 있다는 사실이었다. 청각장애인인 어머니와 대화하기 위해 어려서부터 입을 크게 벌려 또박또박 말하려고 노력했다는 지원자, 배수진을 치기 위해 잘 다니고 있던 회사를 그만뒀다는 전직 라디오 아나운서, 소녀 가장으로 서른 넘게 가족을 위해서만 살다가 처음으로 자기의 꿈을 이루기 위해 참가했다는 지원자도 있었다. 이러한 구구절절한 사연이 있기에 탈락자들은 울음을 터뜨렸고 옆에서 심사를 하던 몇몇 아나운서들도 눈물을 흘렸다.

이 장면을 보면서 하나의 깨달음이 왔다. 오디션 프로그램 열풍의 경쟁력은 바로 '사연(스토리)과 눈물(감동)'에 있다는 것을. 그동안 방송선수들은 겉으로 드러난 틀만 보았지 정작 중요한 알맹이는 놓치고 있었다.

〈슈퍼스타K 2〉의 허각은 중졸 학력에 환풍기 수리공 출신이다. 가난 때문에 어려서 어머니와도 헤어졌다. 학력, 인맥, 백그라운드 중심의 우리 사회에서 루저로 살 수밖에 없을 것 같은 그가 꿈같은 우승을 따냈다. 단지 실력과 노력만으로. 한 편의 영화로 만들어져도 손색이 없는 감동 스토리다. 요즘 엄청난 인기몰이 중인 〈위대한 탄생〉의 백청강도 마찬가지다. 옌볜 출신인 그는 중국 오디션이 열리는 칭다오까지 36시간 기차를 타고 달려왔다. 그 역시 가난 때문에 아홉 살 때부터 혼자 살았고 밤무대를 전전했다. 이런 모든 역경과 싸우며 꿈을 향해 꿋꿋이 노래하는 그에게 시청자들은 전폭적 응원을 보낸다. 사생활 침해라는 비판이 있지만 사실은 이러한 굴곡 많은 사연들이 최고의 흥행요소가 된 셈이다.

새로운 것something new은 세상에 전혀 없던 것을 만들어내는 것이 아니다. 이미 존재하고 있던 것들을 이전과는 다른 차원에서 바라보고 낯설게 다시 조합함으로써 혁신이 탄생한다. 오디션 프로그램은 우리나라에서 이미 실패했었지만 기존의 포맷에 새롭게 스토리와 감동을 녹여넣자 마치 조물주가 아담에게 생기를 불어넣듯 새로운 장르로 되살아났다.

그래서 방송가에는 이런 격언이 있나 보다. '꺼진 불도 다시 보자.' 이미 꺼진 것 같지만 적당히 바람만 잘 불어넣어 불씨를 살려낸다면 세상을 태울 만한 기세로 다시 타오를 것이다.

단순함이 복잡함을 이긴다

지난주 월요일 출근해서 주말 시청률표를 받아든 PD들 사이에 술렁임이 일었다. 난공불락의 철옹성 〈개그콘서트〉가 졌기 때문이다. 〈개콘〉을 끌어내리고 동시간대 1위로 올라선 프로그램은 드라마 〈신사의 품격〉. 수도권에서 21.9퍼센트의 시청률을 기록했다.

남자판 〈섹스 앤 더 시티〉라 할 수 있는 〈신사의 품격〉은 장동건·김수로·김민종·이종혁 등 꽃중년 4인방을 캐스팅하여 시작부터 기대를 모았다. 하지만 요즘의 안목 높은 시청자들은 톱스타가 출연한다고 해서 드라마를 봐주지 않는다. 그렇다면 14년간 부동의 충성 팬을 확보하고 있는 〈개콘〉을 넘어선 비법은 무엇일까?

바로 로코로맨틱 코미디의 여왕 김은숙 작가의 힘이다. 김은숙 작가는 이미 〈파리의 연인〉 〈프라하의 연인〉 〈온에어〉 〈시크릿 가든〉에서도 기발한 키스와 만화 같은 대사로 마니아 층을 거느리고 있다. 〈시크릿 가든〉에서는 카푸치노 거품이 묻은 하지원 윗입술에 현빈이 입을 맞추는 '거품키스'를 선보였고 이번엔 '유리창키스'를 꺼내 들었다. 장동건을 향해 유리창에 포갠 김하늘의 입술은 어떤 입맞춤보다 로맨틱했다. "애기야 가자" "이 안에 너 있다" "이게 최선입니까?"에 이어서 이번에는 '걸로'체를 탄생시켰다. 극 중에서 장동건은 "합의 없는 걸로" "사과 안 받는 걸로" "다음에 하는 걸로" 하는 식의 말을 반복하는데 이것이 요즘 젊은 세대에서 유행어가 됐다.

드라마를 보노라면 대사의 유치함에 닭살이 돋으면서 손발이 오그라들지만 시청자들은 연애 이야기에 관한 한 유치하면 유치할수록 더 몰입한다. 만화 같이 쉽고 단순명쾌한 전개가 김은숙 작가의 대박비결이다.

〈뉴하트〉 〈대물〉로 유명한 황은경 작가에게 그녀의 흥행공식을 한마디로 말해달라고 했다. 그녀의 답은 단순했다. "단순한 게 최고다." 좁은 땅에 넘치는 인구, 워낙 경쟁이 심해서인지 우리 시청자들은 복잡하게 꼬인 이야기를 싫어한다. 미국 드라마에서 보이는 거듭되는 반전에 반전이라든가 사이코 같은 다중인격체의 주인공은 절대금물이다. 스토리 또한 아무 때나 시청해도 10분만 보면 이야기 구조를 다 알 수 있을 만큼 쉬워야 한다. 캐릭터에도 일관성이 있어야 한다. 좋은 놈은 끝까지 좋은 놈, 나쁜 놈은 끝까지 나쁜 놈이어야 한다.

이 같은 뻔한 플롯은 진부하지만 보기는 편하다. 삼각관계(반드시 남자 둘, 여자 하나여야 한다), 권선징악, 뒤바뀐 운명, 신데렐라 이야기는 우리 드라마에서 너무 많이 써먹었지만 그래도 여전히 흥행을 보장해준다. 대신 스타작가들은 뻔한 이야기를 뻔하지 않게 접근한다. 매력적인 캐릭터와 톡톡 튀는 대사로 새로운 색깔을 입힌다. 특히 여성 시청자들의 마음 설레는 지점을 정확히 공략하여 여성 손님을 앓아눕게 만든다. 이게 선수들의 노하우다.

황 작가는 드라마의 눈높이를 초등학교 5학년 수준에 맞춘다고 했다. 그 정도면 알건 다 아는 나이니 잘난 척 안 하고 초등학교 5학년이 좋아할 만한 만화나 게임 같이 쉽고 편한 이야기를 펼친다는 설명이다. 하지만 쉽게 쓰는 것은 쉬운 일이 아니다. 어느 것이든 온전히 이해했을 때에만 쉽게 이야기해줄 수 있다. 단순함 밑에 정교함이 숨어 있는 셈이다. 스티브 잡스의 아이폰이 버튼 하나에 수십 가지 기능이 숨어 있듯이.

예능의 흥행공식도 단순함이다. 리얼리티가 대세로 굳어지면서 예능 작가는 자세한 원고 대신 굵은 얼개만 그린 설계도 같은 대본을 쓰기 시작했다. 특정 상황을 만들고 연기자들을 그 안에 떨어뜨린다. 주어진 난관을 극복하는 과정이 곧 한 편의 드라마가 된다.

상황이 열려 있을수록 출연자들은 진짜의 자기 모습을 드러낸다. 리얼리티가 살아난다. 〈1박2일〉이 그렇다. 제목만 들어도 무슨 내용인지 알 만큼 단순명료하다. 제목 그대로 출연자들은 한데 모여 여행을 떠나고 그 고장의 별미를 맛보고 하룻밤 자고 돌아온다. 어디로 놀러갈지 장소만 정하면 된다. 마인드맵mind map을 그릴 때 가운데로부터 아이디어들이 거미줄처럼 뻗어나가듯이 계산되지 않은 상황들이 무수히 펼쳐진다.

그렇다면 PD가 하는 일은? 간섭하고 싶은 마음을 참는 일을 한다. 자꾸 들어가서 더 재미있게 더 극적으로 만들려는 욕심을 누르는 일이다. 연기자들을 믿고 기다리는 일을 한다. 웬만한 내공이 없으면 결코 쉬운 일이 아니다.

단순함이 복잡함을 이긴다. 솔로몬의 영광도 들에 핀 백합의 아름다움에 못 미친다.

권위 버린 〈무한도전〉의 권위

얼마 전 회사의 부장급 이상 간부들과 뉴질랜드로 짧은 여행을 다녀왔다. 열정적인 가이드를 만나 여행의 즐거움이 더해졌는데 가이드는 다르게 느꼈나 보다. 나중에는 안내하기 참 힘든 팀이라며 불편한 마음을 털어놓았다. 리액션이 없기 때문이란다. 뉴질랜드의 광활한 대자연에 대한 설명을 듣거나 보게 되면 보통 감탄사를 연발하거나 눈이 휘둥그레지게 마련인데 우리 팀은 소 닭 보듯이 아무런 감응도 보이지 않으니 가이드 입장에서 식은땀이 난다는 것이다. 그러면서 같은 회사라도 젊은 사원과 간부사원이 여행 중에 보여주는 피드백이 전혀 다르다고도 했다. 자리가 높아질수록 리액션에 인색해지고 권위적이 되어간다는 말이다.

비슷한 내용을 김정운 명지대 교수의 책에서 읽은 적이 있다. 김 교수의 경험에 따르면 강연을 하다 보면 누가 부장급 이상인지 쉽게 구별된다고 한다. 지위가 올라갈수록 중력의 법칙처럼 입꼬리가 내려가기 때문이다. 입꼬리가 올라가느냐 내려가느냐로 사회적 서열을 알 수 있단다. 직장에서 하급자는 입꼬리를 올리며 만면에 웃음을 띠어야 하고 상급자는 입꼬리를 내리며 근엄한 표정을 짓게 된다. 문제는 입꼬리가 내려가면서 부정적 정서는 잘 공유하는 반면, 웃기 위해 볼 근육을 움직여야 하는 긍정적 정서 공유는 잘 일어나지 않게 된다.

책에서 김정운 교수는 사장님들의 모임이 가장 강의하기 싫은 집단이라고 고백한다. 어떤 이야기를 해도 반응이 없고 모두 팔짱을 낀 채 무표정한 얼굴로 올려다볼 뿐이라고 한다. 이러니 아무리 강심장을 가진 강사라 해도 버텨내기 힘들다. 그런 그의 난감함을 우리 팀 가이드도 똑같이 느꼈던 모양이다. 우리도 모르는 사이 근엄해져서 입꼬리를 내려뜨리다 보니 가이드와의 정서 공유가 막혔던 셈이다.

지난 설 연휴에 영화 〈부러진 화살〉을 보았다. 2007년 석궁 테러사건의 실화를 다룬 이 영화는 입소문이 돌며 어느새 관객 200만 돌파를 앞두고 있다. 배우 안성기가 석궁을 들고 서 있는 촌스러운 포스터만 보면 절대 표를 끊을 것 같지 않은데 이렇듯 흥행몰이에 성공하는 것은 요즘의 심리 코드와 통했기 때문이다. 그 코드는 '탈권위'다. 지난해 〈도가니〉에서도 그랬듯이 영화를 보면서 관객이 분노하는 것은 사법 권력의 권위주의다. 대학을 졸업한 사람도 이해할 수 없는 어려운 법률용어와 복잡한 절차로 스스로 보호막을 치고 지내는 그들을 지금까지는 그 역사와 권위에 눌려 인정해주었다.

하지만 IT 세계 최강국이 되면서 우리 사회 모든 분야의 권위가 재평가받게 됐다. 그간 접근할 수 없었던 독점적 정보가 모두에게 공개되고 SNS 사용자는 개개인의 소리를 내는 하나의 방송국이 되었다. 이런 마당에 여전히 기득권을 지키기 위해 사실을 외면하고 왜곡하는 그들의 구시대적 권위주의에 관객들이 공분하는 것이다.

코미디에서도 '권위 무너뜨리기'는 언제나 좋은 소재다. 있는 척, 아는 척, 잘난 척 건방 떨다가 아무것도 없는 게 들통 나면서 한 방에 권위가 무너질 때 시청자들은 통쾌함을 느낀다. 〈개그콘서트〉의 '비상대책위원회'란 코너가 그렇다. 이 코너에선 시민들이 인질로 잡혀 촌각을 다투는 긴급상황을 매번 설정한다. 하지만 현장에 출동한 책임자들은 말로만 호들갑을 떨며 탁상공론만 펼칠 뿐이다. 결국 대통령까지 뜬다. 하지만 촌각을 다투는 상황에서 대통령이 가장 먼저 하는 공무는 현장 지휘자들과 일일이 악수하는 일이다. 또한 미국 대통령 흉내라도 내듯이 일일이 농담을 건넨다. 이어서 식순에 따라 국민의례를 하고 서둘러 특별 공연까지 관람한다. 사건 해결은 애초부터 글렀다. 우리 관료사회의 권위주의에 대한 이 같은 신랄한 비꼼이 이 코너의 인기비결이다.

'탈권위'로 젊은 세대의 열광적인 호응을 받는 프로그램이 〈무한도전〉이다. 개그맨 유재석을 비롯한 출연자들은 처음부터 '대한민국 평균 이하의 남자들'이라고 스스로를 낮추고 들어간다. 그러기에 무식이 탄로 나도 저질 몸이 드러나도 신경 쓸 일이 없다. 모르면 모르는 대로, 못나면 못난 대로 솔직히 드러내면 된다. 다만 여기서 끝이 아니라 부족함을 아이디어와 노력의 과정으로 메꾼다. 이런 탈권위의 결과는? 오랜 시간을 거치면서 변하지 않은 진정성으로 까탈스러운 젊은 세대의 인정을 받아냈다. 최고의 예능 프로그램이란 '참권위'를 얻게 됐다. 권위가 해체되고 무너질수록 '참권위'가 필요한 요즘이다. 어떻게 '참권위'를 찾느냐고? 〈무한도전〉을 벤치마킹해보면 어떨까.

올림픽 방송 제대로 즐기는 법

런던올림픽이 개막된다. 예전에는 올림픽이나 월드컵이 있는 해 방송사는 대박을 맞았다. 우리 국민에게 스포츠는 스포츠 그 이상이다. 독립운동을 방불케 하는 애국심과 민족애를 갖고 경기를 시청한다. 올림픽은 그 기간 동안 모든 뉴스의 블랙홀이 된다. 그러니 방송사는 수지맞았다. 앞뒤로 광고를 꽉 채워 팔고 주요 경기는 특판이란 명목으로 프리미엄을 받기도 한다. 또한 협찬, 간접광고, 가상광고 등으로 광고시간 제약을 비켜나가 부가수입을 올리기도 한다.

그런데 땅 짚고 헤엄치기 식의 거저먹던 시절은 지났다. 중계권료가 천정부지로 뛰어올랐다. 방송기술 발달로 고가 장비와 인력은 더 많이 필요하다. 스타 해설자들의 몸값은 A급 배우보다 더 비싸졌다. 더구나 런던이다. 출장비, 물류비가 몇 곱절 든다. 예산팀의 전망을 들여다보니 이번 올림픽 중계는 잘해야 본전치기란다. 상황이 어려울수록 방송사마다 시청자들을 향한 구애작전은 치열해진다. 먼저 눈에 띄는 것은 스타 해설자 모시기다. 어차피 그림은 똑같으니까 해설에서 승부가 난다. 특히 축구 해설자를 잡기 위해 방송사 스포츠 국장들은 치열한 물밑경쟁을 벌였다. 결국 MBC는 축구 허정무, 양궁 김수녕, 탁구 현정화를, KBS는 축구 이용수, 양궁 이은경, 역도 전병관을, SBS는 축구 차범근, 육상 장재근을 중계석에 앉혔다.

올림픽을 맞아 예능도 바빠졌다. 예전만 해도 올림픽·월드컵은 예능 PD들에게는 또 다른 의미로 축제였다. 스포츠 중계로 프로그램들이 우르르 죽어주니(결방) 공식적으로 놀 수 있는 절호의 기회였다. IOC와 FIFA 측에 감사하며 장기휴가 길에 올랐다.

그런데 사정이 달라졌다. 스포츠에 예능을 접붙인 새로운 스포테인먼트sportainment 장르가 생겨났다. 이번 올림픽에는 〈힐링캠프〉가 런던 행 비행기에 오른다. 〈섹션TV〉도 짐을 꾸렸다. 딱히 선수들을 섭외한 것도 아니다. 가서 무작정 기다린다. 경기 전에는 예민한 선수들에게 말 한마디 붙이기도 힘들지만 시합이 끝나고 더구나 금메달이라도 따면 상황은 반전된다. 축제 분위기 속에서 모든 봉인이 풀리며 만사 오케이다. 현장에서 바로 섭외해 한 꼭지 후루룩 말 수 있다. 메달리스트들의 그간 남몰래 겪었던 맘고생, 몸고생 얘기가 술술 나온다. 따끈따끈하고 새롭다. 스포테인먼트 프로그램의 강점은 공식 화면에서는 볼 수 없었던 스포츠 스타의 인간적 모습을 보여주는 데 있다.

이런 스포테인먼트의 효시에는 〈이경규가 간다〉가 있다. 2002 한·일 월드컵 당시 〈일밤〉을 맡고 있던 나는 이경규·조형기가 함께 경기장 관중석에 앉아 '변두리 축구중계'를 했다. 16강까지의 입장권만 준비했는데 한국 팀이 예상 밖의 선전을 하자 나중에는 웃돈을 얹어주고 암표를 구해 들어갔다. 공식적인 중계방송에서는 볼 수 없는 경기장의 뒷모습을 보여주자는 게 기획의도.

예를 들면 골을 넣으면 득점한 선수를 잡는 게 아니라 골 먹은 골키퍼 표정을 보여준다. 패닉에 빠진 상대 팀 응원단을 담는다. 경기가 안 풀릴 때 안절부절못하는 히딩크 감독, 선수가 달릴 때 옆에서 나란히 뛰는 선심, 취재 경쟁을 위한 기자들의 자리 싸움, 경기는 못 보고 관중석으로 돌아서 있는 경찰, 그리고 하프타임 때 캐스터와 해설자(차범근)가 주고받는 사적인 이야기 등을 보여줬다. 한 달여 동안 한국 팀의 모든 경기를 따라다녔는데 나중에는 30퍼센트에 육박하는 시청률이 나왔다. 그 뒤로는 월드컵, 올림픽 때마다 빠지지 않고 예능 PD들이 경기장을 찾는다. 휴가는 고사하고 평소보다 더 바빠졌다.

4년 만의 지구촌 축제가 시작된다. 한 가지 제안을 하자면 올림픽 개막 쇼를 놓치지 마시길. 매번 올림픽 개막 쇼는 당시 지구촌에서 가능한 쇼의 최고를 보여준다. '해가 지지 않는 나라'라 불렸

〈2002년 월드컵 이경규가 간다〉의 환상의 커플 이경규와 조형기 | 스포테인먼트의 효시에는 〈이경규가 간다〉가 있다. 한 달여 동안 한국 팀의 모든 경기를 따라다녔는데 나중에는 30퍼센트에 육박하는 시청률이 나왔다. 그 뒤로는 월드컵, 올림픽 때마다 빠지지 않고 예능 PD들이 경기장을 찾는다. 휴가는 고사하고 평소보다 더 바빠졌다.

던 영국은 이번엔 어떤 쇼로 세계인에게 자존심을 세울까.

올림픽이 그냥 싫은 시청자들을 위한 기쁜 소식 한 가지. 이번 올림픽부터는 모든 채널에서 똑같은 경기를 중계하며 가뜩이나 더운 여름밤 불쾌지수를 높이는 일은 없어지게 됐다. 진즉에 방송 3사 스포츠 국장들이 모여 제비뽑기를 했다. 방송사별로 중계할 종목을 배분하기 위해서다. 희비가 엇갈렸다. 박태환의 수영은 MBC, 손연재의 체조는 KBS, 메달밭 태권도는 SBS가 메인 종목으로 맡았다. 예선부터 8강까지는 종목별로 한 방송사만 중계하고 4강부터는 두 방송사가 내보낸다.

70억 세계인의 축제가 시작된다. 올림픽 때나마 '아, 우리가 지구인이구나!'를 느낀다. 태극전사들의 선전을 기원하며. 대~한민국!

일반인이 연예인을 밀어내다

지난주 〈안녕하세요〉에는 아빠가 엄마만 사랑하고 자기에게는 무관심하다는 고민거리를 갖고 열두 살 딸이 출연했다. 이야기를 들어보니 '아내 바보'인 아빠는 TV를 볼 때도 엄마를 무릎에 앉히고 시청하고 외동딸은 언제나 구석으로 밀어낸다고 한다.

엄마랑 미장원에서 똑같은 머리를 하고 와도 아내(역시 미인이었다!)에게는 예쁘다고 칭찬일색이지만 딸에게는 "너 아줌마 같다"라는 막말을 한단다. 녹화장에 나온 아빠는 아내가 딸을 너무 사랑하는 것 같아 샘이 난다고 털어놓았다. 시트콤 같이 황당한 이야기지만 당사자인 딸은 심각했다. 그간 받은 설움에 왈칵 눈물까지 터뜨렸다. 방송 내내 스튜디오 안은 원성과 폭소가 이어졌다.

〈안녕하세요〉가 방송 3사 토크쇼의 격전지인 월요일 밤 11시대 선두를 달리고 있다. 〈안녕하세요〉 초창기에, 나는 같은 시간에 방송되는 〈놀러와〉를 연출하고 있었다. 그때만 해도 〈안녕하세요〉를 우습게 봤다. 무엇보다도 일반인이 출연한다는 데 안심했다. 우리나라 시청자들이 얼마나 연예인을 좋아하는데 칙칙한 일반인들이 나와서, 그것도 전혀 새로울 것 없는 '고민해결'이란 구닥다리 주제로 승부를 보겠다니 담당 PD 참 감 없네, 이렇게 생각했다. 더구나 우리에게는 국민MC 유재석이 있지 않은가. 하지만 초반에 고전을 면치 못하던 〈안녕하세요〉는 시청률을 야금야금 올리더니 어느 순간 판세를 뒤집어버렸다. 역전 당하기 전에 담당 프로그램이 바뀌어서 나로선 다행이었지만(부끄럽지만 이것도 PD의 복이다!) 〈놀러와〉는 자존심에 큰 상처를 입었다.

〈안녕하세요〉는 평범한 일반인이 나와서 전혀 평범하지 않은 이야기를 풀어놓는 데 매력이 있다. 가슴이 너무 커서 고민인 'H컵녀', 입이 작아 크래커나 쌈도 못 먹는다는 '입 3센티녀'. 겉으로 보기에는 멀쩡한데 상상하기도 힘든 엽기적인 고민거리를 들고 나온다. 오타쿠에게나 통할 것 같은 소재지만 의외로 시청자들도 거부감 없이 즐긴다. 문화가 다양해지면서 나와 다른different 사람을 인정하고 그 차이점을 재미있게 받아들이는 열린 마음이 우리 사회에 생긴 거다.

수요일 밤의 터줏대감 〈황금어장〉의 상대 프로그램은 〈짝〉이다. 그런데 이 〈짝〉의 상승세도 만만치 않다. 지난주는 '농촌총각-도시처녀 특집'이었다. 여자 1호는 자기가 좋아하는 남자에게 차이고 방으로 돌아와 대성통곡을 했다. 여자 2호도 혼자 김칫국 마시다가 거절당하자 인터뷰하던 중 주르륵 눈물을 흘렸다. 앞에 카메라가 있는데 창피하지도 않은가 보다. 펑펑 우는 모습이나 거침없이 털어놓는 속내 모두 그대로 방송될 걸 알면서도 그것을 드러내는 데 주저함이 없다. 역시 요즘 젊은이는 다르다. 자기를 표현하는 데 솔직하고 떳떳하다. 이러한 정직함에 더해 〈짝〉에 출연하는 처녀 총각들은 보통사람들이다. 생긴 것도, 스펙도, 가진 것도 모두 평균이다. 하지만 짜고 치는 연예인들의 연기가 아닌 보통사람들의 생생한 연애 어드벤처이기에 공감 100퍼센트다.

일반인 프로그램이 뜨고 있다. 〈전국노래자랑〉이나 〈퀴즈가 좋다〉처럼 시청자 참여 프로그램은 예전부터 있었지만 일반인 출연자는 배추겉절이 같은 '여럿 중 하나one of them'에 불과했다. 하지만 요즘은 그들이 프로그램의 주인공이 됐다. 일반인이 TV 속으로 들어와 고민을 털어놓거나 사랑을 찾는다. 오히려 연예인들은 패널이 되어 윤활유 역할 정도만 할 뿐이다. 여전히 인기를 끌고 있는 오디션 프로그램에서도 마찬가지다. 참가자의 사연이 소개되고 회가 거듭되면서 각자의 캐릭터와 스토리를 발전시킨다. 연예인은 옆에서 진행을 하거나 심사를 하는 역할에 머문다.

일반인 프로그램의 흥행은 PD에게 반가운 일이다. 그동안 PD들은 연예인에게 너무 시달렸다. 그들을 섭외하느라, 기분 맞춰주느라 간과 쓸개를 다 내놓고 일했다. 제작비 부담도 확 줄었다. 특

A급 연예인 한 명 출연료 정도면 일반인 100명도 쓸 수 있다. 또 그들은 말도 잘 듣고 중간에 안 하겠다고 까탈을 부리지도 않으니 연출할 맛이 난다.

하지만 더 힘들어지는 부분도 있다. 우선 품이 더 많이 들어간다. 일반인은 매니저가 없다. 꼭꼭 숨어 있는 그들을 직접 발굴해야 하는데 섭외에 들인 수고, 꼭 그만큼만 찾을 수 있다. 또한 연출력이 프로그램으로 적나라하게 드러난다는 부담감도 있다. 그동안 연예인들이 알아서 해주던 부분을 일반인은 알아서 채워주지 못한다. 결국 연출자가 모두 계산하고 준비해야 한다.

그러니 이제 누가 오랫동안 엉덩이 붙이고 아이디어를 쥐어짜느냐의 대결이 시작됐다. 그럼에도 일반인 프로그램이 반갑다. 시청자와 더 가까워질 수 있으니까. 시청자들과 더 많은 것을 깊이 공감할 수 있으니까.

〈나가수〉 만든 김영희 PD가 부럽다

지난주 〈우리 결혼했어요〉는 중국 특집으로 꾸몄다. MBC와 상하이 SMG 방송국이 공동 제작했고, 이미 지난 밸런타인데이에 중국에 방영되어 기대 이상의 시청률을 거뒀다. 현지의 뜨거운 반응에 힘을 얻어 이번엔 한국에서 전파를 탔다. 〈우결〉은 남녀 연예인을 가상 결혼시키고 알콩달콩 살아가는 그들의 신혼생활을 엿보는 시트콤적인 리얼리티 프로그램이다. 국내 아이돌의 인기에 힘입어 중국과 동남아에서는 이미 상당한 열혈팬을 확보하고 있다. 지난해 방콕에서 열린 한류 콘서트에서 〈우결〉 조권2AM ·가인브라운아이드걸스 커플의 주제곡을 태국 팬들이 한목소리로 따라 부르는 것을 보고 놀란 적이 있다.

이번 특집은 중국 방송시장 진출을 노리고 한국의 아이돌과 중국의 아이돌을 커플로 엮어 그들의 깨소금맛 신혼생활을 촬영한 파일럿 프로그램이다. 이 견본 프로그램을 중국 방송시장에 내놓고 관심을 보이는 제작사에 포맷을 팔겠다는 의도다. 담당자의 말을 빌리자면 중국 청소년 사이에서 폭발적으로 입소문이 돌면서 구입 제의가 들어오고 있다고 한다.

지난해에는 〈나는 가수다〉의 포맷이 미국에 100만달러에 팔렸다. 파일럿 프로그램 한 편에만 100만달러이고 정규 방송으로 만들어진다면 매편당 그 이상의 달러를 벌어들일 수 있다. 일본과도 수출 협상을 벌이는 것으로 알려졌다. 이런저런 소식 중에 귀에 확 들어온 부분은 미국 저작권법상 판매액 중 일정 부분이 크리에이터최초 기획자에게 지급된다는 사실이다. 〈나가수〉를 처음 기획한 김영희 PD가 부러울 뿐이다. 방송국에는 시청률과 포맷 수출로 효도하고 개인적으로는 명예와 돈을 한 방에 거머쥐게 됐다.

세계 TV 포맷시장 규모는 약 30억 유로약 4조 5,000억원로 파악된다. 포맷format이란 '프로그램의 기본 틀'이라 할 수 있는데 일단 한 번 성공하면 세계 시장으로 확산되는 파급효과가 커서 방송국의 든든한 캐시카우cash cow 역할을 해준다. 시작이 반이라 하지 않던가. 아직 걸음마 단계지만 일단 메이저 포맷시장에서 우리가 첫걸음을 뗐다는 데 큰 의미가 있다.

PD 입장에서 우리가 개발한 포맷을 수출한다는 사실에 격세지감을 느낀다. 내가 입사할 1990년대만 해도 우리 방송은 일본 프로그램 베끼기에 열심이었다. 개편 때가 되면 일본으로 출장을 가서 호텔을 잡고 현지 통역을 옆에 앉힌 후 일본 프로그램을 주야장천 시청하고 녹화해오곤 했다. 아예 현지 아르바이트생을 두고 일본 프로그램 녹화분을 매번 국제 소포로 받기도 했다. 원하는 콘셉트를 말하면 비슷한 일본 프로그램 리스트와 방송 테이프를 일목요연하게 정리해주는 일본 방송 전문 컨설턴트란 직업도 생겨났다.

그러다 보니 방송사마다 누가 먼저 베끼느냐 경쟁이 붙기도 했다. 들키지만 않으면 됐고 일단 성공시킨 후 문제가 되면 잡아떼면 그만이었다. 종종 일본 TV에서 한국의 후안무치한 프로그램 베끼기를 소개해 국제적 망신을 당하기도 했다.

요즘 모든 분야에서 한국 상품을 베끼는 중국을 비난하는데 사실 얼마 전까지 우리가 그랬다. 우리 올챙이 적 시절을 잊은 거다. 그러다가 인터넷 사용이 보편화되고 저작권의 개념이 정립되면서 일본 프로그램 표절도 불가능하게 됐다. 표절 의혹만으로도 네티즌의 즉각적 포화에 프로그램이 초토화되기 때문이다. 결국 우리나라도 정식 절차를 밟아 돈을 지불하고 포맷을 사게 됐다. 단체 퀴즈쇼의 원조 〈브레인 서바이버〉 〈1 대 100〉 오디션 붐을 일으킨 〈슈퍼스타K〉 〈댄싱 위드 더 스타〉 〈보이스 오브 코리아〉 등이 외국의 포맷을 구입해서 재미를 본 사례다.

후생가외後生可畏랄까. 이제 우리도 포맷 수출국이 됐다. 우리가 숨어서 베끼기에 바빴던 방송 선진국 미국과 일본이 우리 것을 사서 프로그램을 만든다. 포맷은 단순히 프로그램의 형식만을 의미하지 않는다. 그 안에는 한국의 문화와 역사, 그리고 가치관이 녹아 있다. 한류에 이어 한국의 것을 세계에 알릴 수 있는 좋은 기회다. 문화 차이, 언어 차이 등 넘어야 할 산은 아직 많지만 그래서 더 잠재력이 큰 시장이 될 수 있다. '여전히 세계는 넓고 할 일은 많다.'

한예슬 사태와 피드백

KBS 드라마 〈스파이 명월〉의 촬영 환경 개선을 요구하며 미국으로 떠났던 탤런트 한예슬이 이틀 만에 귀국해 촬영에 합류했다. 이로써 지난주 전국을 떠들썩하게 만든 '촬영 거부' 사건은 일단락됐다. 여론은 처음엔 '시청자와의 약속' '프로 배우로서의 자세' '받은 돈이 얼마인데'를 들어 한예슬의 무책임한 행동을 비난하더니 사태가 진정되면서부터는 열악한 드라마 제작 시스템을 지탄하는 쪽으로 분위기가 바뀌었다.

PD 입장에서 이번 한예슬 사태를 처음 접했을 때 '어떻게 이런 일이?'라는 놀라움보다는 '드디어 터질 게 터졌구나'라는 한숨이 먼저 나왔다. 오늘의 우리나라 드라마 제작 시스템은 무리수 그 자체다. '생방송 드라마'라는 말 그대로 오늘 방송될 내용을 쪽대본으로 받아 당일 찍고 편집해서 내보는 경우가 빈번하다. 심할 때는 방송될 테이프를 두세 개로 나눠 앞부분이 TV로 나가고 있는 동안 드라마의 뒷부분을 종합편집실에서 편집하는 살 떨리는 장면이 연출되기도 한다.

이렇듯 급하게 편집해서 방송하다 보니 드라마 중간에 갑자기 컬러바화면조정영상가 나오거나 조금 전에 봤던 장면이 반복되어 나오는 방송사고가 발생하곤 한다. 그러니 매주 목숨 걸고 하루살이 전쟁을 치르는 이런 상황에서 상식적인 촬영이나 휴식은 기대할 수조차 없다.

이론상 방영 전에 미리 사전 제작을 한다면 모든 게 해결될 수 있겠지만 현실은 다르다. 실제로 〈로드 넘버원〉이나 〈파라다이스 목장〉 같은 100퍼센트 사전 제작 드라마는 높은 완성도에도 불구하고 모두 시청률에서 고배를 마셨다. 가장 큰 패인은 방송이 나간 후 보이는 시청자들의 반응피드백을 드라마에 반영할 수 없다는 데 있었다.

연출을 하다 보면 PD와 작가가 승부수를 던진 캐릭터나 스토리 라인에 시청자들은 시큰둥한 반응을 보이고 오히려 별로 신경 쓰지 않았던 신인이나 러브라인이 화제가 되면서 극의 인기를 견인하는 경우가 종종 있다. 이런 경우 시청자의 요구를 즉각 수용하여 화제가 되는 인물과 러브라인의 분량을 늘리고 집중하면 좋은 결과를 얻게 된다. 극의 완성도 면에서는 떨어지겠지만 사전 제작보다 훨씬 열린 구조로 제작하기 때문에 승률은 더 높아진다. 살아 있는 생방송이 죽어 있는 녹화방송보다 더 재미있고 스릴 넘치는 것과 같은 맥락이다.

후진적인 한국 드라마 제작 현실이 선진국과는 비교되지만 오히려 이러한 환경 때문에 시청자의 피드백을 극 전개에 충분히 반영할 수 있고, 이것이 오늘날 한류드라마 경쟁력의 한 부분인 것도 사실이다. 방송에 있어서 피드백은 좋은 약이긴 하지만 삼키기에는 참 쓴 약이다.

연출에 몰두하다 보면 프로그램이 마치 내 자식같이 느껴진다. 남이 내 자식 보고 싫은 소리를 하면 그 말이 옳든 그르든 마음이 먼저 상하듯이 내 프로그램을 보고 뭐라 지적하면 참 듣기가 싫고 서운한 마음이 든다. 방송이 나간 후 프로그램 홈페이지의 시청자 게시판을 열기가 두렵다. 칭찬보다는 비난 글이 넘쳐날 때가 대부분이다. 그런 글을 읽고 있자면 상처받고 자신감이 없어진다. 그냥 TV나 볼 것이지 뭐 이리 글까지 올리며 유난을 떠나 싶으면서 시청자들이 원망스러워진다.

반대로 누군가 내 프로그램을 칭찬하면 설사 그게 듣기 좋으라고 하는 립서비스인 줄 뻔히 알더라도 입이 귀에 걸리는 걸 막을 수 없다. 그러다 보니 동료 PD들끼리는 프로그램에 대해 주로 듣기 좋은 소리만 하고 쓴소리는 그냥 안 하고 지나친다. 부모 앞에서 자식을 욕해봤자 사이만 멀어질 뿐이다.

하지만 피드백이 불편하다고 회피만 할 수는 없는 세상이 됐다.

환경이 바뀌었다. 인터넷과 SNS을 통해 피드백이 무한 생산된다. 이러한 피드백을 외면하면 이번엔 프로그램이 시청자에게 외면당하게 된다. 또한 방송 제작이 복잡해지고 대형화하면서 이제는 하나의 프로그램에도 여러 명의 PD가 팀을 이뤄 일하게 됐다. 광고국의 목소리가 커지고 위로부터의 간섭도 빈번해졌다. 그러다 보니 이제 PD의 덕목으로 창의력이나 추진력에 피드백을 소화해내는 소통능력이 하나 더 추가됐다.

하지만 현장에서 피드백을 반영하는 데는 딜레마가 따른다. 여론에 따라 방향 전환을 하자니 시작할 때 세웠던 날선 기획이 무뎌지게 된다. 사공이 많아지면서 배가 산으로 가는 거다. 죽도 밥도 아닌 게 만들어지면서 애초 고집대로 밀고 나갈 걸, 그러면 내가 하고 싶은 걸 했다는 의미라도 가졌을 텐데 하며 후회한다.

내 경험상 이런 실패를 피하려면 긍정적인 피드백은 받아들이고 부정적인 피드백은 무시하면 된다. 다만, 여기에는 가고 있는 길이 맞다는 PD의 확신이 전제돼야 한다. 시청자 게시판에서 제목부터 칭찬하는 글만 골라 읽는다. 욕글은 아예 열지도 않는다. 그리고 처음의 기획의도를 유지한 채 시청자 반응이 좋은 부분을 계속 키우는 쪽으로 발전시킨다. 부정적인 피드백은 잊는다. 그러다 보면 긍정적인 선순환이 시작된다. 자기계발도 마찬가지 아닌가. 자기의 단점을 고치려 하는 것보다 장점을 극대화하는 편이 훨씬 더 좋은 결과를 낳는다.

선배가 말해준 피드백에 대한 팁 한 가지를 소개한다. 프로그램에 대한 생각으로 머리를 모두 채우지 말 것. 항상 머리의 20퍼센트는 비워둬야 한다. 이 빈 공간은 피드백을 위한 공간이다. 좋은 소리든 싫은 소리든 내 생각과는 다른 피드백을 그 여유공간에 넣었다 뺐다 입출력하면 된다. 머릿속이 한결 가벼워진다.

스리랑카 판자촌이 가르쳐준 것

지난주 스리랑카에 다녀왔다. 연말에 방송될 〈코이카의 꿈〉이란 프로그램 촬영에 앞서 사전 헌팅을 건 것이다. 이 프로그램은 KOICA한국국제협력단와 함께 자원봉사자를 모집해 해외봉사 활동을 벌이는 내용이다.

취지가 좋은 만큼 열심히 봉사하고 촬영하면 되리라 생각했는데 프로그램을 준비하면서 몇 가지 고민들에 맞닥뜨렸다. 우선 자원봉사자들에 대한 고민이다. 이번 프로그램에 참여할 단기 자원봉사자들을 공모했다. 100명 이내를 선발하는데 놀랍게도 7,000명이 넘게 지원했다. 어느 사이 '봉사'는 우리 젊은이들의 트렌디한 관심사가 되어 있었다.

평소 젊은 세대들을 볼 때 이기적이고 계산에 밝다고 생각했는데 '사서 고생하려는' 그들의 의도가 궁금했다. 궁금증은 지원자들을 인터뷰하면서 바로 풀렸다. 그들이 봉사를 통해 얻으려는 것은 또 하나의 스펙이 아니라 '삶에 대한 답'이었다. 많은 지원자들이 '무엇을 위해 살아야 하는지' 그 이유를 찾기 위해 봉사를 자원했다고 고백한다. 치열한 적자생존의 경쟁을 거쳐 대학을 졸업했건만 그들에게 우리 사회는 아무런 비전을 보여주지 못한 것이다. 젊은 세대가 안철수나 김태원과 같은 멘토에 열광하는 이유도 이런 고민과 같은 맥락일 것으로 여겨졌다.

함께 참여하는 연예인 봉사자에 대한 고민도 있었다. 이번 프로젝트를 위해 일반인뿐만 아니라 연예인 봉사자도 함께 가기로 했다. 해외봉사의 의미와 활동상을 알리기 위해서, 그리고 시청률을 위해서는 연예인만큼 좋은 도구는 없다. 하지만 바쁜 시간을 쪼개 봉사하는 만큼 칭찬받아 마땅할 텐데 이들을 보는 시청자의 시선은 좀 복잡하다.

TV에서 여배우가 아프리카 어린이를 위해 땀 흘려 일하고 또 눈시울을 적시는 장면이 나온다고 해보자. 많은 시청자들은 이렇게 느낀다. '쇼하고 있네.' 사실 지금까지 많은 연예인들이 '쇼'를 했다. 자기 이미지를 좋게 하기 위해, 영화 홍보를 위해, 또는 사고 친 후 방송 복귀 면죄부를 얻기 위해 카메라 앞에서 그런 쇼를 했다. 아무런 계산 없이 순수한 마음으로 임한다 해도 봉사란 것은 오른손이 하는 일을 왼손이 모르게 해야 한다는 신념이 우리 사회에는 있다. 거기에 봉사하는 순간까지 예쁜 척, 착한 척하는 것도 못마땅

하고 카메라가 꺼지면 곧바로 그늘을 찾아 쉴 것만 같은 불신도 자리 잡고 있다.

PD는 또 다른 고민을 한다. 요즘 한창 베스트셀러인 김애란의 소설 『두근두근 내 인생』에 이런 대목이 나온다. 열일곱 살이지만 조로병에 걸려 80세의 신체 나이를 가진 소설 속의 주인공이 방송 출연을 하게 된다. 치료비로 생활이 어려워지자 불우이웃돕기 프로그램에 나가게 된 것이다. 담당 PD와 작가가 사전 취재를 하러 왔다. 찢어지게 가난한 데다 희귀병을 앓고 있는 애늙은이 주인공을 인터뷰를 한 후 작가가 PD에게 속삭인다. "이번 회, 대박날 것 같아요."

스리랑카로 사전 헌팅을 가서 많은 환아患兒들을 만났다. 본 촬영 때 불쌍하고 응급한 아이를 한국으로 보내 치료해주고 다시 부모 품으로 돌아오는 장면을 찍기 위해서다. 하지만 연출진이 열심히 찾는 환아는 우리의 도움을 가장 필요로 하는 아이가 아니라 방송용으로 가장 적합한 아이다. 치료 전후 대비가 확실하게 보이는 병이어야 하고 예뻐야 하며 이왕이면 눈물 없이 들을 수 없는 가족사를 가진 아이여야 한다. 시청자에게 가장 효과적으로 메시지를 전할 수 있는 방법이라는 명분이 있지만 마음 한켠이 줄곧 불편하다.

그런데 이러한 고민들을 한 방에 날려줄 힌트를 이번 헌팅에서 얻었다. 스리랑카 현지에서 2년째 자원봉사를 하고 있는 이은서 단원과 빈민촌을 찾았다. 수도는 물론 전기도 들어오지 않는 이 빈민촌을 위해 우리는 발전기를 설치해서 판잣집마다 전기를 넣어주려고 계획했다. 하지만 비용 문제로 발전기는 포기해야 했고, 대신 태양열로 충전해서 사용할 수 있는 휴대용 전등을 전달하기로 했다.

한낮인데도 판잣집 안은 암실처럼 어두웠다. 태양열 전등 몇 개로 그 어둠을 물리치기에는 어림없었다. 낙담했다. 물고기 낚는 법을 알려줘야지 몇 마리 물고기를 전해준들 무슨 소용인가. 고민하는 내게 이 단원이 집 안 한쪽을 가리켰다. 어둠에 익숙해지길 기다려 가만히 보니 그 깜깜함 속에서도 아이들은 책을 보고 그림을 그리고 있는 것이 아닌가. 충격적인 장면이었다.

그가 말을 이었다.

"여기에선 성냥 한 개비도 귀해요. 모든 것이 절실합니다. 이것저것 따질 것 없어요."

봉사하는 데 이것저것 따질 것 있을까. '저스트 두 잇JUST DO IT', 그냥 하면 된다. 먼저 행동하고 고민은 나중에 해도 늦지 않다. 그리고 시청자들은 우리의 진심을 꿰뚫어보는 눈을 이미 갖고 있다.

불변의 흥행 키워드 스토리텔링

KBS의 '청춘합창단'이 화제다. 지난해 대한민국에 노래 열풍을 몰고 온 '남자, 그리고 하모니' 편에 이은 〈남자의 자격〉 두 번째 합창단 프로젝트다.

일요일 저녁시간대는 방송 3사의 시청률 전쟁 최격전지다. 그 시간에 평균연령 62.3세인 46명이 모여 합창을 한다. 같은 시간 다른 채널에서는 제일 잘나가는 스타들이 쫓고 쫓기며 한편의 추격전을 벌이고 또 한 채널에서는 최고의 가수들이 서바이벌 노래 대결을 벌이는데 이쪽에서는 할아버지, 할머니들이 차례로 나와서 자기 이야기를 하고 노래를 부른다. 편집도 이해할 수가 없다. 폭주 기관차처럼 달려 시청자들이 딴눈 팔지 못하게 해도 부족할 판에 달팽이 속도로 세월아 네월아 하며 기어서 간다. 대단한 배짱이다. 그럼에도 시청률 1등이다.

'청춘합창단'의 인기는 스토리텔링의 힘이다. 단원 자격을 52세 이상으로 못 박고 오디션 공고를 냈을 때부터 범상치 않은 스토리텔링은 시작됐다. 그리고 시간이 흐를수록 스토리가 단단해지면서 빛을 발한다. 노년의 지원자 한 사람 한 사람이 들려주는 인생 이야기에 시청자가 몰입한다. 이어서 부르는 삶의 애환이 녹아 있는 노래에서 큰 울림을 받는다. 심사위원이 눈물짓고 시청자가 함께 운다. 이 스토리의 피날레가 될 합창대회에서 청춘합창단이 대상을 받든 떨어지든 별 차이는 없을 듯하다. 이미 시청자는 합창단의 일원이 되어 충분히 축제의 과정을 즐겼기 때문이다.

언제부터인가 스토리텔링이 우리 사회의 흥행 키워드로 등장했다. 영화나 드라마를 넘어서 마케팅, 관광, 결혼에까지 스토리텔링이 화두가 되더니 요즘엔 부동산, 요리, 심지어 장례식에도 감초처럼 쓰이게 됐다.

건국대학교 후문 앞에는 '코끼리 들어온 집 미가'란 식당이 있다. 원래 이름은 '미가'였는데 몇 년 전 근처 어린이 대공원에서 도망친 코끼리 세 마리의 습격을 받았다. 방송에도 크게 보도된 이 사건으로 아수라장이 된 식당은 문 닫을 일만 남았다. 이때 주인이 아이디어를 냈다. 식당을 고치면서 이름도 '코끼리 들어온 집 미가'로 개명했다. 간판에는 코끼리 세 마리를 그리고 식당 안에 피습 당시 사진도 큼지막이 걸었다. 메뉴에도 '코끼리정식'을 만들었다. 그러고 나자 입소문이 돌면서 손님들이 모이기 시작했다. 요즘은 일본인 관광객들이 일부러 찾는 명소가 됐다. 스토리텔링의 힘이다.

스토리텔링storytelling은 말뜻 그대로 '이야기하기'다. 단편적인 사실 나열은 아무 감동이 없다. 또한 같은 패턴의 반복에 금방 싫증이 난다. 이런 조각들을 하나의 실로 엮어주는 게 스토리텔링이다. 스토리텔링에는 이목을 한 군데로 집중시키는 힘이 있다. 그 힘으로 사람의 마음을 움직인다.

현실이 이러하니 방송국의 예능 PD는 물론 기자, 기상캐스터까지 나서서 이젠 프로그램에 스토리텔링 기법을 활용하고 있다. 예를 들면 물난리 보도를 할 때 기자는 우산도 없이 폭우를 다 맞으며 가슴까지 차오르는 물속에서 재난영화를 찍듯 중계한다. 뇌물수수 사건을 전할 때는 대역 엑스트라를 써서 재연을 하거나 미니어처로 뇌물을 주고받았던 현장 축소판을 만들어 인형으로 당시 상황을 이야기해준다. 기상캐스터는 쨍하고 맑을 주말 날씨를 알려주기 위해 나들이 복장에 피크닉 가방을 들고 예보한다.

시청자가 아무 이야기에나 귀를 기울이는 건 아니다. 영악한 시청자는 들을 만한 가치가 있는 이야기만 골라 듣는다. '왜 내가 이걸 들어야 하지?'라는 물음에 답할 수 있는 이야기여야 한다.

몇 주 전 〈놀러와〉 녹화 때 쪼코볼 멤버들을 스튜디오에 모았다. 쪼코볼은 '쪼금 사이코 같지만 볼수록 매력 있는 사람들'이란 뜻을 가진 연예인 사모임이다. 김희철, 이홍기, 쌈디 등 면면이 요즘 잘나가는 아이돌이고 워낙 서로 친하다 보니 봇물 터지듯 이야기가 쏟아졌다. 녹화 내내 폭로와 폭소가 끊이지 않았다. 하지만 성적표는 초라했다. 몇 년 만에 처음 보는 최악의 시청률이 나왔다. 패인은 출연자들의 토크가 '자기들만의 이야기'에 그쳤다는 데 있었다. 술자리에서 자기들끼리 할 만한 어린 친구들의 사적인 잡담을 시청자들이 늦은 밤에 일부러 들을 필요가 없었다. 이 이야기를 왜 들어야 하는지 시청자를 설득하는 데 실패한 거다.

시청자가 요즘 집중하는 이야기의 주제는 '고진감래苦盡甘來'다. 취업난에 불황에 세상 살기가 팍팍해져서인지 출연자들의 고생한 이야기에는 마음을 열고 푹 빠져서 듣는다. 모든 역경을 헤치고 우뚝 섰을 때 큰 감동을 받는다. 최고 스타의 그렇고 그런 뻔한 사생활 이야기보다 '도전-분투-해결'로 이어지는 무명 배우의 파란만장한 고생담에 더 감정을 이입하고 위로를 받는다. 이름 없는 조연배우에서 갑자기 예능계의 총아로 떠오른 김정태나 안내상이 좋은 예다. 그들은 가난했던 유년기와 청소년기의 방황, 그리고 배우로서 재기한 사연이란 공통점을 갖고 있다.

스토리텔링을 자신에게 적용해도 큰 도움이 된다. 실제로 프로그램을 연출하다 길을 잃을 때 나에 대한 스토리텔링을 해보곤 한다. 마치 취직을 위해 자기소개서를 작문하듯 내 이야기를 써본다. 이 이야기에서 가장 중요한 것은 내가 서 있는 현재 위치를 파악하는 일이다. 내가 처음 시작할 때 이야기하고자 했던 것이 무엇이었는지, 그 이야기는 어떻게 전개되었는지, 애초의 방향과 지금의 방향은 어떻게 달라졌는지 등을 풀어나간다. 그러다 보면 내가 지금 어디에 있는지를 알 수 있다. 문제점이 보인다. 이제 해결책을 찾으면 된다. 이때 항상 시청자의 주문을 염두에 둬야 한다. "왜 내가 네 프로그램을 봐야 하는지 날 설득해봐" 하는.

뻔하지만 뻔하지 않은

스리랑카의 뉴워러엘리야란 도시에 왔다. 수도인 콜롬보에서 동쪽으로 꼬불꼬불 산길을 예닐곱 시간 달려 도착했다. 뉴워러엘리야는 '실론티(모 회사의 이 상품 명은 스리랑카 홍차를 의미한다)'의 본고장답게 사방이 온통 차밭으로 둘러싸인 초록의 도시다.

이곳에서 한국 자원봉사자들이 타밀족 초등학교를 리모델링해 주고 의료봉사를 벌인다는 내용의 TV 프로그램을 만들게 됐다. 워낙 이런 봉사를 소재로 하는 프로그램이 많고 시청자들도 선행과 감동에 대한 피로감까지 느끼는지라 연출을 맡으면서부터 뭔가 새로운 것을 찾으려는 고민을 계속했다. 적어도 뻔한 눈물과 감동은 피하려고 했다. 경계했던 뻔한 장면들은 이런 거였다.

#1 마지막 날 헤어지면서 꼭 운다.

거의 봉사 프로그램의 공식이 되어버렸다. 마지막 날. 내일이면 한국으로 돌아가야 한다. 그동안 돌봐줬던 사연의 주인공과 헤어지는 장면. 봉사자는 눈이 부어오르도록 눈물을 흘린다. 사연의 주인공(대부분 어린아이이다)도 부둥켜안긴 채 같이 운다. 프로그램의 마지막은 항상 이별의 눈물로 채워진다.

이런 장면은 이제 그만 보여주려 했다. 감정의 거품을 걷어내고 활짝 웃으며 헤어지는 게 훨씬 더 쿨하지 않은가. 헤어질 때 웃는 모습으로 서로의 기억 속에 남는 게 훨씬 더 세련돼 보인다. 하지만 촬영 마지막 날 학생들과 헤어지면서 모든 봉사단원이 대성통곡을 했다. 유난히 눈이 크고 몸집은 작은 타밀의 아이들도 부둥켜안긴 채 같이 펑펑 울었다.

카메라 뒤에서 연출하던 나도 특별히 정이 가던 한 아이를 부둥켜안고 채신머리 없이 엉엉 울었다. 뻔해도 어쩔 수 없다. 구닥다리 같아도 좋다. 참으려 해도 눈물이 쏟아지는 걸 어찌하랴. 지난 2주일간 아이들을 위해 한마음으로 일하다 보니 우리도 모르는 사이 마음속 깊이 그들을 사랑하게 된 거다. 특이했던 것은 여자 봉사단원보다 남자 봉사단원들이 훨씬 더 격하게 울었다는 사실. 남자의 마음이 더 여린가 보다.

#2 뻔한 멘트 "주려고 왔는데 오히려 더 많이 받아가요."

봉사자들 인터뷰를 할 때마다 항상 반복되는 말이다. 그런데 이 뻔한 멘트를 우리 봉사단원들이 이구동성으로 되풀이했다. 하지만 온 몸과 온 마음을 다한 그들의 진심을 지켜봤기에 이 되풀이되는 멘트에 코끝이 찡해졌다. 한 봉사단원은 '주려고 왔는데 더 많이 받아가는' 감정이 어떤 것인지 느껴보고 싶었다고 한다. 그런데 꾸벅꾸벅 졸며 지붕에서 야간작업을 하던 어느 순간 갑자기 눈물이 핑 돌면서 '아, 이런 거였구나' 하는 느낌이 왔다고 한다. 어느새 봉사단원 모두 마음의 부자가 되어 있었다.

#3 가족을 이용한 감동 만들기

이 역시 수없이 우려먹은 공식이다. 우리나라 시청자들에게 '가족'은 최고의 흥행공식이다. 어머니란 말만 들어도 코끝이 시큰해지는 게 우리네 정서다. 병든 아이를 고쳐주고 어머니를 만나게 한다든가, 외국인 노동자를 데리고 고향집을 방문하게 하는 식의 구성은 항상 기본 이상을 하는 안전장치다. 나 역시 이 흥행공식을 버릴 수 없었는데 전혀 계산하지 않았던 곳에서 가족의 감동이 튀어나왔다.

학교를 고쳐주는 동안 학생들을 데리고 시집을 하나 만들고자 했다. 조그만 별채 교실에 모아놓고 며칠간 시를 짓게 했는데 생각보다 복잡했다. 뉴워러엘리야의 아이들은 타밀 어를 사용하는데 이게 소수민족 언어이기에 의사소통을 위해서는 스리랑카의 공용어인 싱할라 어로 번역하고 이를 다시 영어로, 마지막으로 다시 한글로 번역하는 작업이 필요했다. 매일 방과후 번역작업에 매달렸는데 한 여자 아이의 작품이 유독 눈에 띄었다. 봉사단원 모두를 감동시킨 그 소녀 시인의 모든 시에는 항상 어머니에 대한 그리움이 깔려 있었다. 알고 보니 어려서 어머니를 잃은 아픔을 안고 있었다. 열 살 소녀 시인 칼라이마티유의 시를 소개한다.

눈물

왜 당신은 나를 떠나셨나요
나를 좋아하지 않았나요
당신에게 나는 좋은 사람이 아니었나요
당신 없는 나는 울고 있어요

엄마

나도 엄마와 함께 거기에 있고 싶어요
엄마도 나와 함께 여기에 있으면 좋겠어요
나는 내가 엄마를 본 적 없기를 바라요
나는 결코 엄마를 그리워하지 않으면 좋겠어요
나의 소중한 엄마는 어디에 계신가요

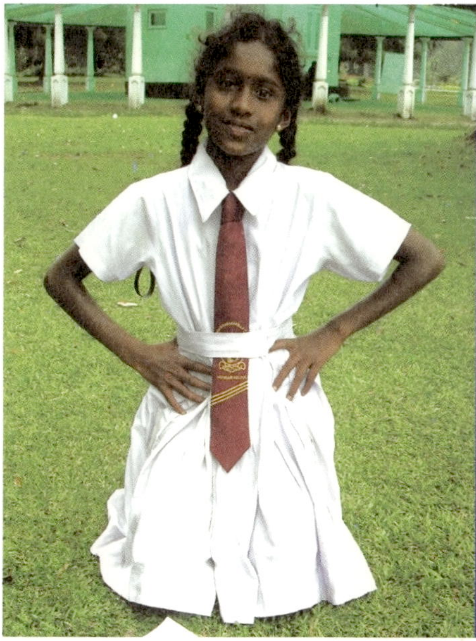

스리랑카의 소녀 시인 칼라이마티유. 타밀학교 5학년생들과 타밀어·한국어로 된 시집을 만들었다 | 방송가에는 이런 말이 있다. '남들이 하지 않은 것을 해야 하지만 남들이 다 하는 것은 나도 해야 한다.' 다만 남들도 다 하는 뻔한 거지만 뻔하지 않게 풀 때 새로운 것보다 더 큰 감동이 있었다. 그래서 나도 말할 수 있다. "주려고 스리랑카에 왔는데 더 많은 것을 받아서 돌아갑니다. 신께 감사합니다. 이런 좋은 봉사의 기회를 주셔서."

어머니에 대한 어린 소녀의 절절한 그리움이 그녀의 시 행간마다 담겨 있다. 그 그리움은 읽는 이에게 깊은 감동을 주었다. 봉사단원과 함께 집을 방문해서 그녀의 시를 읽어주자 아버지도 눈시울을 붉혔다.

방송가에는 이런 말이 있다. '남들이 하지 않은 것을 해야 하지만 남들이 다 하는 것은 나도 해야 한다.' 다만 남들도 다 하는 뻔한 거지만 뻔하지 않게 풀 때 새로운 것보다 더 큰 감동이 있었다. 그래서 나도 말할 수 있다.

"주려고 스리랑카에 왔는데 더 많은 것을 받아서 돌아갑니다. 신께 감사합니다. 이런 좋은 봉사의 기회를 주셔서."

정답이 아니라 위로가 필요해

오디션 프로그램인 〈위대한 탄생〉의 인기몰이가 한창이다. 같은 날 방송되는 〈슈퍼스타K〉의 아류라는 눈총을 받으며 시작했지만 회를 거듭할수록 차별화된 콘텐츠와 편집으로 20퍼센트에 육박하는 시청률을 기록하며 오디션 프로그램의 최강자로 자리매김하게 됐다. 〈위대한 탄생〉의 인기비결은 멘토의 힘이다. 한국 가요계에서 손꼽히는 최고의 가수와 작곡가들이 심사위원이자 멘토로 출연한다. 아직 다듬어지지 않고 거칠지만 가능성이 있는 원석을 발굴하고 멘토들의 경험과 노하우를 쏟아부어 빛나는 보석으로 만드는 과정은 한 편의 드라마와 같은 감동이 있다.

제자이자 후배인 가수 지망생들을 바라보는 애정 어린 멘토들의 시선, 한두 가지 가르침만으로도 마법처럼 달라지는 출연자들의 노래 실력, 때론 아버지같이 엄하고 때론 어머니같이 자상한 멘토들의 보살핌과 그들을 향한 제자들의 절대적 존경과 신뢰가 시청자들의 마음을 사로잡는다. 〈위대한 탄생〉을 보면서 많은 시청자들은 생각한다. '내게도 저런 멘토가 있으면 좋겠다.'

〈황금어장〉 프로그램 회의실에 가보면 한쪽 벽이 첫 회부터 지금까지의 시청률표로 도배되어 있다. 역대 방송 중 최고의 시청률을 올린 출연자는? 박칼린이다. AGB닐슨 25.8퍼센트. 〈남자의 자격〉 '하모니' 편을 통해 큰 감동을 선사했던 그녀 또한 부드러운 카리스마로 '남격합창단'을 넘어 전 국민의 멘토가 되었다. 그밖에 눈에 띄는 시청률 고득점자는 안철수, 한비야, 김태원 등이다. 우연찮게 모두 요즈음 정신적 멘토 역할을 하는 인물들이다.

멘토가 필요한 시대인가 보다. 특히 무한경쟁 속에서 불확실한 미래를 앞두고 떨고 있는 젊은이들에겐 나침반처럼 방향을 제시하고 목자처럼 자신을 이끌어줄 멘토가 절실해졌다. 올해 최고의 베스트셀러가 된 『아프니까 청춘이다』의 김난도 교수도 자신의 책이 이렇듯 폭발적 반응을 일으키리라곤 예상하지 못했다고 한다. 그러면서도 책이 많이 팔린 것이 마냥 기쁘지만은 않다고 한다. 오늘을 사는 젊은이들의 방황과 아픔이 얼마나 깊은지를 보여주는 방증이기 때문이다.

얼마 전 100일간의 대장정을 마친 안철수의 '청춘콘서트' 사진 한 장을 본 적이 있다. 학생들은 강당 좌석을 가득 메우고 또 통로를 채우고도 부족해 강단 바닥 위에까지 올라와 안 교수를 빙 둘

예수의 산상수훈을 연상시키는 안철수 교수의 청춘콘서트 현장 | 멘토가 필요한 시대인가 보다. 특히 무한경쟁 속에서 불확실한 미래를 앞두고 떨고 있는 젊은이들에겐 나침반처럼 방향을 제시하고 목자처럼 자신을 이끌어줄 멘토가 절실해졌다.

러싼 채 강의를 듣고 있었다. 마치 예수의 산상수훈 장면을 보고 있다는 느낌을 받았다. 로마제국에 나라를 빼앗기고 가난과 절망 속에서 메시아를 기다리던 유대 민족의 갈망을 사진 속의 우리 젊은이들에게서 엿볼 수 있었다.

젊은 후배 PD들과 이야기를 나누다 보면 이들도 비슷한 고민을 하고 있다. 후배들은 10년 후 자신의 모습을 선배들에게서 찾아보려 하지만 마땅한 롤모델을 발견하지 못한다. 이들을 낙담케 하는 것은 일주일에 며칠 밤을 꽉 막힌 편집실에서 지새워야 하는 현실 때문이 아니라 누구도 내일의 비전을 제시해주지 못하기 때문이다.

경쟁 가열로 프로그램이 대형화되면서 옥상옥처럼 고참 PD들만 위로 쌓이고 후배들이 단독으로 연출할 수 있는 기회는 요원해졌다. 선후배 간의 이해가 충돌한다. 후배들이 선배들을 보는 시선이 곱지 않다. 후배들은 항변한다. "지금까지 충분히 해먹었으니 이제 그만 우리에게 물려주고 비켜나세요." "이제 당신들의 시대는 갔습니다. 미래는 우리의 것입니다." 하지만 선배들도 할 말은 많다. "물러나기엔 우리는 아직도 할 일이 많아." "너희에겐 우리의 경험이 필요해. 예의를 지키고 참고 기다려."

기성세대와 젊은 세대 간의 부딪침은 역사 속에서 반복되어왔다. 젊은 세대들은 경험을 통해 안다. 자기들 차례가 오려면 기성세대가 권력을 누릴 만큼 누릴 때까지 기다려야 한다는 사실을. 그리고 살아남으려면 기성 권력 위주로 만들어진 내부질서에 싫어도 따라야 한다는 것을. 반대로 기성세대도 안다. 후배를 이길 선배는 없다는 것을. 이제 후배들이 일을 잘할 수 있도록 양보하고 도와줘야 한다는 것을. 하지만 젊음의 열정만으로는 부족하며 조직과 관리가 갖는 힘이 경시돼서는 안 된다는 사실도 잘 안다. 과거의 나도 선배가 불만스런 젊은 PD였다. 현재의 젊은 PD도 미래에는 후배에게 예의와 참을성을 요구하는 기성세대가 될 것이다. 모든 게 돌고 돈다.

그러니 그들이 원하는 것은 문제에 대한 정답이 아니다. 젊은 세대가 열광하는 멘토들의 특징은 가르치려 하지 않고 '위로'하고 '공감'하려 한다는 점이다. 어쩌면 젊은이들은 자신들의 고민에 대한 답을 이미 알고 있는 것 같다. 그리고 답을 안다고 해결되지도 않는다. 그들이 원하는 것은 지치고 상처받은 영혼을 인정해주고 아픔을 보듬어주는 관심이다. 가만히 옆에서 고개를 끄덕여주고 귀 기울여주는 것이 바로 해결책인 셈이다.

윤복희의 '여러분'이란 노래가 있다. "네가 만약 외로울 때면 내가 위로해줄게. 네가 만약 서러울 때면 내가 눈물이 되리. 어두운 밤 험한 길 걸을 때 내가 너의 등불이 되리." 위로가 되어주고 눈물이 되어주고 등불이 되어주는 멘토가 필요한 요즘이다. 내게도 그런 멘토가 있으면 좋겠다.

인생은 예능이 아니라 다큐다

3

초심자의 행운을 이어가는 법

'초심자의 행운beginner's luck'은 방송에서도 통한다. 그 좋은 예가 요즘 한창 화제가 된 드라마 〈응답하라 1997〉이다. 1997년 부산을 배경으로 한 이 청춘드라마의 성공비결은 '추억'이란 흥행 코드를 새로운 세대에게 적용시켰다는 점이다. 지금껏 '추억'은 7080세대의 전유물이었다. 그런데 이번엔 타임머신의 시계를 1997년으로 앞당겨 맞췄다. 덕분에 그동안 잠자고 있던 8090세대들의 감수성을 일깨웠다. 당시의 원조 아이돌에 얽힌 깨알 같은 스토리와 자료화면, 세심한 소품과 미술로 1997년을 완벽히 재현해내면서 지금의 20~30대들이 '딱 옛날 내 이야기 같다'며 공감하게끔 만들었다.

흥미로운 점은 〈응답하라〉의 PD와 작가가 모두 드라마를 처음 해보는 초심자라는 사실이다. 신원호 PD와 이우정 작가는 KBS의 간판 예능인 〈남자의 자격〉을 만든 명콤비다. 일터를 tvN으로 옮긴 후 전혀 해본 적 없는 드라마 장르에 덜컥 도전했다. 〈응답하라〉 작업을 시작할 때쯤 이 작가를 만났는데 대본은 어떤 형식으로 써야 되는지, 대본 연습은 어떻게 진행하는지, 야외촬영은 또 어떻게 준비해야 되는지 드라마의 제작 시스템에 대해서 너무 모르고 있어 놀랐다. 들어보니 담당 PD도 마찬가지라고 했다. 창피를 무릅쓰고 주위에 하나하나 물어가며 일한단다. 그런데 이렇게 기본도 모르면서 달려들어서는 시행착오도 없이 데뷔작에서 바로 홈런을 쳤다. 초심자의 행운이 통했다.

초심자가 행운을 잡는 이유는 고정관념이 없기 때문이다. 경험이 많을수록 어쩔 수 없이 선입견을 갖게 된다. 자신의 경험에 비추어 이건 이래서 안 되고 저건 저래서 안 된다며 미리 재단해버리고 시도조차 안 한다. 초심자는 경험이 없으니 뭐가 먹히는지 안 먹히는지 알 수가 없다. 먼저 몸으로 부딪혀본다. 그리고 경험 많은 선수가 안 된다던 게 제대로 터진다. 시청자들의 입맛이 바뀌었을 수도 있고 초심자의 만듦새가 새로울 수도 있다. 하지만 그보다 성공의 진짜 비밀은 자신의 경험 없음을 보충하기 위해 기울인 몇 곱절의 노력에 있다. 얼마 전 나와 통화를 하면서 이우정 작가는 드라마를 만들려면 얼마나 열심히 해야 하는지, 열심의 정도를 몰랐기 때문에 무조건 열심히 해서 열심의 분량을 채우려 했다고 말했다. 초심자의 행운은 초심자의 열정이 만들어낸 기적이었던 셈이다.

그런데 이런 초심자의 행운이 나중에는 불운으로 돌아올 수도 있다. 그 타이밍은 행운을 자신의 실력으로 착각하는 순간이다. 순수 열정의 강력한 에너지에 끌려왔던 행운이 이번엔 자만의 에너지에 밀려 떠나간다.

라디오를 듣다가 DJ 배철수의 말에 공감했던 적이 있다. 그는 모든 가수의 첫 번째 앨범이 제일 좋다고 했다. 때 묻지 않은 순수함이 있기 때문이다. 하지만 2집, 3집을 내면서 가수들은 점점 그 순수성을 잃어가며 '쿠세'를 부린다고 한다('쿠세〈せ'는 방송가에서 자주 쓰이는 일본말로 버릇이나 습관을 뜻한다). 자기만의 독창성 있는 색깔이라 할 수 있겠지만 한 가지 색깔만 갖는 색종이가 될 위험이 있다. 백지에는 무한의 색깔을 낼 수 있지만 색종이가 보여줄 수 있는 색깔은 원래의 자기 색깔밖에 없다.

벌써 9년 전의 일이다. 지금은 숙명여자대학교 강단에 계신 당시 장태연 국장님이 나를 부르시더니 연말에 있을 〈10대大 가수 가요제〉를 연출하라고 하셨다. 〈10대 가수 가요제〉는 전통적으로 예능국이 일 년 중 가장 심혈을 기울이는 프로그램이다. 시청자와 가요계에 그리고 다른 방송국 예능 PD들에게 그 당시의 수준으로 가능한 최고의 쇼를 보여주는 프로그램이다. 때문에 당대 최고의 베테랑 쇼 PD가 연출을 맡는다. 경험도 능력도 없고 어리다는 핑계로 극구 사양했지만 국장님의 뜻을 꺾을 수 없었다. 당시 〈음악캠프〉를 맡고 있던 나는 그때부터 모든 초점을 〈10대 가수 가요제〉에 맞췄다. 〈음악캠프〉를 〈10대 가수 가요제〉를 위한 연습이라 생각하고 한 주 한 주 다양한 시도를 하면서 아이디어를 쌓았다. 그해 가을 서울대학교에서 3만 명이 운집한 가운데 개최한 〈대학가요제〉도 〈10대 가수 가요제〉를 위한 중간평가의 기회로 삼았다. 그리고 생방송 전날. 열심히 준비했음에도 모든 게 부족해 보였다. 회사 옥상에 올라가 밤하늘을 바라보면서 겁나고 떨리는 마음을 달랬다.

드디어 12월 31일 밤. 아니 정확히 말하자면 새해 1월 1일 새벽. 정신없이 쇼를 연출하고 중계차에서 내려오자 국장님이 나를 덥석 안아주셨다. 눈물이 핑 돌면서 그제야 느낄 수 있었다. '내가 잘했구나.' 이효리, 비, 이수영, 보아 등 당시 최고의 가수들에다 그동안 〈음악캠프〉를 통해 쟁여놓은 아이디어를 모두 풀어놓아 기대 이상의 쇼를 만들었다. 높은 시청률과 최고의 호평을 얻어냈다. 열정으로 얻어낸 초심자의 행운이었다.

여기까지는 좋았다. 문제는 그 다음이다. 이듬해에 국장님이 또 부르시더니 지난해에 잘했으니까 올해 또 〈10대 가수 가요제〉를 맡으라고 하셨다. 부담감 때문에 극구 사양했지만 이번에도 국장님의 뜻을 꺾을 수 없었다. 지난해의 작가들이 다시 뭉쳤다. 그때의 경험과 노하우를 살려 열심히 준비했다. 그리고 쇼를 마쳤다. 중계차에서 내려오자 국장님이 이번엔 손을 내미셨다. 지난해의 뜨거운 포옹을 쓸쓸한 악수로 대신하면서 느낄 수 있었다. '망했구나.' 얼마의 시간이 흘러 모니터 해보니 지난해에 했던 쇼의 복사판처럼 느껴졌다. 구성이나 무대에 섬씽 뉴something new가 없으면서 감동이 빠져 있었다. 그새 나의 '쿠세'가 생겨 그것에 발목이 잡힌 거다.

경험이 쌓이면서 마찬가지로 쌓이는 고정관념과 버릇을 피할 수는 없지만 해법은 있다. '야구의 신'이라 불리는 김성근 감독은 "쿠세를 모르면 야구는 끝이다"고 말했다. 상대 선수의 '버릇'을 간파하면 게임에서 이길 수 있다는 뜻이다. 그런데 이 얘기가 맞는다면 내 버릇을 내가 간파하면 게임에서 이길 수 있다는 말이다. 어디가 문제인지 안다면 고칠 수 있다. 초심자의 행운을 계속 이어갈 수 있는 지혜다.

신입 PD 면접장의 남과 여

MBC 예능 PD 신입사원을 뽑는데 면접관으로 참여했다. 최종 면접은 아니지만 서류전형과 필기시험을 통과한 응시자들의 잠재역량을 평가하는 중요한 단계였다. 요즘의 취직난을 반영하듯 이번에도 엄청난 경쟁률을 보였다. PD ·기자·기술·경영 부문을 합쳐 10여 명 뽑을 예정인데 1만 명이 넘는 지원자들이 모였으니 그들에게 미안한 마음이 들기도 했다.

예능 PD라면 무조건 튀고 끼가 넘치는 별종을 뽑을 것 같지만 사실은 아니다. PD는 예술가이기보다는 직장인이다. 매주 정해진 시간에 방송될 프로그램을 생산해야 하고 또 여러 부문의 사람들과 협업을 해야 하기에 성실성과 친화력이 기본이다. 창의력과 모험심은 그 다음이다.

재미있는 것은 최종 몇 명을 뽑느냐에 따라 선발기준이 달라진다. 적은 수를 뽑을 때는 보수적으로 선발한다. 튀는 사람보다는 안정되고 성실한 지원자를 뽑는다. 위험관리를 하는 셈이다. 선발 인원에 여유가 있을 때는 성실한 사람을 우선 뽑아놓고 여기에 더해 어디로 튈지 예측이 안 되는 럭비공 같은 사람도 뽑는다. 럭비공 신입사원은 모 아니면 도다. '모'인 경우에는 작전 대성공이고 '도'일 경우에는 나머지 신입들이 '걸'쯤 해주니 평균을 내면 실패는 아니다. 실제로 예능국 선후배의 면면을 살펴보면 한두 명이 입사한 해의 PD들은 평범한 반면 동기들이 많은 기수의 PD들은 훨씬 다양하다. 스타 PD는 신입을 많이 뽑았던 기수에서 나온다. 양에서 질이 나오는 셈이다.

면접을 보면서 느낀 점 몇 가지. 면접관들끼리 공감했던 부분이다. 우선 스펙은 눈에 들어오지 않는다. 물론 출신학교는 여전히 중요하다. 하지만 지원서를 채우기 위한 어학연수, 교환학생, 높은 토익 점수, 자격증, 해외봉사 활동 등의 스펙 쌓기는 이미 너무 흔해서 더 이상 가치가 없어 보였다. 오히려 또박또박 정규 과정을 밟으며 국내에서 크고 작은 경험들을 쌓은 지원자들의 순박함이 돋보였다.

똑 부러지는 여자들과 어리숙한 남자들의 대비는 여전했다. 언제부터인가 방송국에 여성 스태프가 늘기 시작했다. 내가 입사할 때만 해도 여자 PD는 남자들만 뽑으면 욕먹으니까 구색 맞추기로 끼워주는 분위기였다. 그런데 요즘 신입 PD는 남녀 비율이 거의 반반이다. KBS는 더 심한 것 같다. 현재 〈안녕하세요〉(월요일 밤), 〈승승장구〉(화요일 밤), 〈스펀지〉(토요일 저녁), 〈개그콘서트〉(일요일 밤)의 메인 PD가 모두 여자다. '금녀의 구역'이었던 기술 직종에도 여자 후배들이 대거 진입했다. 〈뉴스데스크〉를 보노라면 젊은 여기자들이 오프닝 꼭지들을 도맡아 방송한다. 편성 부문은 남자가 소수세력이 됐다. 회식자리에서 남자 편성 PD들은 구석으로 밀려나 자기들끼리 수다를 떤다고 한다.

프로그램 회의를 하다 둘러보면 방 안에 남자라곤 나 혼자일 때가 흔하다. 작가, AD, FD까지 모두 여자다. 여자들이 방송을 만들다 보니 방송이 여성화된다는 목소리도 있다. 그걸 보고 자라는 우리 아들들도 수컷 본능을 잃고 여성화된다는 것이다.

이런 여성화 세태를 조금이라도 막아보겠다는 비장한 명분 아래 아예 처음부터 남자들에게 후한 점수를 주겠다고 작심하고 면접 평가에 임했다. 하지만 역시 수험생들을 만나 보니 여자들은 눈빛부터 달랐다. 초롱초롱 빛이 났고 말도 어찌 그리 조리 있게 잘하는지. 이에 반해 남자들은 산만하고 면접관과 쓸데없는 기싸움을 벌이다가 동문서답하기 일쑤였다. 면접 중간에 내 채점표를 보니 애초의 의도와는 반대로 여자들에게 높은 점수를 주고 있음을 발견했다. 남 탓할 일이 아니다. 면접관도 역시 남자는 덜떨어졌다.

마지막으로 느낀 점. 풍요 속의 빈곤이다. 지원자들이 다 고만고만할 뿐 눈에 확 띄는 인물은 없었다. 거칠고 모났지만 잠재력이 엿

보이는 원석을 찾고 싶은데 대부분은 이미 둥글둥글 닳고 다듬어져 특색을 잃어버린 지 오래돼 보였다.

인상 깊은 지원자가 있었다. 나이는 30대이고 4년 반 동안 백수로 지내고 있다는 친구였다. 대학 때는 학교신문 취재부장을 맡아 잘나갔지만 막상 졸업 후에는 사회에 적응하는 데 애를 먹고 있었다. 면접 자리에서는 일부러라도 외향적으로 보이려고 애쓰게 마련인데 이 친구는 처음부터 푹 가라앉은 목소리로 자신을 솔직히 보여줬다. 지금 심정을 물어보니 '될 대로 되라'는 마음이란다. 취업시험을 치면서 집착할 때마다 어김없이 상처받았다면서 이젠 모든 것을 내려놓았단다. 그러면서 만약 PD가 된다면 자신과 같은 사람들에게 위로가 되어줄 프로그램을 만들고 싶다며 숨은 꿈을 밝혔다.

그에게 최고점을 줬다. 모 아니면 도다. 제발 내 안목이 맞기를. 미래의 스타 PD를 내가 미리 알아봤기를 기대한다.

이 글이 나간 후 며칠이 지나 뜻밖의 메일을 받았다.

안녕하세요,

뵌 지 벌써 2주쯤 된 것 같습니다.

"나이는 30대이고 4년 반 동안 백수로 지내고 있"는

PD 지망생 최상열이라고 합니다.

무례를 무릅쓰고 메일을 보냅니다.

권석 PD님께서 한 주간지에 저에 관한 글을 쓰셨기에,

안 그래도 면접 때 "떨어지면 왜 떨어졌는지 물어볼지도 모른다"고 공언했었기에,

인맥을 동원하여 메일주소를 알아냈습니다.

불쾌하셨다면,

이쯤 해서 메일을 삭제하신대도 매정하다 불만을 갖진 않겠습니다.

일단 나름 호의를 갖고 저를 봐주신 점,

고맙습니다.

하지만 바로 그 면접에서 떨어지고 말았습니다.

스타 PD까진 언감생심 꿈도 꾸지 않는데,

PD라는 직함 자체가 아직도 제겐 멀기만 합니다.

그래서 몇 가지 여쭙고자 용기를 냈습니다.

제가 떨어진 이유를 '구체적으로' 말씀해주실 수 있을는지요.

조금은 혹독한 이유라도,

다소 인신공격적인 발언이라도,

괜찮(을 것 같)습니다.

제 단점을 고칠 수만 있다면 그런 아픔쯤 감수해야겠지요.

그리고 좋은 PD가 되기 위해서,

지금의 제가 무엇을 하면 좋을지 조언을 부탁드립니다.

(예능은 아니지만) 가끔씩 시나리오를 구상하기도 하고,

요즘엔 한 종편 채널 모니터로 소일하고 있지만,

잘하고 있는 것인지 의문이 들 때가 많습니다.

가끔씩 "방송사에서는 '시험꾼'을 좋아하지 않는다"는

말을 듣곤 하는데,

그럴 때마다 저를 지칭하는 것 같아 뜨끔할 때가 많았거든요.

그 외에,

면접을 보시면서 어떤 생각을 하셨는지,

지면에는 싣지 못했던 이야기를 간략하게라도 듣고 싶습니다.

새해 복 듬뿍 받으시길. ^^

추신.

어째선지 다른 방송사에 비해 MBC 시험은 더 어렵게 느껴집니다.

필기도 겨우 두 번밖에는 통과하지 못했고요.

그런데 그때마다 면접관으로 참석하신 PD님으로부터 한 마디씩을

듣게 되니 참 희한한 일이라고 생각합니다.

2008년 MBC 양주 연수원에서 다면평가를 치르고,

한 PD님과 저녁식사를 함께 했습니다(개인적인 자리는 아니었고,

일정이 그렇게 짜여 있었습니다).

그때 그 PD님이 떨어질 것을 두려워하는 제게

이런 말씀을 해주셨습니다.

"면접 때 보니, 가능성이 보이더라. 이번이 아니더라도 1~2년 내에

는 붙을 것 같으니, 포기하지 마라."

그로부터 3년 반이 지났습니다.

진심이었을까요, 희망 고문이었을까요. 전자이길,

운이 없었을 뿐이라고 생각하고 싶은데

사실이 어떨지는 잘 모르겠습니다.

답장을 썼다.

상열아(반말 괜찮지?^^)

외국에 있었어. 네 편지도 거기서 읽었고.

그래서 이제야 답장 쓴다.

잘돼서 내 후배로 입사했으면 좋은 인연이 됐을 텐데.

나도 안타깝구나.

나머지 두 명의 심사위원이 밉기도 하지만

그건 또 그분들의 시선이 있는 거니까 뭐라 할 수도 없고.

아무튼 네가 느낄 또 한 번의 낙담이

내게도 느껴지는 듯해 마음이 저 밑바닥으로 가라앉는다.

하지만 인생은 '새옹지마'잖아.

뻔한 말일수록 진리더라고.

네게 더 좋은 일이 기다리고 있으리라 믿어 의심치 않는다.

네가 왜 떨어졌을까 생각해봤다.

내가 널 인터뷰할 때의 기억을 되살려볼게.

1. 서류상으로 조건이 좋아서 눈에 띈다.

대학학보 활동도 플러스 요인이고

외모도 좋았고.

2. 가라앉은 분위기는 마이너스 요인이야

나이도 좀 있잖아. 여기저기 짧지만 언론사 경험. 그만둔 경험.

이런 걸 커버하려면

밝고 패기 있는 모습으로 스스로를 업시켜얄 듯.

네가 아닌 너를 연출하는 게 아니라.

네게도 분명 그런 면이 있잖아. 그걸 최대한 끌어올려

밝고 패기 있는 모습을 보여야 할 거야.

특히 예능 PD는 선후배와 협업이 잘되는 성격이 필요하거든.

'될 대로 되라'는 식의 말도 리스크가 큰 말이지.

체념한, 기 빠진, 닳은 듯한 느낌이 드니까.

같은 말이라도 긍정적으로 유머러스하게 표현할 수 있을 거야.

3. 전에 양주에서 만났던 PD가 누구였는지 모르겠지만

나랑 비슷한 걸 느꼈을 것 같아.

너의 잠재력을 본 거지.

짧은 시간 봤지만 상열이 너는 가능성을 느낄 수 있었어.

너를 믿고 다 툭툭 털고 다시 도전해보렴.

예능 PD로만 한정 짓지 말고 다른 분야로도 마음의 문을 열어보렴.
일단 차선으로 시작해보는 건 어때?
예능 PD가 네가 첫 번째로 하고 싶은 거라면 네가 두 번째로,
세 번째로 하고 싶은 건 뭐니?
그것들에도 도전해보렴.
오히려 더 네게 잘 맞을 수도 있어.
일산에 놀러오렴. 맛난 거 사줄게. 미리 전화주고.
널 믿으렴. 좋아보였거든.

메일을 보낸 후 아무 연락이 없었다. 잘되기를 맘속으로 빌어주는 것밖에 내가 할 수 있는 일은 없었다. 그러다가 그의 존재도 잊었을 때 쯤, 6개월이 지나서 또 한 통의 메일을 받았다.

안녕하세요.
면접 때 뵈었던, 떨어진 후 메일을 보냈던,
최상열입니다.
기억하시는지요.
제가 했던 질문에 꼼꼼하게 답해주신 점 매우 고맙게 생각합니다.
라고 말하기엔 너무 늦은 건지도 모르겠네요. ^^;
적당한 타이밍을 고른다는 게 이렇게 돼 버렸습니다.
제가 생각한 적당한 타이밍이란 건

MBC 못지않은 어딘가에서 PD로 일할 수 있는 기회를
잡는 걸 뜻했는데요.
네, 드디어 때가 왔습니다.
그래서 늦게나마 감사 메일을 쓰고 있습니다.
얼마 전, KBS 최종 면접 합격자 발표가 있었습니다.
방송저널리스트(시사교양 PD, 기자 통합 직군) 쪽 명단에
제 수험번호가 있더군요!
졸업 후 약 5년 동안을 방송국 문을 두드리는 데 썼는데,
이제야 문이 열리네요.
그래서 고맙다는 말씀을 전하고자 메일을 씁니다.
"미래의 스타 PD를 내가 미리 알아봤길 기대한다"던
권석 PD님의 글이 제겐 큰 힘이 됐으니까요.
그 말에 힘입어,
그저 그런 PD가 아니라 썩 괜찮은 PD가 되기 위해선
이 정도 시련쯤은 견뎌내야 하는 것이라 생각할 수 있었으니까요.
요즘 파업 때문에 여러 모로 힘드실 거라 생각합니다.
이럴 때일수록 건강 챙기시길.
다시 한 번, 고맙습니다.

덧.
『경향신문』 '오늘의 운세'는 참 신통방통합니다.

합격자 발표가 나는 날,

하루 종일 안절부절 못하다가 그걸 보고서는

긍정적인 생각이 들더군요.

마침내 고생한 보람을 얻는다. 33년생 사랑은 표현함으로써 완성되는 것. **45년생** 신중한 판단과 행동이 요구된다. **57년생** 우정이란 믿음이 약하면 쉽게 깨진다. **69년생** 밖에서 도는 것보다 집에 있는 것이 좋다. **81년생** 어려울 때 도와준 사람들에게 감사하라.

말 그대로,

"마침내 고생한 보람을 얻" 었고,

"어려울 때 도와준 사람들에게 감사"를 전하고 있습니다. ^^

오오옷! 내 일처럼 기뻤다. 어둡고 긴 터널을 지나 그토록 바라던 꿈을 이뤄낸 상열에게 마음속으로 기립박수를 쳐주었다. '간절히 원하면 이루어진다!'

또 잊지 않고 감사의 표현을 해준 것도 고마웠다. 그냥 옷깃 스치듯 지나치면 그뿐이었을 면접의 인연이 이렇게 이어지는 것도 신기했다. 상열에게 축하 메일을 보냈다. 메일을 소개해도 좋다는 허락도 받았다. 상열이는 설레는 마음으로 또 하나의 시작을 준비하고 있었다.

'미래의 스타 PD' 상열아 힘내라!

연예인 섭외전쟁, 궁즉변 변즉통

'섭외가 만사다'는 방송가의 불문율이다. 시청자의 눈을 단번에 사로잡기 위해서는 현재 제일 잘나가는 인물을 섭외해야 한다. 때문에 PD나 작가들은 섭외에 올인한다.

섭외의 대표적인 방법이 진드기 작전이다. 한두 달은 기본이고 해를 넘기면서까지 공을 들인다. 섭외 기록일지를 만들어 매번 통화내용을 기록하며 관계를 쌓아나간다. 섭외의 여왕으로 알려진 한 PD는 탤런트의 출판기념 사인회까지 찾아가 줄을 선 다음 자기 차례가 되자 사인을 받으면서 섭외를 했다. 또 다른 PD는 별로 친하지도 않은 연예인 결혼식에 참석한다. A급 연예인들이 많이 모이기 때문이다. 그리고 결혼식장에서 섭외를 한다. 기념사진을 찍으러 단상에 나가서까지 연기자에게 구애하는 모습을 보고 혀를 내둘렀다. 유윈!You Win!

감동 작전도 있다. 꽃다발을 보내고 선물 공세를 하고 당사자도 기억 못한 기념일을 챙겨준다. 스타가 군대에 있으면 면회를 가고 해외유학 중이면 바다를 건너가 알현한다. 내가 아는 한 선배 PD는 톱 여배우가 이사할 땐 이사짐센터를 주선해주고 군복무 중인 그녀의 동생이 휴가 나오면 술자리까지 마련해준다. 같이 일했던 한 작가는 여배우가 불면에 시달린다고 하자 민간요법을 찾아본 후 양파를 달여 보온병에 담아 새벽 촬영장을 찾아가기도 했다. 이런 전설적인 섭외 뒷얘기를 듣자면 화가 난다. 적당히 해야지, 이건 반칙이다. 도대체 다른 PD들은 어쩌라고? 그런 PD들 때문에 연예인은 점점 더 기고만장해지고 섭외는 힘들어지기만 하는 거다.

내가 잘 쓰는 섭외 비법도 있다. 바로 주변 사람 공략하기. 특히 가족이 효과적이다. 스타의 어머니나 아내를 먼저 꼬드기는 방법이다. 상품권을 준비해서 백이나 하나 새로 장만하시라고 매니저를 통해 찔러 넣는다. 주의할 점은 지를 때 큰 맘 먹고 세게 질러야 한다. 그래야 가족들이 부담감을 안고 스타를 설득하기 때문이다. 가족에는 한없이 약한 게 우리의 미풍양속이 아니던가. 실제로 이 방법으로 여러 연예인을 섭외했다. 그런데 막상 써놓고 보니 이것도 다른 PD들의 공분을 살 만한 반칙이다. 결국 나도 반칙왕이다.

방송가에서는 섭외할 땐 간과 쓸개를 내놓아야 한다는 말이 있다. 조연출 시절 담낭쓸개 제거수술을 받았다. 퇴원하고 나서 오랜만에 첫 출근했는데 부장님이 날 보더니 한마디 했다 "너 PD 잘하겠다, 쓸개 빠져서."

아예 섭외 전문가를 두는 경우도 있다. 외주 프로덕션과 같이 연출할 때 영화 쪽 마당발을 구해 선금으로 2,000만원을 지급했다. A급 다섯 명만 잡아오라는 조건이다. 한 사람 섭외마다 400만원씩 까나가는 방식이다.

이렇듯 섭외를 위한 분투기는 눈물 없이 들을 수 없을 정도다. 하지만 지성이면 감천이라 하지 않았던가. 결국 정성에 감동하거나 또는 PD를 불쌍히 여겨서, 그것도 아니면 스토킹에 기가 질려 연예인은 출연을 승낙하기도 한다.

하지만 시청자들의 입맛이 바뀌는 경우가 있다. 언제부터인가 A급 스타의 출연의 약발이 떨어지기 시작했다. 삼고초려를 넘어 백고초려 끝에 장동건, 김태희를 섭외한다 하더라도 그들의 진심이 느껴지지 않는 순간 채널은 돌아간다. 영화나 드라마 홍보 냄새를 맡는 순간도 마찬가지다. 기존 섭외의 문법이 혼란에 빠졌다. 최고의 스타도 안 된다면 대체 누구를 데려다 앉혀야 시청자를 붙잡을 수 있단 말인가.

이때 나온 게 역발상적 섭외다. 어차피 A급 연예인은 열 손가락으로 꼽을 정도이고 모든 섭외가 그들에게 쏠려 있으니 아예 연예인이 아닌 일반인을 출연시키는 것이다. 〈무릎팍도사〉가 그랬다. 모든 PD가 스타를 잡으려 총력전을 벌일 때 〈무릎팍도사〉에선 이전 예능 프로그램에서는 전혀 생각지도 않던 카드를 내밀었다. 소설가 황석영 씨가 나와 인생의 질곡을 얘기하고 발레리나 강수진 씨가 나와 연습으로 기형이 된 발을 보여준다. 우리 시대의 멘토 안철수 씨와 여행가 한비야 씨는 당신의 가슴을 뛰게 하는 일이 무어냐며 젊은이들에게 도전장을 던진다. 시청자들은 새로움과 감동의 울림을 받았다. 예능이 웃기지 않아도 재미있을 수 있다는 예를 보여줬다.

역발상적 섭외의 또 다른 예는 〈놀러와〉다. 섭외의 포커스를 인물에 두지 않고 콘셉트[기획]에 뒀다. 콘셉트를 먼저 세우고 그 기획 의도에 맞는 연예인을 섭외하는 것이다. B급들을 모았지만 콘셉트, 즉 전하려는 메시지가 살아 있기에 새로운 시너지가 생겼다. '나쁜 아저씨들' 콘셉트로 악역만 담당하던 조연들을 모았다. '성우 특집'으로 그간 목소리로만 알려진 성우들을, '노래하는 괴짜들'로 언더그라운드 음악을 하는 뮤지션들을 섭외했다.

사실 이들은 지상파 토크쇼의 메인 게스트로는 화제성과 인기 면에서 모두 떨어지는 인물들이다. 하지만 주인공으로 초대해서 '그들이 가장 하고 싶었던 이야기'를 하도록 멍석을 깔아줬을 때 출연자들은 그동안 어디서도 드러내지 않았던(드러낼 기회가 없었으므로) 농축된 속내를 털어놓았다. 시청자는 처음 듣는 그들의 진심에 마음을 열고 공감했다. 〈놀러와〉는 새로운 전성기를 맞았고 이어서 '세시봉 신드롬'을 낳았다.

섭외의 최상책은 역시 스타를 쫓아다니며 구걸하는 것이 아니라 스타가 제 발로 찾아오게끔 만드는 것이다. 지난주 〈1박2일〉에는 대한민국을 대표하는 여배우들이 출연했다. 김수미, 염정아, 최지우, 김하늘, 이혜영, 서우. 이들 중 한 사람도 섭외하기 힘든데 여섯 명이 동시에 나와 계곡물에 빠지고, 민낯을 공개하고, 밥 한 숟가락 더 먹겠다고 싸우면서 망가져줬다. 분당 최고 시청률이 40퍼센트까지 치솟았다. 이들의 섭외는 〈1박2일〉이 가지는 프로그램의 힘 때문에 가능했다. 누구에게나 칭찬받는 국민프로그램이고 여배우 자신도 평소에 즐겨 보던 방송이었기에 담당 PD의 섭외 전화를 흔쾌히 받아들였다. 이리해도 저리해도 섭외가 어려울 때는 기본에 충실하는 게 답이다. 최고의 섭외를 위해서는 최고의 프로그램을 만들면 된다.

시청자는 '누가 나오느냐'보다 '무슨 내용이냐'에 더 관심을 갖게 됐지만 이 전략도 벌써 식상해지기 시작했다. 모든 토크쇼 프로그램이 너도나도 기획 섭외를 하고 있기 때문이다. 원조고 짝퉁이고 가릴 것 없이 시청률은 동반 하락하고 있다.

새로운 섭외의 문법이 필요한 때다. 대한민국의 모든 예능 PD들은 지금 그걸 찾고 있다. 새로운 그것은 무엇일까? 누가 그걸 발견할까? 누가 먼저 최초 진입자의 이점First Mover's Advantage을 독차지할까? 궁금하고 한편으로 기대된다. 『주역』에 이런 말이 나온다. 궁즉변 변즉통 통즉구窮則變 變則通 通則久. 궁하면 변하고, 변하면 통하고, 통하면 오래간다. 지금은 궁한 때다. 변화가 올 것이다.

홋카이도의 한류 바람

며칠 전 휴가를 얻어 일본 홋카이도에 갔다가 소설가 미우라 아야코三浦綾子, 1922~1999 기념 문학관을 방문했다. 삿포로에서 한 시간 반 정도 기차를 타고 가면 아사히카와旭川라는 도시가 나오는데, 미우라 아야코는 고향인 이곳에서 작품을 썼다.

평생 투병생활을 했던 그녀가 지난 1999년 세상을 떠나자 팬들이 그곳에 기념관을 세웠다. 소설 『빙점』과 자전적 수필집 『길은 여기에』 『이 질그릇에도』라는 작품으로 한국에도 많은 팬을 갖고 있는 미우라 아야코는 우리나라에서 번역된 작품 수가 가장 많은 광복 후 일본 작가이기도 하다. 나도 고등학생 때부터 열성 팬이었는데 그녀의 타계 이후 이곳을 가보려고 벼르고 벼르다 마침내 이번에 아사히카와까지 발걸음을 옮기게 됐다.

소설 『빙점』의 무대가 되었던 외국 수종 시범림 안에 소박하게

일본 아사히카와에 있는 미우라 아야코 기념관 입구. 거기서 뜻밖에도 그녀의 남편 미우라 미츠요를 만났다 | 미우라 부부가 한국 노래를 즐겼다는 것이다. 누구의 노래를 들었을까 궁금했다. 그들이 한국 문화의 불모지와 같던 일본 땅에 한류의 씨앗을 처음 뿌린 개척자인 셈이다. 무릎 높이까지 눈이 쌓인 기념관을 나오면서 미우라 아야코 생전에 한국 노래를 알게 해준 우리 가수들이 고마웠다.

자리 잡은 기념관에는 작가의 친필 원고와 세계 각국에서 출판된 번역본들이 전시되어 있었다. 여러 사진과 유품을 진열해 작가의 생애를 엿볼 수 있는 코너도 있었다.

뜻밖에도 그곳에서 미우라 아야코의 남편인 미우라 미츠요三浦光世 씨를 만났다. 아야코의 수필집에서 자상하고 신앙심 깊은 동반자로 자주 등장해 나로서는 이미 잘 알고 있는 미츠요 씨를 실제로 만나다니, 감동이 밀려왔다. 한국에서 왔다고 하자 지나치는 여행객일 뿐인 나를 반갑게 맞아주며 차까지 대접했다.

차를 같이하면서 손짓 발짓으로 대화를 나누던 중 새로운 이야기를 듣게 됐다. 미우라 부부가 한국 노래를 즐겼다는 것이다. 미츠요 씨의 사무실에 한국인이 같이 근무했는데 그를 통해 한국 노래를 알게 됐고 한국 음식도 좋아하게 됐다고 했다. 누구의 노래를 들었을까 궁금했지만 언어장벽 탓에 알아낼 수는 없었다. 아마도 이미자나 조용필이 아니었을까 추측해봤다. 그렇다면 그들은 한국 문화의 불모지와 같던 일본 땅에 한류의 씨앗을 처음 뿌린 개척자인 셈이다. 무릎 높이까지 눈이 쌓인 기념관을 나오면서 미우라 아야코 생전에 한국 노래를 알게 해준 우리 가수들이 고마웠다.

지난주 〈주병진 토크콘서트〉의 게스트는 가수 신승훈이었다. '원조 한류 가수'라는 명성에 걸맞게 녹화장에는 100여 명의 일본인 팬이 모여들었다. 사오십 대 아줌마 팬이 대부분인 이들은 이날 일본에서 출발해 입국하자마자 바로 녹화장을 찾았다. 이들을 위해 개인용 수신기와 헤드폰을 나눠주고 녹화내용을 동시통역해주었다.

신승훈을 좋아하는 한국 팬과 일본 팬이 한자리에 모여서 그의 이야기에 같이 웃고 노래를 함께 따라 부르는 장면은 신선하고 감동적이었다. 녹화 중간에 일본인 팬 몇 명을 무대에 올려 신승훈의 노래를 부르게 했는데 정확한 발음에 감정까지 살려가며 제대로 불러 한국 팬들의 박수갈채를 받았다. 이들은 대부분 한국말도 곧잘 했는데 신승훈의 노래를 따라 부르기 위해 배웠다고 한다.

10여 년 전, 신승훈은 자신의 정규 앨범 열 장을 들고 직접 일본으로 넘어갔다. 공항에서 택시를 타고 무작정 음반사를 찾아가 자신의 CD를 넘겨주고 일본에서 앨범을 만들고 싶으니 들어보고 연락을 달라고 했단다. 다음날로 연락이 왔고 그렇게 신승훈의 일본 활동이 시작되었다. 그는 한국에서 1,700만 장의 앨범을 판 국민가수이다. 판매한 앨범 재킷을 경부고속도로에 깔면 서울-부산을 여섯 번 왕복할 수 있는 양이라고 한다. 그렇게 아무 아쉬움도 없을 것 같은 그가 정상에 섰을 때 새로운 도전을 감행했고 한류의 밑거름이 되었다.

신승훈이 들려준 한국 팬과 일본 팬의 차이점. 한국 팬은 열정적이고 급하다. 콘서트에서도 중간중간에 추임새처럼 구호를 외치며 따라 부르고 노래가 끝나기도 전에 환호성과 함께 폭발적인 박수가 나온다. 이에 반해 일본 팬은 음악에 좀 더 집중한다. 노래를 부르는 동안엔 조용히 음미하고 노래 후주까지 다 끝나고 나서야 박수가 시작돼 점점 커지며 환호가 오랫동안 뒤따른다고 한다. 음악도 국민성 따라 즐기는 거다.

2011년 세밑 겨울, 일본 북단의 섬 홋카이도에도 한류의 바람은 불고 있었다. 삿포로 시내 레코드점에 들어가면 가장 잘 보이는 곳에 K팝 코너가 마련되어 있다. 세계적 팝스타 레이디 가가의 DVD 신보 옆에는 소녀시대의 공연 DVD가 나란히 진열되어 있다. 거리를 걷다 보면 한국 아이돌 그룹의 노래를 어렵지 않게 들을 수 있고, 옥외 광고판에는 K팝 인기차트를 소개하는 화면이 반복해서 나온다. 한 해의 마지막 날 밤 일본 최고의 가수만이 설 수 있다는 전통의 NHK 〈홍백가합전〉에 올해는 소녀시대와 카라가 출연하게 됐다.

오늘의 한류는 어느 날 갑자기 아이돌 열풍과 함께 생겨난 게 아니다. 오래전 누군가 처음으로 일본 땅에서 한국 노래의 씨를 뿌렸고 많은 가수들의 땀과 눈물이 뒤따랐다. 그러한 도전과 실패가 쌓여 지금의 열매가 맺힌 것이다. 그리고 그 한류는 아직도 진행형이다.

PD가 양복을 입을 때

우스갯소리로 PD가 양복을 입을 때가 두 번 있다고 한다. 결혼식에 갈 때와 방송 심의에 걸려 의견 진술하러 갈 때다. 얼마 전 〈무한도전〉 PD가 양복을 입었다. 방송통신심의위원회는 〈무한도전〉이 부적절한 방송언어를 사용했고, 저속한 자막 등으로 품위 유지를 하지 않았다며 경고조치를 내렸다.

지난 3년간 벌써 아홉 번째 받는 징계라 새삼스러울 일도 아니건만 이번만큼은 경고에 대한 네티즌의 성토가 뜨거웠다. "나무만 보지 말고 숲을 보라" "시대가 바뀌었는데 여전히 구시대의 잣대를 들이댄다"며 심의위원들을 비판했다. 〈무한도전〉이 세긴 센가 보다. 국회 국정감사에서도 이번 조치가 지나친 행정권의 남용이라는 지적이 나왔다. 〈무한도전〉은 방송을 통해 이번 결정을 코미디화해서 또 한 번 화제가 됐다. 박명수가 발길질을 하려는 순간

스톱 모션을 잡아 중지시키며 '품위 유지'라는 자막을 넣었다. 아나운서를 불러 바른말에 대한 강의를 듣게 하고는 착한 자막과 고운 말을 과장되게 쓰는 내용을 연출하기도 했다.

비슷한 일이 시트콤에서도 벌어졌다. 2년 전 〈지붕 뚫고 하이킥〉에서 아역 탤런트가 '빵꾸똥꾸'란 말을 입에 달고 지내자 방통심위에서는 '올바른 가치관과 행동양식 형성에 악영향을 미칠 우려가 있으므로' 그 말의 사용을 자제하라고 권고했다. 시대착오적 간섭이라는 비난이 이어졌고 제재 결정 뉴스를 전하던 한 방송사의 앵커가 '빵꾸똥꾸'를 발음하다가 웃음을 터뜨리는 방송사고를 내기도 했다.

이처럼 사연 많은 빵꾸똥꾸가 지난주 〈하이킥 3〉에 다시 등장했다. 방송국 회의 장면이 나오더니 국장이 문을 벌컥 열고 들어와선 담당 PD에게 버럭 소리를 지른다. "너 빵꾸똥꾸 그거 방송 내지 말라니까 왜 자꾸 넣어!" 김병욱 PD의 장기인 블랙코미디를 제대로 보여준 건지, 노이즈 마케팅을 노렸는지 모르겠지만 이쯤 되면 한번 해보자는 거다.

나도 몇 번 양복을 입은 적이 있다. 〈쇼 토요특급〉이란 프로그램의 조연출을 맡았을 때 일이다. 호주에 가서 번지점프하는 장면을 찍기로 했다. 이휘재, 이홍렬이 번지를 했고 그때만 해도 무명이었던 원빈도 뛰어내렸다. 당시 나는 곧 입봉入本을 앞둔 조연출이었는데 갑자기 선배 PD가 나도 뛰어내리라고 했다. 방송 분량 확보 차원이다. 방송선수들은 이럴 때 또 몹쓸 직업병이 나온다. 그냥 뛰어내리면 될 텐데 뭔가 큰 재미를 줘서 주위를 웃겨야 된다는 강박증이 생기는 거다. 결국 뛰어내리면서 "입봉한다~" 하고 외쳤다. 웃기는 데 성공했고 그렇게 방송이 나갔다. 그리고 방통심위에서 경고를 받았다. '입봉'이란 일본어를 사용했다는 죄목이다(입봉: 入本. 조연출이 연출로 승진하는 것을 의미하는 일본어로 방송국에서 흔히 쓰인다).

'번지'와는 악연이 계속 됐다. 이번엔 역逆번지를 하게 됐다. 번지는 보통 특수고무줄을 발목에 묶고 뛰어내리는데 역번지는 사람을 땅에 고정시킨 후 위에서부터 갑자기 끌어당긴다. 〈일밤〉을 연출할 때 게임에서 진 사람에게 역번지 벌칙을 받게 했다. 방송국 앞마당에 대형 역번지대를 설치했다. 공사장 크레인을 불러서 아암arm을 최대한 길게 뽑게 하고 쇠고리에 고무줄을 묶어 땅 위의 벌칙 의자와 연결했다.

항상 대형 벌칙을 줄 때 내가 먼저 마루타가 되어 테스트해보곤 했는데 이때 일이 터졌다. 가벼운 내 몸무게가 화근이었다(내 별명이 잘 마른 멸치다). 고무줄 장력이 보통 성인 남자 몸무게에 맞춰져 있었기에 고정장치를 풀자마자 난 새총알처럼 튕겨져 올라 크레인 쇠고리에 엉덩이를 그대로 내찧었다. 생명까지 잃을 수 있는 아찔한 순간이었다. 나중에 바지를 벗어보니 엉덩이와 허리 전체가 시커멓게 멍들어 있었다.

하지만 녹화는 해야 하고 곧 연기자들을 태워야 했기에 아픈 티도 못 내고 고무줄 장력을 조정한 다음 바로 촬영을 시작했다. 그리곤 잠시 후 김용만이 비명과 함께 하늘로 토마호크 미사일처럼 솟구쳤다. 시간이 흘렀기에 진실을 밝히자면 원래 게임에서 진 이경규, 김용만이 복불복으로 벌칙을 받아야 했지만 이경규가 진심으로 인상 쓰고 자기가 걸리면 안 한다고 버텼기에 어쩔 수 없이 김용만이 걸리게끔 미리 세팅을 해놓고 촬영했다. (용만이 형 미안. 경규 형 성격 알잖아!) 아무튼 김용만이 튀어 오르는 모습을 다양한 사이즈로 반복해서 보여주고 겁에 질린 그의 표정도 헬멧카메라로 찍어 방송했다.

그리고 방송 후 나는 양복을 입었다. '방송의 품위 유지를 못하고 시청자에 대한 예의를 지키지 못했다'는 게 이유다. 공연히 반론을 폈다가 괘씸죄까지 덮어쓸까 봐 무조건 잘못했다고 빌고 나오면서 딜레마를 느꼈다. 심의위원의 지적도 충분히 일리가 있지만 예능 프로그램의 특성을 고려하지 않는 일방통행식 심의가 억울했기 때문이었다.

유연성 없는 규제는 무리수를 낳는다. MBC 레코드실에 가서 옛날 LP판을 찾다보면 군데군데 빨간 줄이 가 있는 노래들을 쉽게 볼 수 있다. 내용이 불량하다며 금지곡으로 낙인찍힌 노래들이다. 그 이유들이 재미있다. 양희은의 '이루어질 수 없는 사랑'은 사랑이 왜 이루어질 수 없는 것이냐고 따지며 못 부르게 했고, 배호의 '0시

호주에서 번지점프하는 나 그리고 역번지점프로 토마호크 미사일처럼 튀어오르는 김용만 | 방송 후 나는 양복을 입었다. '방송의 품위 유지를 못하고 시청자에 대한 예의를 지키지 못했다'는 게 이유다. 심의위원의 지적도 충분히 일리가 있지만 예능 프로그램의 특성을 고려하지 않는 일방통행식 심의가 억울했다. 유연성 없는 규제는 무리수를 낳는다.

의 이별'은 0시부터 통금인데 그 시각에 이별하면 어떻게 하냐며 금지곡이 됐다. '한 번 보고 두 번 보고 자꾸만 보고 싶네~'로 시작되는 신중현의 '미인'은 퇴폐적이라고(어디가?) 금지. 심수봉의 '순자의 가을'은 대통령의 부인 이름을 썼다고 금지. 송창식의 '왜 불러'는 경찰의 장발 단속에 저항한다고 금지시켰다. 만화 같은 이야기지만 그런 일은 요즘에도 일어난다.

지난 9월 여성가족부는 '술' '담배' '클럽' 등의 단어가 들어간 곡 대부분을 앞뒤 문맥에 상관없이 청소년 유해곡으로 판정 내렸다. 결과적으로 '술 마시고 노래하고 춤을 춰봐도~'로 시작하는 '고래사냥'이 금지곡에서 풀린 지 20년 만에 다시 '19금' 빨간딱지를 받은 셈이다.

창작과 심의는 튀어나오려는 용수철과 이를 누르는 힘의 관계와도 같다. 한쪽은 자꾸 울타리를 벗어나 낯설고 위험한 것을 시도하려 하고, 다른 쪽은 한사코 안정과 질서를 위해 기존의 틀 안에 가두려 한다. 한쪽이 '표현의 자유'를 내세우면 한쪽은 '표현의 책임'으로 맞선다. '강제적 심의'보다는 '자율적 규제'가 답이겠지만 이는 말장난일 뿐이다. 사람마다 허용하는 정도가 다르기 때문이다.

회사 인트라넷에 이번 징계에 대한 눈에 띄는 의견이 있어 소개한다. "예능 프로그램은 보도나 시사 프로그램과는 다른 언어를 사용한다. 논리적이기보다는 감성적인 언어를 사용한다. 이를 통해서만 얻을 수 있는 효용가치가 있다. 그러기에 예능 프로그램 심의는 다른 장르와는 차별화된 시각이 필요하다. 또한 기성세대의 언어 기준에 맞지 않는다고 하여 젊은 세대의 표현을 억누르는 것은 표현의 자유와 창의력을 억압할 수 있고 우리 사회의 다양성과 소통을 해치게 된다."

심의에 대한 생각은 사람마다 다르겠지만 PD로서 나만의 잣대가 있다. '내가 부모님과 같이 보기에 또는 자식과 같이 보기에 부끄럼 없는 프로그램'을 만들면 된다.

박찬호 인터뷰에서 배운 경청의 힘

인터뷰를 위해 야구선수 박찬호를 만났다. 새롭게 시작하는 〈주병진 토크콘서트〉의 첫 번째 초대손님으로 박찬호를 섭외했다. 섭외가 이뤄지면 초벌 구성안을 짠 후 심층 인터뷰를 한다. 얼마나 심도 있게 인터뷰하느냐에 따라 프로그램의 성패가 달려 있을 정도로 아주 중요한 과정이다.

첫 회이니만큼 맘껏 욕심을 부려 엄청난 자료와 두툼한 질문지를 준비해 갔는데 처음부터 일이 꼬였다. 갑자기 박찬호 선수에게 일이 생겨 두 시간밖에 시간을 내줄 수 없다는 것이다. 낭패였다. 인터뷰 방식을 바꿀 수밖에 없었다. 준비한 질문리스트에 따라 인터뷰를 하다간 반의반도 마치지 못하리라. 아예 질문지를 옆으로 치웠다. 그가 하는 얘기에만 집중하기로 했다. 박찬호가 가장 하고 싶은 얘기를 우선 듣고 그에 따라 구성을 고치겠다는 생각에서였다.

박찬호는 어린 시절부터, 메이저리그 생활, 그리고 국내 복귀에 이르기까지 겪었던 시련과 극복의 이야기를 차근차근 풀어놓기 시작했다. 시간이 부족한 만큼 한 마디라도 놓칠세라 나와 작가들은 모든 주의력을 집중해서 들을 수밖에 없었다. 두 귀를 쫑긋 세우고 똘망똘망한 눈으로 자기만을 바라보는 우리의 모습이 좋았나 보다. 그는 점점 자기 이야기에 흥을 올리더니 신이 나서 첫사랑에서부터 서러웠던 마이너리그 시절까지 기대하지도 않았던 이야기를 들려주기 시작했다. 예정된 두 시간이 훌쩍 지났다. 이번엔 스스로 스케줄을 바꿨다. 약속한 미팅 때문에 나갔다가 다시 돌아오겠단다. 그리고 얼마 후 이어진 인터뷰는 밤늦게까지 계속됐다.

인터뷰를 마치고 보니 처음과는 전혀 다른 새로운 구성안이 나왔다. 연출팀이나 박 선수나 모두 만족했고 녹화에 대한 기대가 높아졌다. 새삼 '경청'의 힘을 깨닫는 순간이었다. 토크쇼 MC의 최고 덕목은 무엇일까? 매끄러운 진행, 현란한 말발, 재치 만점의 순발력? 그런데 그보다 한 수 위의 가치가 있다. 바로 '경청'이다. MC는 말을 잘하는 것보다 말을 잘 듣는 게 더 중요하다.

A급 연예인이 그 많은 토크 프로그램 가운데 어느 하나에 출연한다고 할 때 가장 먼저 고려하는 것은 시청률이 아니다. 자기가 얼마나 대접받을까를 먼저 따진다. 인지도는 떨어져도 자기가 주인공이 되는 프로그램, 자신이 돋보이는 프로그램을 선택한다. MC

가 너무 말이 많거나 혼자서 웃기려고만 하면 녹화장에서야 빵빵 터지고 프로그램은 재미있어지겠지만 게스트는 뻘쭘해진다. 녹화하는 내내 '내가 여기 왜 나와 앉아 있지?' 하는 생각에 애써 표정 관리만 하게 된다.

실제로 그런 장면을 자주 본다. 비싼 출연료를 들여 어렵게 초대한 게스트는 한쪽에 꿔다놓은 보릿자루처럼 앉아 있는데 MC는 자기가 웃길 생각만 한다. 녹화가 끝나면 초대손님은 '이 프로 다시는 나오나 봐라' 하고 뒤도 안 돌아보고 돌아간다. 이런 MC는 내공으로 따지자면 한참 하수다. 이런 MC는 자기가 얼마 못 웃긴 날에는 녹화가 망했다며 프로그램 걱정을 한다. 또 전체 녹화는 엉망이었어도 자기가 말을 많이 한 날은 오늘 대박이라고 신나 한다. 하수 MC는 자기 스스로를 챙기기에 급급하다.

하수 단계 위로 내공이 켜켜이 쌓인 고수 등급의 MC가 있다. 그는 들러리가 신부보다 돋보이면 안 된다는 사실을 잘 안다. 자기를 비우고 게스트에 집중한다. 게스트가 신이 나서 말하게끔 맞장구와 피드백을 준다. 자기가 말을 못해도 초조해하지 않는 여유와 배려심이 있다. 연출팀이 준비한 구도대로 프로그램을 이끌고 기대치만큼의 결과물을 뽑아낸다. 고수 등급의 MC는 게스트를 충분히 대접한다.

그런데 여기가 끝이 아니다. 고수 등급 위에 지존 등급이 있다. 이 단계의 MC는 들리지 않는 것까지 듣는다. 말하는 것을 듣는 것

지존 단계의 명콤비 MC 유재석·김원희와 함께. 막상 그리고 나니 별로 안 닮았다 | 고수 등급 위에 지존 등급이 있다. 이 단계의 MC는 들리지 않는 것까지 듣는다. 말하는 것을 듣는 것은 누구나 다 한다. 말하지 않은 것까지 들어야 한다. 이런 주객일체의 경지에서 감춰져 있던 진심이 나오고, 이번엔 시청자들이 공감과 위로를 받는다.

은 누구나 다 한다. 말하지 않은 것까지 들어야 한다. 즉 게스트의 마음을 들을 수 있어야 한다. 자랑하고 싶지만 자기 입으로 말하기엔 쑥스러운 부분이나 민망해서 감추고 싶어하는 속내까지 듣는다. 그러기 위해서는 귀만 사용해 들어서는 부족하다. 오감을 모두 동원해야 하고 여기에 여섯 번째 감각인 직감까지 발휘한다. 지존 등급에 속하는 MC의 말을 빌리자면 이것은 감정이입을 통해 가능하다. MC의 입장에서 듣는 것이 아니라 게스트의 입장이 되어 듣는다. 이런 주객일체主客一體의 경지에서 감춰져 있던 진심이 나오고, 이번엔 시청자들이 공감과 위로를 받는다. 지존 등급의 MC는 시청자를 대접한다.

PD도 마찬가지다. 유능한 PD는 시청자들의 마음의 소리를 듣는다. 시청자는 말한다. '나를 존중해줘' '내가 대접받는 프로그램을 만들어줘.' 소통을 이야기할수록 경청의 가치가 빛나 보이는 요즘이다.

탁월한 PD, 김영희 김태호

천재에 관한 영화는 재미있다. 주인공의 초능력에 가까운 재능에 감탄하면서 천재가 아닌 관객은 대리만족을 느낀다. 천재 수학자 이야기를 다룬 〈뷰티풀 마인드a beautiful mind〉, MIT 천재들의 라스베이거스 정복기를 그린 〈21〉, 기발한 두뇌로 세상을 갖고 노는 명랑 사기꾼의 이야기 〈캐치 미 이프 유 캔catch me if you can〉 등은 더구나 실화를 바탕으로 했기에 더욱 흥미롭다.

그런 천재까지는 아니더라도 보통을 뛰어넘는 탁월한 재능을 가진 동료가 영화가 아닌 실제 주위에 있다는 것은 흥분되는 일이다. 내가 항상 감탄하는 PD가 둘 있다. 선배로는 〈나는 가수다〉를 만든 김영희 PD, 후배로는 〈무한도전〉의 김태호 PD다. 김영희 PD는 〈이경규가 간다〉 〈느낌표〉를 만든 우리나라 대표 프로듀서다. 그의 프로그램의 최대 강점은 '새로움'과 '감동'이다. 〈나는 가수다〉의

뚜껑을 딱 여는 순간 방송가 선수들은 모두 충격을 받았다. 어떻게 저렇게 새로운 것을 만들었을까 하는 놀라움 때문이었다.

당시 나는 〈나가수〉 이전 프로그램이었던 〈오늘을 즐겨라〉를 말아먹고 난 뒤였기에 자존심에 큰 상처를 입고 있었다. 은근 〈나가수〉도 같이 망하길 바라며 한동안 일부러 TV도 보지 않았다. 하지만 '나가수 열풍'이 대세로 자리 잡으면서 도저히 피해다닐 수만은 없었기에 결국 큰맘 먹고 IPTV로 〈나가수〉를 시청했다. 닭살이 돋으며 온몸에 전율이 느껴졌다. 천하의 김건모가 마이크를 잡고 덜덜 떨며 노래하는 모습에서는 100퍼센트 진정성이 느껴지면서 나도 모르게 눈물이 나왔다. 그렇게 한없이 감탄하면서 한편으로는 부끄러움을 느끼면서 〈나가수〉를 만났다.

언젠가 선배에게 '새로움'을 어떻게 만드느냐고 물어본 적이 있다. 김영희 PD는 "남이 한 것은 죽어도 안 한다는 원칙을 지킬 뿐"이라고 했다. 세상에 남이 안 한 게 아직 남아 있을까 싶은데 아직 많이 남아 있단다. 그리고 그걸 기어코 찾아내서 올인한다고 한다. 김영희 PD도 많은 실패를 했다. 쫄딱 망한 프로그램도 여럿 있다. 하지만 일단 성공하면 초대박을 터뜨린다. 역시 새로움은 '모 아니면 도'인가 보다. 낯설어 망하든가 아니면 참신함으로 한 시대를 풍미하든가.

'김영희 PD표' 프로그램에서는 감동이 빠지지 않는다. 우리나라 시청자들은 감동받고 싶어한다. 재미있게 깔깔 웃고 나서 TV를 끌 때 드는 허전함을 싫어한다. 매사에 진지하고 의미를 추구하는 문화 때문이라 생각된다. 김 PD는 이런 시청자들의 심리를 일찌감치 간파하고 예능에 적용하면서 자신만의 '감동' 브랜드를 만들었다. 그리고 십여 년이 지난 지금까지 이 코드는 여전히 유효하다.

2005년의 일이다. 당시는 김영희 PD가 국장이었다. 하루는 나를 부르시더니 토요일의 절대강자 〈스펀지〉를 이기라는 특명을 내렸다. 그래서 고심 끝에 내민 카드가 〈무한도전〉이었다. 당시는 단독 프로그램이 아니라 〈토요일〉이라는 와이드 버라이어티의 한 코너였다. 유재석·노홍철·정형돈 원년 멤버를 데리고 황소와 줄다리기, 전철과 100미터 달리기, 목욕탕 물 퍼내기, 연탄재 나르기 등 말 그대로 무모한 도전을 하는 것이 콘셉트였다.

박명수는 초반에 투입했다가 선배 프로듀서가 계속 반대하는 통에 결국 중간에 하차시켰다. 아직도 박명수는 날 볼 때마다 "그때 왜 잘랐어?" 하며 장난을 친다. 박명수는 〈무도〉에서 잘린 바로 다음 주 경쟁 프로그램인 〈스펀지〉에 출연하여 나름대로 소심한 복수를 했다. 딱 박명수다운 행동이다(오해마시길. 그의 개그 코드를 원래부터 좋아하기에 박명수는 여전히 나와 친하게 지낸다).

우여곡절 끝에 6개월간 지속된 〈무한도전〉은 좋은 호응을 얻었지만 〈토요일〉 전체 평균 시청률은 한 자릿수에 머물렀다. 결국 프로그램 존폐를 논의하기에 이르렀다.

그러다가 가을 개편을 맞아 나는 〈일요일 일요일 밤에〉로 옮겼고 〈무한도전〉은 단독 프로그램으로 스핀오프spin-off되어 김태호 PD가 맡게 됐다. 〈무도〉를 떠났지만 애착이 가는 프로그램이었으므로 그 후에도 유심히 모니터했다. 처음에는 김 PD 역시 저조한 시청률과 시행착오로 고생했다. 하지만 일 년이 지난 후 〈무한도전〉은 명품 예능으로 이전과는 체급이 달라져 있었다.

〈무한도전〉의 성공요인에는 여러 가지가 있겠지만 새로운 '시스템'을 만든 점을 높이 사고 싶다. 이전까지만 해도 버라이어티 야외물은 카메라 두 대로 찍었다. 한 대는 전체 그림풀샷을 잡고 또 한 대는 말하는 연기자를 따라서 촬영했다.

하지만 김 PD는 새로운 촬영 시스템을 만들었다. 연기자마다 한 대씩 전담 카메라를 붙였다. 그러다 보니 많게는 열 대의 카메라까지 동원하게 됐다. 본사 카메라팀에서 난색을 표하자 거친 반대와 비난에도 불구하고 외부 카메라팀을 데려다 촬영을 강행했다(결국 나중에 제작비 과다 지출로 인사위원회까지 회부됐다고 한다). 1인당 카메라 한 대씩이니 출연자의 말이나 표정 하나하나까지 놓칠 리가 없었다. 자연스럽게 인물들의 캐릭터가 살아났고 이것이 〈무한도전〉 최고의 동력이 됐다. 야외 버라이어티에서 연기자 당 카메라 한 대는 이제 당연한 상식이 되었다. 이런 상식의 시작에는 김태호 PD가 있었다. 탁월한 사람은 기존의 것을 개선시키기보다는 아예 새로운 판을 짠다.

대한민국 예능의 역사는 〈무한도전〉 이전과 이후로 나뉜다. 젊은 세대에게 있어 〈무한도전〉은 그들과 함께 자라온 시대적 아이콘이 됐다. 때문에 김태호 PD가 그들에게 갖는 영향력은 대단하다. 그가 트위터에 올린 글 하나하나까지 기사화된다. 이번에 새로 시작하는 토크쇼의 게스트로 섭외하려고 김태호 PD를 만났다(그 정도로 이미 그는 충분한 흥행성이 있다). 이런저런 이유로 출연을 고사하면서 이제 아저씨, 아주머니들도 자기를 알아봐서 생활이 불편할 정도라고 한다. 그는 우리나라 방송 역사상 가장 영향력 있는 PD로 남게 됐다.

선후배 PD의 탁월함을 보노라면 부럽기도 하고 평범함에 머무는 내 자신이 초라해 보이기도 하지만, 한편으론 천재에 관한 영화를 볼 때와 같은 즐거움이 있다. 이번에는 또 어떤 기발함과 새로움을 보여줄지 설레기도 하고, 또 어깨 너머로 그들의 노하우를 배울 수 있으니 일거양득이다. 무엇보다 그런 탁월한 선후배들과 같은 일터에서 함께 일한다는 게 고맙다.

연예인 좀 안 봤으면 좋겠다

"연예인 많이 봐서 좋겠다."

방송국 PD라고 밝히면 대부분 첫 번째로 나오는 반응이다. 불행히도 현실은 반대다. '연예인 좀 안 봤으면 좋겠다'고 느낄 때가 자주 있다. 매일매일 그들을 상대로 씨름하다 보니 언제부터인가 연예인들은 스트레스를 주는 원인인 스트레서stressor가 돼버린다.

섭외 한번 하려면 간이며 쓸개며 모든 걸 다 내놓아야 한다. 그 정도는 괜찮다. 프로그램을 위해서라면 그까짓 거 못하겠는가. 몇 시간 녹화에 PD 월급 몇 배가 넘는 출연료를 요구하기도 한다. 그것도 뭐 A급이니까 그러려니 하며 넘어갈 수 있다. 하지만 영화배우 황정민의 유명한 수상소감대로 "잘 차려진 밥상에 숟가락 하나 얹을 뿐"인데 그것 하나 맛있게 먹지도 못하고 깨작깨작 상만 어지럽히다가 시간되어 휭 떠나는 연예인들을 겪노라면 그들은 PD에게 확실한 스트레서임이 틀림없다.

방송가에서는 사람을 두 종족으로 구분한다. 연예인과 일반인이다. 일반인에 속하는 PD는 연예인과는 종족이 다르다. 그래서 그런지 20년 가까이 방송 일을 한 나도 낯설고 이해할 수 없는 연예인들의 생리가 아직도 수두룩하다. 무엇보다 연예인들의 자존심에 대한 집착에 두 손, 두 발을 들 때가 있다.

연말마다 한 해를 정리하는 각종 시상식이 열린다. 이런 시상식에는 수상 후보들을 위해 테이블과 의자를 준비하는데 생방송 직전까지 연기자들은 자리에 앉지 않으려 한다. 자리에 늦게 앉을수록 모양새가 산다고 생각하는 거다. 방송은 이미 타이틀도 지났고 CM이 나가고 있는데도 자리에 나타나지 않으니 PD의 애간장만 탈 뿐이다. 일부러 늦게 도착하는 연기자는 그렇다 쳐도 일찍 도착해서도 밴에 탄 채 방송국 주위를 돌고 있는 배우도 있다. 그러면서 스튜디오에 미리 와 있는 매니저에게 전화를 걸어 누가 도착했는지, 자리에 앉았는지를 파악한 후 마치 스케줄에 쫓겨 늦은 양 허겁지겁 들어오기도 한다.

좀 나간다는 가수는 또 쇼 프로그램의 마지막 순서에 목숨을 건다. '조용필이 언제 중간에 나오는 거 봤냐'며 무조건 피날레 무대에 서겠다는 거다. 마지막 순서를 안 주면 출연이 힘들다는 협박도 빼놓지 않는다. 봄가을 개편 때마다 하는 출연료 협상에서도 마찬가지다. 액수와 상관없이 특정 연예인을 콕 집어서 자기는 그보

영화 〈가문의 수난〉 팀과 함께. 〈놀러와〉 대기실에서 | 연출가와 연기자가 코드가 맞을 때 훨씬 더 좋은 결과가 나온다. 이 호흡은 같은 배를 탔다는 공동운명체 의식일 수도 있고 시청률 전쟁터에서 느끼는 전우애 같은 감정이기도 하다. 아니 그보다는 연예인과 일반인이란 벽을 넘어선 믿음이다.

다 단돈 1만원이라도 더 받아야 한다고 고집하는 연예인도 있다. 출연료가 배우의 자존심이라는 논리다.

이런 까다로움을 모두 참아내면서도 굳이 그런 연예인들을 쓰는 이유는 당연히 그들의 인기 때문이다. PD의 자존심을 살리고 B급 연예인을 쓰느냐, 아니면 자존심 좀 굽히고 A급을 쓰느냐의 선택에서 대부분의 PD들은 후자를 택한다. 체면 좀 구기더라도 A급 연예인들의 비위를 맞춰주면서 프로그램을 성공시키는 게 진정하게 자존심을 살리는 일이라 생각하는 거다.

거꾸로 PD에 대해 느끼는 연예인들의 애증 감정도 마찬가지인 모양이다. 연예인들이 하는 우스갯소리로 PD에는 네 가지 부류가 있다고 한다. 첫째 일도 잘하고 성격도 좋은 PD, 둘째 일은 잘하지만 성격은 못된 PD, 셋째 일은 못하지만 성격은 좋은 PD, 넷째 일도 못하고 성격도 못된 PD다. 첫째 유형이 연예인들에게 가장 선호되는 것은 당연한데 가장 싫어하는 부류가 의외다. 셋째 유형인 일은 못하지만 성격 좋은 PD라는 거다. 이유인즉 일도 못하고 성격도 못되면 욕이라도 한 바가지 퍼붓고 싸우기나 할 텐데 성격이 천사표이면 욕도 못하겠고 자기 속만 더 상한다는 거다. 결국 이 논리에 따르면 PD가 연예인의 인기를 따라가듯이 연예인에게도 PD의 실력이 무엇보다 중요하다는 거다.

PD와 연기자는 흔히 악어와 악어새 같은 공생관계에 비유되곤 한다. 이해관계가 맞을 때 만나 서로 도움을 주고받는 관계 말이다.

하지만 이게 전부가 아니다. 인기 있는 연예인과 실력파 PD가 만나면 모든 것을 다 이룬 것 같지만 사실은 그렇지 않다. 방송도 결국 사람이 하는 일이기 때문이다. 사람은 감정의 동물이다. 그래서 프로그램에 앞서 서로의 관계가 중요하다. 연출가와 연기자가 코드가 맞을 때 훨씬 더 좋은 결과가 나온다.

그러기에 노련한 PD와 연기자는 프로그램에 들어가기에 앞서 서로 친해지려고 무던히 애쓴다. 그러면서 최고의 호흡을 만들어낸다. 이 호흡은 같은 배를 탔다는 공동운명체 의식일 수도 있고 시청률 전쟁터에서 느끼는 전우애 같은 감정이기도 하다. 아니 그보다는 연예인과 일반인이란 벽을 넘어선 믿음이다. 이제 눈빛만 봐도 무얼 원하는지 서로 알 수 있다. 이심전심以心傳心, 염화미소拈華微笑의 경지다. 서로를 믿기에 이제 각자 하고 싶은 걸 하면 된다. 이러한 찰떡궁합은 프로그램의 경쟁력으로 녹여진다. 이제 치열한 경쟁 앞에 PD와 연기자의 애증관계도 사치가 돼버렸다.

사랑한다면 〈해품달〉처럼

드라마 〈해를 품은 달〉의 원작소설을 사서 읽었다. 독서력이 지극히 떨어지지만 단숨에 다 읽어버렸다. 나는 드라마를 즐겨보지 않는 편인데 맡고 있는 프로그램을 모니터하려고 기다리다가 우연히 〈해품달〉 첫 회를 시청했다. 아역 배우들의 연기에 매료됐고 지금은 수요일·목요일 밤마다 만사를 제쳐두고 본방사수하게 됐다.

그런데 모든 드라마가 그렇듯이 절체절명의 클라이맥스에서 이제 뭔가 제대로 일이 벌어질 만하면 화면이 멈추고 음악과 함께 끝나버린다. 맛뵈기로 보여주는 다음 주 예고도 애간장만 더 태울 뿐이다. 결국 다음 주까지 기다릴 수가 없어서 아예 책을 구입했다. 책장은 또 얼마나 빨리 넘어가던지 읽으면서도 안타까웠다. '벌써 이만큼 읽었네. 얼마 안 남았네. 아껴서 읽어야 하는데…….' 다음 장이 궁금하니 읽기를 멈출 수가 없고 줄어드는 페이지에 마음이

슬펐다. 진정한 먹보는 빵을 울면서 먹는다고 한다. 한 입 먹으니 너무 맛있지만 한 입만큼 줄어든 빵을 보고 슬퍼서 울고 또 한 입 먹고 작아진 빵을 보고 또 울고. 『해를 품은 달』을 읽는 내가 그런 꼴이었다.

시시할 것 같지만 결론을 다 알고 드라마를 보는 맛도 쏠쏠하다. 우선 마음이 편해진다. 누가 죽고 누가 사는지 또 어떻게 사랑이 이뤄지는지 알기에 '저러다 주인공이 잘못되면 어쩌나' 하며 마음 졸일 필요가 없다. 또한 '저 부분은 원작이 더 나은데' '저 배우 연기가 달리네' '소설에는 없는 걸 기발하게 표현하네' 하면서 혼자 비교하며 보는 재미가 있고 책을 안 읽으면 미처 알아채지 못할 복선과 행간을 읽는 재미도 있다.

〈해품달〉이 시청률 40퍼센트를 넘어서며 국민드라마 반열에 들어섰다. 성인 배우들에게 엄청난 부담감을 안겨주고 떠난 명품 아역 연기자들은 차세대 주자로 시청자들에게 눈도장을 확실히 찍었다. 주인공 이훤 역할을 맡은 김수현은 여성 시청자들을 '훤앓이'로 빠져들게 만들며 CF 몸값을 두 배 이상 끌어올렸다. 교보문고에 따르면 정은궐 작가의 원작소설도 방송 전보다 열 배 이상 팔려나가며 베스트셀러 1위 행진을 이어가고 있다. 또한 방송국 안에서는 광고시장 최고 불황기인 1월에도 CM 완판으로 효자 노릇을 톡톡히 하고 있다.

보통 사극은 역사적 사실fact에 작가적 허구fiction가 결합한 '팩션faction'의 형식으로 있었을 법한 이야기를 재현하지만 〈해품달〉은 처음부터 100퍼센트 픽션이다. 역사에는 없는 '이훤'이란 가상의 왕을 설정하고 사랑이야기를 풀어간다. 역사적 배경이나 인물에 얽매이지 않다 보니 전개도 자유롭고 말랑말랑해질 수 있다. 여기에 만화 같은 판타지와 보는 눈을 훈훈하게 해주는 '꽃도령'들의 비주얼을 버무린다. 그러다 보니 사극엔 관심 없던 여성 시청자와 10대 청소년까지 TV 앞으로 불러 모으는 데 성공했다.

이제 정통 사극보다는 〈해품달〉 유의 '로맨스 사극'이 대세가 됐다. 특히 〈해품달〉이 시청자들의 절대 지지를 받는 것은 '역경 극복의 사랑이야기'이기 때문이다. 이훤과 연우한가인가 사랑 좀 하겠다는데 왜 이리 훼방꾼들이 많은지. 상상 가능한 방해장치가 총동원된 듯하다.

왕실의 권력싸움에 연우는 죽음의 문턱에서 겨우 살아나지만 기억상실증에 걸린다. 같은 편이라 믿었던 사람들은 죽거나 악의 축과 한 패가 된다. 액받이 무녀의 신분으로 왕과의 사랑도 시작부터 고생길이 훤히 내다보인다. 그나마 사랑의 떡잎이 싹트고 기억이 되살아나려는 찰나 새로운 태클이 걸린다. 연우를 둘러싼 배다른 형과의 삼각관계도 골치인데 여기에 또 호위무사까지 뛰어든다. (드라마에서는 이쪽 라인이 거의 생략됐다) 도대체 이뤄질 가능성이 없어 보인다. 사랑을 원천봉쇄해놓고 '이래도 계속 사랑할 테냐?' 으르는 모양새다.

하지만 이런 역경 종합선물세트에 굴하지 않고 하나씩 하나씩 장벽을 극복해나가는 주인공들의 사랑에 시청자들은 감동받고 전폭적 응원을 보낸다. 폭풍 앞에 불씨는 꺼져가도 다시 되살아나리란 희망을 버리지 못하게 만드는 힘. 〈해품달〉의 인기비결이다.

'쿨한 사랑'이 멋져 보이는 요즘이다. 주위에서는 사랑에 목숨 걸지 말라고 한다. 상처받기 쉽기 때문이다. 쉽게 만나고 쉽게 헤어진다. 집착하면 지질해 보이고 첫사랑에 연연하면 없어 보인다. 하지만 사랑이 쿨해질수록 〈해품달〉 같은 사랑이 그리워진다.

투명인간보다 존재감 확실한 악역이 낫다

"캐릭터를 가장 중요하게 생각한다." 올해 상반기 최고 히트작으로 꼽히는 〈최고의 사랑〉의 홍정은·홍미란 자매 작가가 밝힌 흥행 비결이다. 까칠한 톱스타이면서도 알고 보면 맹탕인 독고진차승원과 비호감 생계형 연예인이지만 의리만큼은 최고인 구애정공효진의 캐릭터는 시청자의 눈길을 단번에 사로잡았다. 홍 자매는 이들 캐릭터를 흩뜨리지 않기 위해 과격한 갈등이나 스토리 전개도 자제했다고 한다.

이처럼 출연자의 성격 만들기에 집중하는 것은 캐릭터야말로 드라마를 끌고 가는 최고의 동력이기 때문이다. 일단 캐릭터가 잡히면 에피소드를 찾아 대입만 하면 된다. 수학 공식처럼 캐릭터에 따라 극중 인물이 취할 행동과 대사가 자동으로 나온다. 단순하고 예측이 가능하기에 시청자가 보기에도 편안하다.

시트콤의 경우 캐릭터는 더욱 절대적이다. 몇 년 전 시트콤 〈그분이 오신다〉를 연출할 때는 등장인물의 캐릭터를 정리해서 사무실 벽에다 대자보처럼 크게 붙여놓고 회의를 했다. 벽보에는 등장인물의 성격을 비롯해서 신체적 약점, 노래방 18번, 좋아하는 음식, 술버릇 등 시시콜콜한 모든 것이 적혀 있다. 캐릭터를 어떻게 잡느냐에 따라 프로그램 시청률이 좌우되고 출연자들이 스타가 되느냐 마느냐가 결정된다. 예능 프로그램도 마찬가지다. 특히 프로그램 초반기에는 출연자와 연출가가 등장인물의 캐릭터 만들기에 전념한다. 캐릭터가 쉽게 잡힌 멤버는 롱런하고 그렇지 못한 출연자는 고전을 면치 못한다. 〈1박2일〉에서도 이승기는 '허당'으로, 은지원은 '은초딩'으로, 이수근은 '몸개그'로 일찌감치 캐릭터를 굳히면서 편안히 인기 가도를 달렸다.

현재 대한민국에서 최고의 사랑을 받는 캐릭터는 '솔직함'이다. 솔직하면 모든 게 용서된다. 주인공은 물론이고 악역이라도 상관없다. 자신의 감정에 솔직하고 당당한 캐릭터가 인기를 끈다. 박명수가 녹화 중간 버럭 소리를 질러도, 김구라가 독설을 퍼부어도 솔직하기에 대중은 열광한다. 과거에 엄청난 나쁜 짓을 했더라도 솔직하게 잘못을 고백하면 호감형 연예인으로 곧바로 등극한다.

거꾸로 최고의 비호감 캐릭터는 '하는 척'하는 연기자다. 실제로는 안 그러면서 있는 척, 아는 척, 잘난 척하는 순간 네티즌의 눈밖에 난다. 요즘의 영악한 시청자들은 연기자들의 진심을 한순간에 꿰뚫어보는 매의 눈을 갖고 있다. 마음에도 없이 착한 척, 불쌍한 척, 청순한 척하다가는 그날로 공공의 적이 되고 여기에 거짓말이라도 하나 탄로 난다면 연예인 생명은 일단 끝났다고 봐야 한다.

캐릭터에 대한 이러한 선호는 오늘날 우리의 사회상을 반영한다. '솔직함'에 대한 찬양은 뒤에서 호박씨 까는 기성세대에 대한 반발이고, 한편으론 우리 사회의 희망을 엿볼 수 있는 단초이기도 하다.

캐릭터는 연예계뿐만 아니라 실생활에서도 유효하다. 직장 내에서도 자신의 캐릭터를 만들면 여러 모로 편해진다. 드라마의 초반에 모든 캐릭터가 잡히듯이 첫인상이 중요하다. 처음부터 술 못 마시는 걸로 자신의 캐릭터를 잡으면 두고두고 회식자리에서 편하다. 애초에 짠돌이로 자리매김하는 것도 실용적이다. 그러다가 어쩌다 한번 큰맘 먹고 쏘면 항상 지갑을 활짝 열었던 동료보다 더 큰 환호를 받는다.

캐릭터는 회사 내에서 자신의 존재감과도 직결되어 있다. 좋든 싫든 경쟁에서 살아남기 위해 존재감이 필요한 요즘이다. 승진이나 감원이 있을 때 상사들은 직장 내 존재감이 큰 구성원에 더욱 신경을 쓴다고 한다. 존재감이 큰 만큼 사내 여론을 이끌 수 있기 때문이다. 캐릭터가 있으면 직장 내에서 끝없이 이야깃거리가 되고 주위의 관심을 끌 수 있다. 그만큼 자신의 존재감을 주위에 각인시키는 셈이다. 호감형 캐릭터면 좋겠지만 비호감이라도 아예 특징이 없는 투명인간형보다 나을 수 있다.

MBC의 예능국에는 60여 명의 PD가 있다. 사석에서 자주 화제가 되는 게 선후배 PD의 캐릭터에 대한 사자성어 말놀이다. 서로의 캐릭터를 반대로 꼬아서 얘기한다. 항상 말이 많은 수다쟁이 안 PD는 '과묵하다 안○○'로, 언제나 잘난 척하는 후배 최 PD는 '겸손하다 최○○'로, 게으르기로는 세계챔피언인 유 PD는 '워커홀릭 유○○'로, 한때 게이로 의심받던 이 선배는 '남자답다 이○○'로 불린다. 박수와 폭소를 동반하는 이러한 촌철살인의 캐릭터 놀이는 그 사람을 떠올리며 무한한 에피소드를 만든다. 물론 당사자가 기분 나빠하지 않는다는 전제조건이 있다. 내 사자성어 캐릭터는? '귀티 난다 권석'이다. 내 패션감각은 독자들의 상상에 맡긴다.

TV 안 보는 PD, 안 웃는 개그맨

프랑스 소설가 베르나르 베르베르의 소설 『웃음』은 당대 최고의 코미디언이 분장실에서 돌연사하는 장면으로 시작한다. 수사는 미궁에 빠지고 단서는 죽기 전에 혼자 크게 웃었다는 증언뿐이다. 그런데 소설의 주인공인 잡지사 여기자는 타살을 의심한다. 그녀는 이렇게 추리한다. "제조업자들은 자기들이 만든 상품을 소비하지 않는다. 상품에 무엇이 들어 있는지 알기 때문이다. 빅토르 위고는 다른 소설가들의 작품을 읽지 않는 이유로 '젖소는 우유를 마시지 않는다'고 말했다. 코미디언들 역시 개그가 얼마나 작위적인지 알고 있다. 그래서 코미디언들은 혼자 있을 때 크게 웃지 않는다."

맞는 얘기다. 실제로 카메라 앞에선 데굴데굴 구르며 깨방정 떨다가도 스튜디오에서 나오는 순간 진중해지며 전혀 딴사람이 되는 개그맨을 흔히 본다. 네다섯 시간의 녹화 내내 쉴 새 없이 수다를 떨려니 얼마나 피곤하겠는가. 일하지 않을 때만이라도 입을 좀 쉬고 싶은 게 당연해 보인다. 평소에는 사람을 피하고 말수가 줄어드는 증상, 코미디언의 직업병이다.

PD로서 내 직업병은 TV 보기를 싫어하는 증세다. 퇴근해서 집에 가도 괜히 딴청을 부리면서 TV와 독대하는 시간을 미룬다. 하루 종일 프로그램에 대해 노심초사했으면 충분하지 않은가. 집에 와서까지 TV를 봐야 하는 게 영 내키지 않는다. 하지만 TV로부터 도망친다고 해결되지는 않는다. 오히려 채무감만 쌓이며 불안해진다. 다음날 회의시간에 한 마디라도 얹으려면 새로 시작하는 드라마의 출연진은 누구인지, 이야기를 어떻게 풀었는지, 경쟁 프로그램 게스트는 누구인지 대충이라도 봐둬야 한다. 연예가 돌아가는 소식에 뒤처지면 감 떨어져 보이고, 이는 PD에겐 치명적이다.

그렇다면 차라리 정면 돌파를 하는 게 낫다. 큰맘 먹고 밀린 숙제를 하겠노라고 TV를 켜지만 또 다른 직업병이 시작된다. 프로그램을 맘 편히 즐기지 못하고 분석하는 증세다. 미장센을 따지고 콘티를 평가하고 연출가의 내공을 가늠한다. 한 손에 든 리모컨으로 이 채널, 저 채널 재핑zapping하고 또 한 손에는 스마트폰을 쥐고 처음 보는 연기자를 계속 검색한다. 여기서 더 나아가면 노트북을 켜서 실시간 시청률 그래프를 확인해야 직성이 풀리기도 한다. 그러다 보니 가족은 나와 같이 TV 보는 것을 불편해한다. 결국 나는 안

방에서 혼자 보고 가족은 거실에서 따로 시청한다.

친한 매니저에게 특별한 직업병이 있느냐고 물었다. 대부분의 매니저들이 '휴대폰 분리불안증'이 있다고 한다. 휴대폰과 잠시라도 떨어져 있으면 초조해지는 증상이다. 딱히 연락 올 데도 없는데 언제나 휴대폰을 손에 쥐고 있어야 안심이 된단다. 그 매니저는 아무리 시끄러워도 잠을 깨는 법이 없는데 휴대폰 벨소리에는 벌떡 일어난다고 한다. 아직 신혼인 그의 아내는 옆에서 자고 있는 그를 깨울 때 전화를 건다. 그러면서 휴대폰을 쥐고 있는 시간의 10분의 1만큼만 자기 손을 잡아달라며 울먹이더란다.

이 정도는 애교다. 얼마 전 코미디언 이경규는 공황장애를 앓고 있다고 고백했다. 특별한 이유도 없이 심장이 터지도록 빨리 뛰고 가슴이 답답하고 숨이 차며 땀이 나는 등 극도의 불안 증상을 일으키는 병이다. 이경규는 "정말 죽을 것 같다는 생각이 들기도 했다. 언젠가는 '내가 살아 있나?'라는 생각에 스스로 꼬집어보기도 한다"고 털어놓았다. YG엔터테인먼트의 양현석 대표는 한 토크쇼에서 빅뱅 지드래곤의 대마초 사건과 대성의 교통사고 사건으로 인해 공황장애를 겪었다고 고백했다. 김장훈, 김하늘, 차태현도 앓았다는 공황장애는 이제 우울증과 함께 대표적인 연예인 직업병이 됐다.

대중의 인기로 먹고사는 연예인이다 보니 인기가 있으면 있는 대로 없으면 없는 대로 언제나 불안하고 초조해지는 걸 피할 수 없나 보다. 당사자에게는 고역이겠지만 주위에 감동을 주는 직업병도 있다. 얼마 전 〈승승장구〉에서 발레리나 강수진이 출연해 자신의 발 사진을 보여줬다. 하루에 19시간씩 연습에 매달렸다는 그녀의 발은 대나무 뿌리처럼 비틀어져 있고 기형적으로 튀어나와 있다. 발레리나의 직업병으로 생긴 못생긴 발이지만 보는 이에게는 큰 울림을 주는 발이다. 마흔다섯 살 나이에도 세계 최고 무용단에서 현역으로 일할 수 있는 원동력이 되는 발이다. 그녀 남편 말대로 '피카소의 작품'처럼 빛을 발하는 발이다.

그러고 보면 직업병은 그만큼 자신의 직업에 충실하다는 증거이기도 하다. 결국 건강에 해롭지 않다면, '피할 수 없으면 즐겨라'가 직업병의 좋은 처방전일 수 있다.

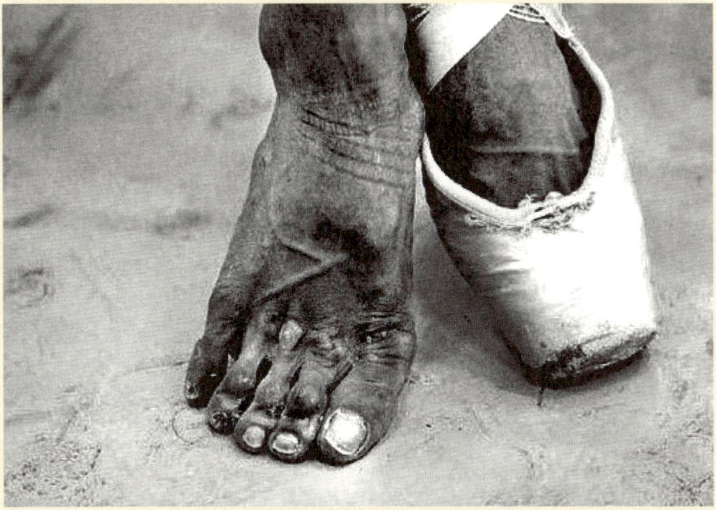

피카소의 작품이라 불릴 만한 발레리나 강수진의 발 | 빅토르 위고는 다른 소설가들의 작품을 읽지 않는 이유로 '젖소는 우유를 마시지 않는다'고 말했다. PD로서 내 직업병은 TV 보기를 싫어하는 증세다. 직업병은 그만큼 자신의 직업에 충실하다는 증거이기도 하다. 결국 건강에 해롭지 않다면, '피할 수 없으면 즐겨라'가 직업병의 좋은 처방전일 수 있다.

PD들의 설 특집 대전

설 연휴가 다가오면 방송가는 바빠진다. 설 특집을 준비하기 때문이다. 올해도 나흘 연휴를 각종 특집으로 채우며 '설 연휴 대전大戰'을 준비한다. 방송국의 작전사령부라 할 수 있는 편성부도 전략 짜기에 바쁘다. 편성표는 절대보안을 유지하는 한편 상대 방송사 편성을 알아내기 위해 치열한 첩보전을 벌인다.

대박이 기대되는 프로그램은 프라임타임에 심어 승부수를 던진다. 명절 최고의 프라임타임은 휴일의 길이에 따라 바뀐다. 보통 명절 전날은 시청률이 안 나온다. 시청자들은 귀향길 막히는 고속도로 위에 있다. 명절 당일에도 시청률은 고전하게 마련. 아침에는 차례 지내고 세배하느라 바쁘고 오후부터 귀경길에 오르기 때문에 TV 볼 새가 없다. 결국 연휴 마지막 날 저녁이 시청률 최고의 시간대가 된다. 고향에서 돌아온 후 헛헛한 마음을 달래려 리모컨을 들고 내일 출근 걱정을 잊으려 TV에 매달린다.

설 연휴 프로그램들은 몇 가지 카테고리로 나뉜다. 우선 방송국에서 가장 공을 들이는 특집이 파일럿pilot 프로그램이다. 정규 편성하기 전에 시청자들의 반응을 미리 떠보기 위해서 시험 삼아 만드는 프로그램이다. 낡고 타성에 젖은 기존 프로그램을 갈아치우기 위한 젊은 PD들의 번뜩이는 아이디어 경연장이기에 흥미진진하다. 이로써 다음 학기 방송국들의 농사를 예측할 수도 있다.

정규 프로그램을 특집으로 변형 가공한 스핀오프spin-off 프로그램들도 있다. 이번 설에 선보이는 〈여자 판 정글의 법칙〉이 그렇다. 〈정글의 법칙〉은 김병만을 비롯한 연예인들을 아프리카 오지에 떨어뜨려놓고 맨손으로 살아남는 처절한 과정을 있는 그대로 카메라에 담으며 리얼리티의 끝을 보여줬다. 방송선수들 모두가 한번쯤 생각은 해봤지만 아무도 감히 실행에 옮기지 못했던 아이템이었는데 결국 용감한 누군가가 일을 저질렀다. 시청자들은 편안한 소파에 앉아서 출연자들과 제작진의 목숨을 건 생고생을 보며 상대적 행복감을 느낀다.

이번에는 여자 연예인들이 필리핀 정글에 도전한다. 야생에서 원시인처럼 살아갈 여자 연예인의 모습은 남자보다 더 묘한 기대감을 갖게 한다. 노총각, 노처녀들의 리얼한 짝짓기로 인기를 끌고 있는 〈짝〉도 출연자들을 연예인으로 바꿔 〈짝, 연예인 애정촌〉을 선보인다. 〈나는 가수다〉를 트로트 버전으로 변형시킨 〈나는 트로트가수다〉도 방송된다. 모두 원조 프로그램의 성공을 등에 업고 만드는 스페셜 판이다.

세 번째 부류로 명절마다 제작되는 고정 특집들이 있다. 이들을 통해 현재의 트렌드를 읽을 수 있다. 올해로 다섯 번째를 맞는 〈동안童顔선발대회〉가 있다. 60대임에도 얼굴은 20대로 보이는 출연자들은 시청자를 경악하게 만든다. 확실한 볼거리와 동안이 되는 정보로 〈동안선발대회〉는 명절 때마다 효자노릇을 톡톡히 해왔다. 요즘 여성들이 예쁜 얼굴과 섹시한 몸매보다 동안에 더 집착하는 트렌드를 제대로 읽은 게 주효했다.

요즘 명절 특집마다 독보적으로 시청률 1위를 차지하는 프로그램은 〈아이돌 육상선수권대회〉이다. 대한민국의 모든 아이돌이 나와 육상경기를 벌인다. 이번에도 150여 명의 아이돌이 대거 출동한다. 겨울인 만큼 실내에서 50미터 달리기, 50미터 허들, 높이뛰기, 이어달리기를 한다. 지난해부터는 수영 종목도 추가했다.

〈아이돌 육상선수권대회〉의 흥행 배경에는 '제대로' 정신이 있다. 얼마 전까지만 해도 예능에서 스포츠를 할 때는 룰을 한두 번 비틀어서 진행하는 게 정석이었다. 100미터 달리기를 할 때는 30분간 무릎 꿇고 앉아 있다가 출발시킨다. 다리가 저려 제풀에 넘어지면서 달려가는 모습이 가관이다. 또는 국가대표 선수는 경보로, 연예인은 달리기로 경주를 벌인다. 개와 사람의 개헤엄 시합도 한다. 웃기려고 하는 짓이다.

그런데 웃기려 하다 보니 시청자들이 웃지 않는다. 자연스럽지 않고 억지스럽기 때문이다. 결국 뻘쭘해져서 다시 처음으로 돌아왔다. 웃음기 싹 빼고 원래 규칙대로 제대로 붙어보는 거다. 경기장도 국제 규격에 맞추고 국제 심판이 나와 국제 규정대로 진행한다. 반칙은 인기에 상관없이 가차 없이 탈락이다. 그러다 보니 진정성이 살아났다. 아이돌이 자존심을 걸고 이를 악물면서 뛴다. 아이돌의 땀과 환호에 올림픽 결승전만큼이나 흥미진진해졌다. 기본으로 돌아간 '제대로' 정신이 통한 것이다.

이번 연휴에는 또 어떤 프로그램이 화제가 될까? 다른 방송쟁이들은 무엇을 올해의 흥행 코드로 잡았을까? 재방송과 영화로 넘쳐나는 설 프로그램들 속에서도 숨겨진 보석을 찾아내는 재미를 독자 여러분도 느껴보시길.

〈해품달〉을 피하는 법

새해와 함께 시작됐던 MBC 드라마 〈해를 품은 달〉이 막을 내렸다. 지난 10주간 경쟁 방송사들은 〈해품달〉이 끝나기만을 학수고대했다. 시청률 40퍼센트를 돌파하며 국민드라마로 등극한 이상 어떤 드라마로도 〈해품달〉의 기세를 꺾을 수 없으니 그동안은 '액받이' 프로그램이 되어 소나기가 지나가기만을 기다린 셈이다.

원래 D데이는 지난주 수요일이었다. 〈해품달〉도 끝나겠다, 타 방송사들은 새로운 출발선에서 그동안 절치부심하며 준비한 카드로 수목극의 새 왕좌를 놓고 한판승부를 겨루려고 별러왔던 날이다. 그런데 전혀 예상치 못했던 상황이 펼쳐졌다. 파업 여파로 〈해품달〉이 일주일 결방되면서 마지막 방송도 한 주 미뤄졌다.

MBC보다 상대사들이 더 패닉에 빠졌다. 미니시리즈의 경우 초반 기선제압이 무엇보다 중요한데 〈해품달〉 마지막 주와 새 드라마 첫 주가 맞붙게 됐다. 서로 눈치작전을 벌이더니 결국 새 드라마 방영을 한 주씩 미루고 부랴부랴 스페셜 편성을 했다. KBS는 〈성균관 스캔들〉 요약 방송, SBS는 〈샐러리맨 초한지〉 요약 방송으로 한 주를 '땜빵'했다. 새 드라마는 새 드라마로 맞대응한다는 '정면 대결 편성power programming' 전략에 따른 고육지책이었다. 덕분에 〈해품달〉은 최종회까지 시청률을 싹쓸이하며 효자노릇을 톡톡히 했다.

방송국에서 편성국은 작전사령부와 같다. 암실에 자발적인 관객을 가둬놓고 보여주는 영화와는 달리 TV는 시청자의 눈길을 사로잡기 위해 산만한 일상생활과 치열한 전쟁을 벌여야 하는 매체이다. 이 전쟁에서 이기기 위해 작전을 짜는 것이 편성이다. 편성국이 정보를 모아 전략을 세우면 그에 따라 제작국은 전술을 짜고 프로그램을 만든다. 매체가 늘어나고 경쟁이 치열해지면서 편성의 전략이 더욱 중요해졌다.

예능의 최전선은 일요일 저녁시간대다. 이 황금시간대를 차지하기 위해 각 방송사 예능국은 자존심을 걸고 올인한다. 그러다 보니 경쟁 프로그램보다 다만 1분이라도 더 일찍 방송을 시작하려 한다. 상대 채널에서 광고를 내보낼 때 먼저 프로그램을 시작하면 손님을 더 모을 수 있다는 계산이다. 끝나는 시간은 정해져 있는데 서로 일찍 시작하려다 보니 방송시간이 점점 길어진다.

언젠가 방송사 예능국장들이 만나 서로 출혈 경쟁하지 말고 편성시간을 지키자고 신사협정을 맺었지만 몇 주 안 가 공염불이 되고 말았다. 5분씩, 10분씩 서로 먼저 들어가기 경쟁을 벌이더니 결국 180분짜리 대형물이 돼버렸다. 그 옛날 영화관에서 영화 중간에 공식적인 쉬는 시간인터미션이 있던 〈닥터지바고〉나 〈바람과 함께 사라지다〉에 맞먹는 러닝타임이다. 대형 프로그램을 만들어 경쟁사보다 일찍 시작함으로써 시청자를 장악한다는 '블록버스터 편성blockbuster programming' 전략이다.

요즘 예능 부문 시청률 1위는 단연 〈개그콘서트〉(일요일 밤 9시)이다. 〈개콘〉의 대박비결에는 프로그램 자체의 경쟁력도 있겠지만 편성의 도움도 크다. 대진운이 좋은 거다. 상대 채널들에서는 서로 드라마끼리 맞대결을 벌일 때 KBS는 코미디를 단독 편성해 다음날 출근과 등교를 걱정하는 시청자를 불러 모으는 데 성공했다. 전혀 다른 장르를 심어 차별화로 고객을 끈다는 '대응 편성counter programming' 전략이다.

다매체 다채널 시대에 더욱 복잡할 것 같은 편성이지만 기본은 간단하다. 시청자에 대한 이해다. 시청자의 시청 행태를 잘 살펴서 그에 맞는 작전을 세우면 된다.

한때 MBC 아침드라마는 아침 9시대에 방송됐다. 경쟁 프로그램은 KBS의 〈TV소설〉. 주 시청자는 주부들이다. 아이들 학교 보내고 남편 직장 보내고 이제 겨우 자기만의 여유를 찾는 시각이 바로 아침 9시다. 그런데 시청률은 KBS에 고전하고 있었다. KBS는 전통적으로 채널에 대한 충성도가 강한 시청자가 많다. 그래서 아무리 콘텐츠로 애를 써도 시청률의 변화가 없었다.

결국 편성국은 모험을 감행했다. 아침 7시 50분으로 방송시간을 확 당긴 것이다. 물론 철저한 사전조사가 있었다. 이른 시각임에도 꼭 시청하겠다는 응답자가 많았다. 조사결과를 믿고 드라마국의 반대를 무릅쓰고 시간 이동을 강행했다. 결과는? 대성공이었다! 시청률이 두 배 이상 뛰었다. 주부들은 아침 식사 준비를 하면서도 드라마를 볼 수 있는 멀티태스킹이 가능한 시청자들이었다. 아직까지도 아침드라마는 MBC가 강세다. 전통적 아침드라마 시간인 9시대 KBS보다 시청률이 높다. 시청자에 대한 이해와 적절한 전술로 얻은 편성의 쾌거다.

결국 시청자를 얼마나 아느냐에 편성의 성패가 달려 있다. 그렇다면 시청자를 아는 비결이 따로 없을까? 『나의 문화유산답사기』의 저자 유홍준 교수는 이와 비슷한 고민에 대한 모범답안을 조선 정조 때 문장가 유한준의 글에서 찾았다. "사랑하면 알게 되고 알면 보이나니 그때 보이는 것은 전과 같지 않으리라." 결국 시청자를 사랑해야 한다. 그러면 시청자를 알게 되고 새로운 것이 보이겠지. 언제나 시청자가 정답이다.

여배우 캐스팅은 연애하듯이

〈놀러와〉 녹화를 위해 〈하이킥 3, 짧은 다리의 역습〉의 출연자들을 스튜디오에 모았다. 9월부터 방송을 시작한 이 시트콤은 〈순풍산부인과〉 〈웬만해선 그들을 막을 수 없다〉 〈거침없이 하이킥〉을 연출한 김병욱 PD의 새 작품이다. 손대는 프로그램마다 대박을 치는 미다스의 손을 가진 김 PD이기에 이번에는 어떤 연기자들을 골랐을까 내심 궁금했다.

시트콤이라는 장르는 그동안 스타의 산실 역할을 해왔다. 송혜교, 한예슬, 현빈, 조인성, 소지섭 등 모두 시트콤을 통해 이름을 알린 연기자들이다. 그러기에 새 시트콤이 시작된다고 일단 소문이 나면 대한민국의 모든 신인 연기자들이 되든 안 되든 일단 오디션을 보러 모인다.

김병욱 PD에게 들은 바로는 이번 작품 캐스팅을 위해 신인 연기자만 500명을 만났다고 한다. 또한 주변의 방송 관련 고위 인사들의 캐스팅 청탁에 시달리다가 결국 따로 날을 잡아 부탁받은 연기자들을 모아 오디션을 봤는데 그 수가 200명을 넘었단다.

나도 〈그분이 오신다〉라는 시트콤을 연출할 때 오디션만 두 주 넘게 보느라 시작하기도 전에 진이 빠졌던 기억이 있다. 보통 오디션을 볼 때는 기존 드라마나 시트콤의 대본을 던져주고 한 대목을 지정해서 읽어보라고 한다. 그리고 주로 배우의 목소리, 눈빛 그리고 분위기를 본다. 하지만 몇 분 안 되는 짧은 시간 안에 옥석을 가려야 하기 때문에 자신을 강하게 어필할 수 있는 웬만한 한 방이 없는 연기자는 연출자의 눈에 띄기 힘들다.

그래서인지 캐스팅은 오히려 오디션장이 아닌 엉뚱한 곳에서 벌어지기도 한다. 〈거침없이 하이킥〉에서 '꽈당 민정'으로 인기를 얻은 서민정의 경우, 캐스팅을 위해 김병욱 PD를 음식점에서 만났는데 그 앞에서 꾸벅꾸벅 졸았다고 한다. 보통 잔뜩 긴장하고 마음을 졸일 자리에서 머리가 이리저리 꺾이며 태평스레 졸고 있는 그녀의 모습이 어이가 없고 놀라워서 김 PD는 즉석에서 출연을 확정지었다고 한다.

이번에 캐스팅된 가수 고영욱은 언젠가 인터뷰에서 "김병욱 감독의 작품에 출연할 수만 있다면 개똥 치우는 역할도 할 수 있다"고 말했고 그게 인연이 되어 출연하게 됐다고 녹화장에서 털어놓았다. 이 이야기를 들은 이하늘의 과한 애드리브. "나는 김병욱 감독의 작품에 출연할 수만 있다면 개똥도 먹을 수 있다."

아무리 연출력이 뛰어나고 대본이 튼실하다 해도 결국 화면에 나오는 것은 연기자들이기에 캐스팅의 중요성은 드라마의 승패에 절대적이다. 잘된 캐스팅은 시청자가 극에 흠뻑 젖어들게 만들지만 잘못된 캐스팅은 몰입도를 떨어뜨린다.

MBC 드라마 〈계백〉이 미스캐스팅으로 도마에 올랐다. 의자 역으로 나오는 조재현과 그의 아버지 무왕 역으로 나오는 최종환이 부자지간이라 하기에는 너무 나이 차가 나지 않아 리얼리티가 떨어진다는 지적이다. 실제로 조재현과 최종환은 1965년생으로 동갑내기다. 만약 드라마 안에서 그 둘이 대화하는 장면을 소리는 안 듣고 화면만 본다면 그냥 친구 사이에 이야기를 주고받는 것처럼 보이리라.

김병욱 PD에게 캐스팅할 때 주로 무엇을 보냐고 물어본 적이 있다. 답변은 간단했다. 자기가 좋아하는 이상형에 가까운 여자배우들을 선택한다고 한다. 남자배우의 경우엔 여자 작가의 의견을 적극 참고한다고 말했다. 사심私心캐스팅이라 할 수 있겠지만 PD가 여배우를 사랑해야만 대본이 잘 써진다는 설명이 뒤따랐다(김 PD는 직접 대본을 쓰는 감독으로 유명하다). 남자배우도 마찬가지다. 여자 작가가 그 배우와 사랑에 빠져야 마치 자기 이야기인 양 러브스토리가 술술 나오게 된다. 김병욱 PD의 캐스팅 노하우는 한마디로 결국 이것이다. '캐스팅은 연애하듯이.'

『손자병법』에 보면 전쟁을 잘하는 장수는 인재를 선택하여 적재적소에 배치하고 나머지는 기세에 맡긴다고 한다. 기세라는 것은 사람을 마치 돌을 굴리는 것처럼 다룬다는 의미다. 돌은 평지에 두면 정지해 있지만 경사지에 두면 움직이기 시작한다. 또한 둥근 돌은 잘 구르지만 모난 돌은 쉽게 구르지 않는다. 이제 김병욱 PD의 돌 고르기는 끝났다. 여태껏 그래왔듯 그는 비싸고 유명한 연기자들은 쓰지 않는다. 대신 작품이 끝날 즈음에 그들은 어느새 비싸고 유명한 스타가 되어 있다.

스튜디오에 모인 이번 〈짧은 다리의 역습〉 출연자들은 모두 잘 구를 모양새를 갖추고 있었다. 이번에도 김 PD는 천 길 높이의 가파른 산을 준비했을 것이다. 전쟁을 시작하기 전에 이미 이겨놓고 싸우는 지혜다. 이제 산꼭대기에서 심사숙고해서 고른 돌을 굴린다. 처음엔 천천히, 하지만 구를수록 점점 가속도가 붙어 얼마 가지 않아 아무도 막을 수 없는 가공할 만한 기세로 모든 것을 휩쓸어버릴 것이다.

인생은 예능이 아니라 다큐다

모두 6부작으로 이뤄진 〈남극의 눈물〉은 처음부터 대박을 작정하고 만든 명품 다큐멘터리다. 제작비가 25억원에 달하고 제작 기간만 2년이다. 한 장면 한 장면마다 돈 들인 티, 공들인 티가 팍팍 난다. 거기에 더해 방송을 보노라면 제작진의 생고생도 눈에 선하다.

실제로 제작과정이 담긴 메이킹 필름을 보니 PD나 카메라맨은 목숨 걸고 촬영에 임했다. 영하 50도를 넘는 혹한 속에서도 하루 종일 얼음 위에서 펭귄 촬영을 강행했고 혹등고래를 찍기 위해 얼음물 속에 뛰어들어 사투를 벌였다. 눈보라가 어찌나 심한지 자기 손조차 볼 수가 없고 베이스캠프 건물 사이를 이동할 때는 바람에 날려가지 않기 위해 밧줄에 의지해서 다녔다. 숙소에서는 일산화탄소 중독 때문에 난방도 못하고 영하 10도에서 새우잠을 청해야 했다. 결국 카메라맨은 얼굴에 동상이 심해져 촬영을 중단하기도 했다.

이렇듯 돈과 시간과 고생이 집약되어 있는 블록버스터급 다큐멘터리를 따뜻한 집에서 그것도 공짜로 볼 수 있다는 사실에 한 사람의 시청자로서 행복했다. 모처럼 VIP 대접을 받은 기분이랄까. 그래서인지 시청률도 지난 방송분은 15퍼센트나 나왔다.

그런데 이런 흥행에는 남극이란 비밀의 대륙이 주는 볼거리에 더해 요즘 우리 세태와 들어맞는 감동 코드가 한몫을 했다. 〈남극의 눈물〉에서 가장 화제가 된 장면이 황제펭귄의 '허들링huddling' 하는 모습이었다. 허들링이란 혹한의 남극에서 알을 품은 황제펭귄들의 독특한 생존법이다. 펭귄들은 무리 지어 서로 밀착한 상태로 계속 돌면서 영하 60도의 추위를 이겨내는데 바깥쪽 펭귄들이 힘들어질 때면 상대적으로 따뜻한 안쪽에 있는 펭귄들이 나와 자리를 바꿔주는 방식이다. 펭귄들의 양보와 협동하는 모습이 시청자들의 마음을 울렸다. 배려와는 담쌓은 '무한 이기주의' '승자 독식'의 우리네 현실과 비교하면서 '펭귄이 우리보다 낫다'는 시청소감이 게시판을 메웠다.

황제펭귄의 자식에 대한 무모하리만큼 헌신적인 사랑도 인상적이었다. 엄마 펭귄이 식량을 구하러 간 4개월 동안 혹한 속에서 아빠 펭귄은 알을 발등 위에 올려놓고 따뜻한 배로 품는다. 새끼가 부화하고 나서도 털이 없는 새끼를 배로 품고 자신의 체온으로 기른다. 아빠 펭귄은 그동안 아무것도 못 먹고 눈으로 수분 섭취만

할 뿐이다.

다큐를 보면서 '맞아, 맞아!' 맞장구를 치며 아빠 펭귄의 절절한 자식 사랑이 내 심정과 같음에 괜시리 눈물이 핑 돌고 고생하신 부모님을 생각하며 가슴이 먹먹해졌다. 펭귄을 보며 마치 내 일처럼 감정이입하게 만드는 다큐의 힘이다.

'고급 다큐'의 다른 쪽에는 '대중 다큐'가 있다. 일요일 밤 〈개그콘서트〉가 끝나고 다음날 출근 걱정으로 TV를 끄려 할 즈음 시작하는 〈다큐 3일〉이 대표적이다. 〈다큐 3일〉은 벌써 방송 5년째를 맞는 장수 프로그램이다. 시간적 불리함에도 불구하고 시청률 10퍼센트를 넘나들며 소리 소문 없이 시청자의 사랑을 받고 있다.

〈다큐 3일〉은 특정한 공간(예를 들어 노량진 고시촌, 논산훈련소 등)에서 3일, 즉 72시간 동안 시간의 흐름에 따라 보통사람들의 일상을 기록한다. 사전에 짜인 구성이 없다 보니 기승전결의 스토리텔링은 약하지만, 대신 현장성 100퍼센트의 날그림이 나오면서 다큐의 최대 강점인 리얼리티가 살아나게 됐다. 카메라에 담긴 서민들의 고단한 삶, 내일에 대한 꿈같은 소소한 이야기는 시청자 자신의 이야기이기도 하다. 물씬 풍기는 사람 냄새가 〈다큐 3일〉의 최고 매력 포인트다.

세상에 지치고 위로받고 싶을 때 다큐멘터리 한 편을 본다. 마치 엄마의 약손처럼 지친 마음을 쓰다듬어주고 병든 마음을 치료해준다. 결국 인생은 핑크빛 드라마나 포복절도하는 예능은 아닌가

〈남극의 눈물〉에서 보여준 황제펭귄들의 감동적인 허들링 | 세상에 지치고 위로받고 싶을 때 다큐멘터리 한 편을 본다. 마치 엄마의 약손처럼 지친 마음을 쓰다듬어주고 병든 마음을 치료해준다. 결국 인생은 핑크빛 드라마나 포복절도하는 예능은 아닌가 보다. 인생은 다큐다.

보다. 때로는 시시하고 권태롭고 때로는 깔딱깔딱 숨넘어갈 듯 힘겨운, 그런 한 장면 한 장면이 죄다 모인 한 편의 다큐멘터리다. 인생은 다큐다.

시즌 1보다 나은 시즌 2 만들기

'소포모어 징크스'란 게 있다. 소포모어sophomore는 대학 2학년생을 의미하는데 소포모어 징크스란 데뷔 첫해에는 집중 조명을 받으며 이름을 날리다가도 2년차가 되면 첫해의 화려했던 기록과 주변의 기대가 부담감으로 작용하면서 슬럼프를 겪는 경우를 일컫는다. 소포모어 징크스는 방송가에도 통한다. '전편만 한 속편 없다'란 말도 같은 맥락이다. 그럼에도 PD들은 미련을 버리지 못하고 속편을 제작한다. 전편의 성공을 통해 얻어진 인지도와 호감도를 무시할 수 없기 때문이다.

시청자들도 전편에 대한 향수를 느끼며, 또는 새로 펼쳐질 이야기에 대한 궁금증을 해소하기 위해 속편을 기다린다. 전편의 영광을 재현하고자 〈나가수 2〉와 〈1박2일 시즌 2〉가 시작됐다. 〈나가수〉와 〈1박2일〉은 지난해 연말 〈연예대상〉에서 각 방송사로부터 대상을 받은 프로그램이다. 그러니 어찌 속편의 유혹을 물리칠 수 있겠는가. 언론과 시청자의 열광적 기대를 받으며 또 그만큼의 부담감을 안고 시즌 2를 시작했다. 지금까지의 성적은 저조하다. 일요일 저녁 황금시간대에서 한 자리 시청률로 고전하고 있다. 역시 형만 한 아우는 없는 모양이다.

전편에 대한 시청자의 애정은 각별하다. 시청자는 어색하고 서투르기만 했던 첫 방송을 불편한 맘으로 본 기억이 있다. 그러면서 개선·유지를 반복하며 진화하는 과정도 옆에서 지켜봤다. 마치 아기가 태어나고 자라나는 모습을 보는 듯하다. 불안한 미숙아였던 아이가 포동포동 살이 찌면서 돌을 지나더니 쑥쑥 자란다. 그러면서 출연자들의 캐릭터가 잡히고 상호 관계가 설정되면서 자기만의 색깔을 가진 인기 프로그램으로 자리 잡는다. 잘 자라준 아이를 볼 때 느껴지는 대견스러움이 잘 커준 프로그램을 볼 때도 일어난다.

이러한 특별한 애정이 속편에서도 내리사랑으로 이어지면 좋겠지만 시청자는 냉정하다. 한층 화려해진 캐스팅과 세련된 포맷으로 포장해도 전편보다 진정성이 떨어진다고 판단되는 순간 철저히 외면한다. 그러니 PD들에게 속편은 '독이 든 성배'다. 전편을 능가하는 프로그램을 만들고 싶은 욕심에 덥석 받아 들지만 시즌 1과 늘 비교당하며 서자 취급을 받을 확률이 높다.

거꾸로 동생이 형을 능가할 때도 있다. 개봉 일주일 만에 200만 관객을 끌고 있는 〈맨인블랙 3〉가 좋은 예다. 10년 만에 나온 이번 속편은 시리즈물이 갖는 이점을 최대로 활용하고 여기에 플러스 알파를 더해 흥행에 성공했다. 블록버스터 영화가 흔히 빠지기 쉬운 사이즈에 대한 욕심을 버리고 전편처럼 아기자기한 상상력과 재기발랄한 유머로 화면 곳곳을 채우는 데 힘을 쏟았다. 기본 콘셉트를 훼손하지 않은 셈이다. 여기에 타임머신을 타고 두 주인공의 옛날이야기를 더했다. 또한 악당이지만 왠지 정이 가는 캐릭터를 만들어냈고 풋풋한 러브스토리도 끼워넣었다. 새로운 스토리텔링에 성공했다.

〈정글의 법칙 시즌 2〉도 전편을 뛰어넘었다는 평가를 받는다. 지난주에는 야생에서 불을 피우는 장면이 방송됐다. 말 그대로 불과의 전쟁이었다. 활톱질도 실패, 칼끝회전법도 실패, 돋보기 초점 모으기도 실패, 하지만 점차 노하우를 쌓아가며 무려 여덟 시간 동안 매달린 끝에 불을 만들어냈다. 마술처럼 불이 피어올랐을 때 땀범벅이 된 채 환호하는 출연자들의 모습은 감동이었다. '절대야생에서 생존하기'라는 기획의도를 그대로 지키면서도 진정성을 한 층 더 끌어올렸다.

코미디언 이경규와 함께 〈돌아온 몰래카메라〉를 만든 적이 있다. 원조 〈몰래카메라〉가 워낙 대박을 쳤기에 그것을 넘어서야 한다는 부담감을 잔뜩 안고 시작했다. 엄청난 인원과 물량을 투입했다. 첫 번째 희생양은 가수 아유미였다. '세계로 가는 대장금'이라는 생방송 프로그램을 한다고 속이고 이경규와 공동 MC를 보게 했다. 그리곤 계속 NG나는 황당한 상황들을 연출했다. 궁중요리를 들고 무대로 올라오던 요리 전문가가 철퍼덕 제대로 넘어진다거나 축하공연을 벌이던 미니 헬기가 추락해서 폭발한다든가 모든 게 생방송이라 알고 있던 아유미는 기절하기 일보 직전이었다.

개편 첫 주는 대박이었다. 한 주 전까지만 해도 단 자릿수에 불과하던 〈일밤〉 시청률이 20퍼센트로 뛰어올랐다. 몇 년 만에 동시간대 1위를 탈환했다. MBC 예능국은 온통 축제 분위기였다. 사장님의 격려 전화도 받았다. 하지만 시간이 지날수록 뒷심이 달리며 시청률은 떨어지기 시작했다. 규모는 커졌지만 〈몰래카메라〉 특유의 사람 냄새는 옅어졌기 때문이다. 결국 소포모어 징크스를 깨지 못하고 막을 내렸다.

결국 이것저것 따져보면 시즌 2가 시즌 1보다 만들기가 더 어렵다. 그렇다면 시즌 2의 성공비결은? 내 경험에 비춰보면 '어깨에 힘 빼기'가 정답이다. 어깨에 힘은 어떻게 빼나? 전편에 대한 부담감을 떨쳐버리는 게 그 시작이다. 그리고 과욕을 버려야 한다. 운동도, 사람관계도, 프로그램도 무리한 욕심을 부리다가는 실력발휘도 못하고 몸만 상한다.

<u>웃음더빙 후 회의실에서 꾸중 듣는 피디들</u> | 전편에 대한 시청자의 애정은 각별하다. 이러한 특별한 애정이 속편에서도 내리사랑으로 이어지면 좋겠지만 시청자는 냉정하다. 한층 화려해진 캐스팅과 세련된 포맷으로 포장해도 전편보다 진정성이 떨어진다고 판단되는 순간 철저히 외면한다. 그러니 PD들에게 속편은 '독이 든 성배'다.

PD를 울게 하는 프로그램

얼마 전 배우 차인표가 〈힐링캠프〉에 출연해 큰 반향을 일으켰다. 구호단체 '컴패션compassion' 홍보대사인 그는 수백 명의 해외 어린이와 결연하여 그들의 식비와 교육비를 책임지고 있다. 그가 해외 어린이 돕기에 헌신하게 된 계기가 재미있다.

10여 년 전 일이다. 인도로 봉사활동을 가기로 약속했던 아내 신애라에게 갑자기 일이 생기는 바람에 그가 울며 겨자 먹기로 대타로 가게 됐다. 원치 않은 고생길에 잔뜩 독이 올라 있던 차인표에게 동행하던 컴패션 대표가 어렵게 부탁을 했다. 아이들을 만나면 빈말이라도 좋으니 '사랑한다'고 말해주라고. 그 정도는 해줄 수 있겠다 싶어 알겠다고 끄덕였다. 다섯 시간 넘게 비포장도로를 고생 고생 달린 끝에 시골 마을에 도착했다. 원망과 심통으로 마음이 더욱 꼬여 있는데 한 꼬질꼬질한 어린아이가 다가와 악수하자며 먼저 손을 내밀었다. 그런데 내민 손을 어색하게 잡는 순간 꼬마가 말하더란다. "당신을 사랑해요."

자기가 해줘야 할 말을 아무것도 가진 게 없는 불쌍한 꼬마에게 듣게 된 것이다. 모든 걸 갖고 있는 자기가 아무것도 없는 꼬마에게 그런 말을 듣다니. 큰 충격을 받았다고 한다. 이때부터 그의 인생이 180도 바뀌었다. 한 방에 얻은 인기와 쉽게 번 돈에 취해 살던 그가 남을 돕는 일을 삶의 목표로 삼게 됐다. 차인표는 말한다. "남을 도울수록 오히려 내가 더 행복해졌다." 식상한 말이지만 직접 실천궁행을 통해 나온 말이기에 감동으로 다가온다.

그가 출연한 〈힐링캠프〉 방송이 나간 후 6,500여 명이 컴패션에 결연 신청을 했고, 그날 방송분은 고등학교에서 교육자료로 쓰이게 됐다.

지난 어린이날에 〈어린이에게 새 생명을〉이란 프로그램을 연출했다. 올해로 21년째를 맞은 이 프로그램은 난치병으로 고통받는 아이들을 돕기 위한 모금방송이다. 지금까지 300여 억원이 모아졌고 8,500여 명의 아이들에게 결정적 도움을 줬다.

하지만 이런 선순환에도 불구하고 방송국 안에서조차 이 프로그램에 대한 시선이 그리 곱지 않다. 만성 적자 프로그램이기 때문이다. 오랜 준비기간과 높은 제작비에 비해 시청률은 낮고 광고는 안 붙는다. 또한 이런 유의 프로그램이 우후죽순 생기다 보니 시청자는 피로감을 느끼고 주요 스폰서들은 성금 모금을 준조세로 받아들인다. 하지만 염려에도 불구하고 이날 생방송을 통해 17억원의 성금이 모였다. 수많은 시청자가 한 달에 2만원씩(결코 적은 돈이 아니다) 난치병 어린이를 돕기로 자원했다.

〈어린이에게 새 생명을〉에 들어갈 미니 다큐를 찍으면서 여러 번 울었다. 특히 열세 살 황수정의 사연은 감동이었다. 급성골수성 백혈병을 앓고 있는 수정 양은 얼마 전까지만 해도 댄스가수를 꿈꾸는 건강한 아이였다. 오디션 프로그램인 〈슈퍼스타K〉에 출연하여 춤 솜씨로 심사위원들의 인정을 받기도 했다. 하지만 갑자기 백혈병이 찾아왔고 그녀가 그토록 아끼던 긴 머리카락은 항암치료로 모두 빠져버렸다.

이젠 춤은 고사하고 휠체어 신세를 지고 있다. 절망에 빠진 수정이를 위해 걸 그룹 포미닛이 시간을 냈다. 포미닛의 현아는 수정이가 가장 좋아하는 가수. 포미닛은 해외공연을 끝내고 공항에 도착하자마자 바로 대구로 내려와 수정이만을 위한 깜짝 공연을 준비했다. 아무것도 모른 채 병원 강당에 들어선 수정이는 포미닛이 등장해 자기를 위해 노래 부르자 단박에 울음을 터뜨렸다. 포미닛의 '핫이슈'라는 댄스곡이 이토록 감동적일 수 있다니. 수정이도 울었지만 포미닛은 더 울었다. 새로운 희망을 수정이뿐만 아니라 포미닛도 얻어갔다.

'기부천사' 하면 떠오르는 김장훈은 한술 더 뜬다. 옆에서 보면 그는 대책 없이 남을 돕는다. 탈무드는 재산의 20퍼센트 이상 기부하면 망한다며 과도한 이웃돕기를 경계한다지만 김장훈은 이미 100억원 이상을 기부했다. 가수 주영훈이 김장훈에게 물었단다. 그렇게 주기만 하면 어떻게 먹고살 거냐고.

김장훈의 답은 이랬다. "내가 믿는 신은 그렇게 쪼쪼한 분이 아니야. 내가 퍼주면 그만큼을 기막히게 채워주시더라고. 그러니 내 것을 챙기며 사나 마구 퍼주며 사나 똑같아. 어차피 똑같을 거 베풀며 살면 너도 좋고 나도 좋고 더 행복할 수 있잖아."

황당한 이야기 같지만 그의 삶을 보면 맞는 것 같다. 그는 아직도 월세방을 전전하지만 누구보다 행복해 보인다.

담당 PD인 나도 덩달아 행복해졌다. 연예인 사생활, 말장난, 폭로와 독설에 목매며 예능 프로그램을 만들다 보면 마음 한구석에 항상 허무감이 남는다. 이런 갈증을 한 방에 날려준 〈어린이에게 새 생명을〉은 예능 PD에게도 새 생명을 주는 프로그램이었다. 환아들도, 출연자도, 연출자도, 시청자도 모두 윈윈하는 프로그램이었다.

연말 시상식 무대 뒤의 전쟁

세밑의 방송국은 유난히 바쁘다. 연말 시상식 시즌이 시작됐기 때문이다. 방송국마다 연예대상, 연기대상, 가요대상 시상식이 있다. 한 해의 마지막 3일에 한꺼번에 몰려 맞편성되다 보니 방송국마다 연말시상식에 자존심을 걸고 심혈을 기울인다. 항상 그래왔듯이 이번에도 방송이 끝나고 나면 여론의 뭇매를 맞을 것이다. 공동 수상, 나눠주기 시상 때문이다.

'고질병'이란 표현이 딱 맞는다. 무엇이 잘못됐는지, 어떻게 고쳐야 할지 알고 있으면서도 손대지 못하는 병이다. 어리석어 보이지만 방송국마다 시원하게 밝힐 수 없는 속사정이 있다. 이젠 공공연한 비밀이 됐지만 수상자는 자신이 상을 받는다는 사실을 확인하고서야 시상식장에 나타난다.

제작진에서야 후보자들까지 다 불러 모아 그림도 풍성하게 하고 긴장감도 더하고 싶지만 연예인 입장에서는 경쟁자가 상 받는데 박수나 치며 표정관리하는 게 영 모양 빠진다고 생각한다. 그렇기에 시상식 후보자들을 섭외할 때마다 제작진과 연기자 간의 막후 신경전이 치열하다.

요즘은 시상식 출연 섭외를 하면 수상 여부를 알려주지 않으면 참석하지 않겠다고 막무가내로 나온다. 아쉬운 쪽이 제작진이기에 두 손을 들 수밖에 없다. 수상자에 대한 보안이 중요하다 해도 상 받는 사람이 없는 시상식을 만들 수는 없다. 어쩔 수 없이 에둘러 암시해준다. "좋은 소식이 있을 거예요." "걱정 안 하셔도 돼요." 뭐 이런 식이다.

대놓고 묻지는 못하겠고 간접적으로 확인하려는 부류도 있다. 후보가 누구누구냐고 묻는다. 명단을 불러주면 그중에서 상 받을 것 같은 유력 후보자가 참석하느냐고 다시 물어온다. 그가 참석한다면 자기 쪽이 못 받는 거란 계산이다. 결국 경쟁 후보자가 불참한다는 말을 듣고서야 자신의 수상을 확신하고 출연을 약속한다.

이런 일도 있다. 시상 프로그램을 담당한 한 작가의 경험담이다. 상반기에 공전의 히트를 치면서 당연히 대상을 받을 거라 얘기되는 배우 A가 있었다. 그런데 시상식이 가까워지면서 다른 드라마가 떴다. 그 드라마의 주인공 B도 대상 후보자가 됐다. 방송가에는 '상반기 드라마의 저주'라는 속설이 있다. 연말 시상식과 시간적으로 먼 상반기에 출연한 배우일수록 상 받는 데 불리하다는 뜻이다.

불안해진 배우 A측에서 대상 수상 여부를 비밀스럽게 물어왔다. 제작진 입장에서는 시상식의 백미인 대상 수상자만은 알려줄 수가 없다. 대상이 발표될 때의 긴장된 얼굴과 감격하는 표정을 포기할 수 없지 않은가. 생방송 당일까지 담당 PD도 모른다고 다독여서 출연 약속을 겨우 받아냈다. 사실은 연기자 A와 B의 공동 수상이었다. 그렇다고 공동 수상 사실을 알려줄 수는 없었다. 대부분 공동 수상의 경우 한쪽은 억울하고 다른 한쪽은 환호하게 마련. 배우 A는 억울해할 쪽이기 때문이다.

그런데 시상식 당일 일이 터졌다. 배우 A가 생방송 직전까지 나타나지 않았다. 작가가 매니저에게 연락해보니 방송국 근처 공원을 차로 빙빙 돌고 있단다. 그러면서 대상 수상 여부를 알려주지 않으면 돌아가겠다고 떼쓰기 시작했다. 당장 생방송은 시작되는데 이 무슨 생쇼인가. 결국 "시상식 이후에도 저랑 좋은 얼굴로 계속 볼 거예요" 하고 수상을 암시해주고 방송국 안으로 끌어들였다.

그런데 또 일이 생겼다. 스튜디오에 안 나타나는 거다. CM은 나가고 있고 다시 연락해보니 이번엔 방송국 지하 주차장이란다. 배우 B가 나타난 것에 불안을 느낀 그는 대상을 못 타는 거 아니냐고 돌아가겠다고 고집을 부리기 시작했다. '그럼 전 죽어요. 당장 잘려요' 작가가 울기 시작했다. 최악의 비상사태이니 만큼 여자의 최강무기를 사용할 수밖에. 눈물로 하소연을 했다. 마지막 광고가 끝나기 직전 배우 A가 드디어 스튜디오로 올라왔다. 물론 수상 사실을 확인받은 다음이다. 그리고는 대상을 공동 수상했다. 그도 이런 꼼수가 남아 있으리라곤 미처 예상치 못했던 거다. 그 후로 작가와의 연락이 끊겼다고 한다.

물론 무승부는 왠지 찜찜하다. 지든 이기든 마지막까지 가서라도 승부를 내야 뭔가 끝난 느낌이 든다. 월드컵에서도 연장전이 있고 거기서도 승패가 안 나면 승부차기까지 간다. 100미터 달리기 결승에서 동시 골인한 듯해도 0.0001초까지 추적해서라도 기필코 1등을 가려낸다. 1등은 하나다. 그래야 금메달이 제빛이 난다.

그렇지만 방송국 시상식에서는 '공정성'에 못지않게 '흥행성'도 빠질 수 없는 가치다. '집안 잔치'라는 욕을 먹을지언정 시청자들에게 한 해 동안 출연했던 스타들의 얼굴을 모두 보여주는 게 흥행에 도움이 된다. 또한 내년 농사를 위해서 이번엔 별 빛을 못 봤지만 그래도 묵묵하게 자기 자리를 지켜준 많은 연기자와 제작자들에게 변두리상이라도 만들어 챙겨줘야 한다. 연말 시상식의 어쩔 수 없는 한계다.

공동 수상과 나눠주기 시상의 비난 속에서도 잊지 말아야 할 게 있다. 이런 시상식의 대풍년 속에서도 대부분의 연기자는 상을 받지 못한다는 사실이다. 상의 남발 속에서 더욱 추워할 그들을 마음속으로 응원해본다.

죽음 직전 먹고 싶은 소울푸드

맛기행 프로그램 〈사유리의 식탐여행〉이 인기다. 우선 일본인 진행자 후지타 사유리가 4차원이다. 몰라서 그러는 건지 일부러 그러는 건지 시치미 뚝 떼고 기상천외한 맛 평가를 내린다. "가슴이 커지는 맛"이라든가 "남편이 치마를 입고 거울 앞에 서 있는 것을 본 충격의 맛" "새우가 목욕하고 있는 걸 그대로 먹는 맛" 이런 식이다. 그럴 듯하기도 하고 말장난 같기도 하지만 그래도 어눌한 한국말로 툭툭 던지는 평가가 신선하다.

이뿐만이 아니다. 맛집의 대표 요리를 먹어보고는 대뜸 "맛이 없어요" "특별한 게 없네요"라고 말한다. 맛집에 대한 사형선고다. 옆에 나란히 앉아 있는 음식점 주인은 식은땀을 흘린다. 이런 모습이 시청자에게는 새롭다. 여느 맛집 소개 프로그램에서는 볼 수 없었던 사유리의 솔직함이 통한 것이다.

지난해 화제가 됐던 다큐멘터리 영화 〈트루맛 쇼〉는 음식정보 프로그램의 대국민 사기극을 고발했다. 〈트루맛 쇼〉는 TV에 맛집으로 소개되려면 돈만 있으면 가능하다고 증언한다. 우선 전문 브로커에게 견적을 받고 소개할 음식의 콘셉트를 잡는다. 비용은 1,000만원 정도. 요점은 음식 맛은 아무 상관없고 비주얼이 특이하면 된다. 한 예로 '캐비어삼겹살'이란 게 있다. 삼겹살에 철갑상어 알을 박아 구워 먹는 스태미나식이다. 대박 아이디어가 아닌가. 삼겹살 값으로 그 귀한 철갑상어알을 같이 먹을 수 있다니. 손님들이 먹고 나가면서 90도로 절했다고 주인은 자랑했다.

하지만 그 대박상품은 방송용으로 급조된 메뉴였다. 프랑스 요리사에 따르면 캐비어는 차갑게 보관해서 먹는 음식이기에 열을 가하면 맛도 영양소도 모두 잃게 된다고 한다. 더 황당한 건 애당초 캐비어삼겹살에 캐비어는 없었다. 캐비어와 색깔만 같은 한 통에 3,000원짜리 생선알이었다. 여기에 브로커에게 돈을 더 쥐어주면 연예인까지 섭외하여 단골집으로 소개될 수도 있다. 촬영 날에는 동원된 가짜 손님들로 식당을 채우고 작가가 써준 대사대로 음식 맛을 읊어준다.

사정이 이렇다 보니 TV를 보고 찾아갔다가는 배신감만 든다. 그리고 이제 음식 프로그램의 맛집을 아무도 안 믿는다. 아예 'TV에 안 나온 집'이라고 광고하는 음식점까지 생겨나지 않았던가.

지난주엔 연수 중인 신입사원들이 카메라를 들고 찾아왔다. 교육과정의 하나로 단편 프로그램을 만든다며 인터뷰를 부탁했다. 주제는 '나의 소울푸드soul food'. 소울푸드란 먹는 이의 영혼을 배부르게 하는 자기만의 추억이 담긴 음식을 말한다. 인터뷰가 진행되면서 음식에 대한 이야기가 시작됐다.

신입사원들의 기대와는 달리 나는 먹는 것에 관심이 없다는 말부터 꺼냈다. 사실 맛있다고 주위에서 호들갑 떠는 음식을 먹어봐도 내겐 아무런 감흥이 없다. 미각을 잃었다고 해야 할까. 원래부터 먹는 것에 취미가 없었는데 방송 일을 시작한 후로는 더 심해졌다. 촬영에 편집에 아이디어 회의에 매일 일에 치이고 시간에 쫓겨 생활하다 보니 식사시간마저 아까울 때가 대부분이다. 빨리 한 끼 때우고 들어와 다시 일해야 하기에 음식 맛을 따질 여유가 없다. 선택하는 메뉴도 지친 몸과 정신을 번쩍 각성시킬 자극적인 것만 고르게 된다. 그러다 보니 미각을 잃게 됐다고 인터뷰했다. 새로운 일터에서 이제 막 하늘빛 꿈을 펼치려는 후배들에게 지레 겁주는 것 같아 미안했지만 내가 경험한 방송의 현실이니 어쩔 수 없었다.

진행자가 마지막으로 죽음을 앞두고 한 끼를 먹어야 한다면 그때 먹고 싶은 소울푸드가 뭐냐고 물었다. 나의 소울푸드는 흰쌀밥이다. 갓 지어 김이 모락모락 나고 적당히 찰지고 윤기가 자르르 흐르는 흰쌀밥. 그 밥을 아이들과 한 상에 앉아 먹고 싶다고 했다. 사실은 내가 먹고 싶다기보다는 내 아이들이 맛있게 먹는 모습을 보고 싶다.

자라나는 아이들이 밥을 열심히 먹는 모습은 감동적이다. 한국인 특유의 정서가 쌀밥에 녹아 있다. 오래전 〈느낌표〉란 프로그램에서 0교시 수업을 위해 아침밥도 못 먹고 등교한 학생들이 제작진이 준비한 흰쌀밥을 묵묵하게 퍼 먹던 모습은 눈물이 핑 돌 정도로 감동이었다. 힘든 경쟁 속에서 눈뜨자마자 학교로 온 내 아이가 덥석덥석 흰쌀밥을 먹는 것 같았다.

인터뷰를 마친 며칠 뒤 신입 후배들이 카메라를 들이밀며 다시 찾아왔다. 놀랍게도 내 소울푸드를 직접 만들어서 가져왔다. 보온밥통에 정성껏 싸온 흰쌀밥을 한술 크게 떠서 먹었다. 맛있었다. 미각을 잃었다 생각했는데 씹을수록 달고 담백한 맛을 느낄 수 있었다. 같이 준비해온 된장국과 배추겉절이도 달착지근하고 고소했다. 사유리식으로 표현하자면 '평생을 같이 살았는데 미처 몰랐던 아내의 새로운 모습과 같은 맛'이었다.

음식은 역시 '마음'인가 보다. 먹는 이를 생각하며 정성껏 준비하는 마음, 만든 이를 생각하며 감사함으로 먹는 마음. 맛있는 척, 대단한 척 호들갑을 떨어도 '마음'이 빠져 있는 음식은 영혼 없는 껍데기에 불과하다. 그런 음식을 갖고는 사람을 감동시킬 수 없다.

대한민국에서 예능 PD로 산다는 것

대한민국에서 예능 PD로 산다는 건 참 고생스럽다. 방송 일의 고됨이나 대형 기획사와의 부대낌을 말하는 게 아니다. 다름 아닌 시청자들 때문이다. 우선 우리나라 시청자들은 참 변덕스럽다. 참신하다고 열광할 땐 언제고 몇 주 지나지 않아 금세 식상하다고 지겹다고 훌쩍 떠나간다. 이웃나라인 일본만 해도 10년 넘게 똑같은 포맷으로 인기를 끌고 있는 장수 프로그램이 여럿이다. 하지만 우리나라에서는 유재석·강호동이 나오는 잘나가는 몇 개 빼고는 시작한 지 얼마 되지 않아 폐지설에 시달리고 소리 소문 없이 사라지는 프로그램들이 허다하다.

우리나라 시청자들은 항상 화가 나 있다. 칭찬에는 인색하고 비난하는 데는 선수다. 우리나라에는 각 프로그램 사이트마다 '시청자 의견'이란 게 있다(다른 나라의 경우엔 시청자 의견을 비공개 메일로 받는다). 그런데 거기에 게시된 의견이란 게 웬만한 강심장을 갖지 않고는 읽어내기가 힘들다. 연기자와 PD에 대한 인신공격이 난무하고 시청자들끼리 편을 나눠 물어뜯고 싸우기도 한다. 읽는 이의 심장을 벌렁거리게 하고 약한 고리를 정확히 후벼파는 게 마치 숙련된 고문기술자 같다.

말 꺼낸 김에 한 가지 더 흉을 보자면 우리나라 시청자들은 이율배반적이다. 시청자들의 꾸짖음에 상처받고 모처럼 착한 프로그램을 만든다 치자. 예상대로 칭찬이 폭포수같이 쏟아진다. 가족이 보면서 다 같이 울었단다. 보는 내내 소름이 돋았다고도 한다. 이런 프로그램이 왜 이제야 나왔느냐고 개탄하는 시청자도 있다. 하지만 다음날 시청률을 받아보면 그래프가 X축을 따라 바닥에 납작 붙어 기어간다. 칭찬만 하고 아무도 보지 않은 것이다. 겉 다르고 속 다른 시청자들의 배신에 또 한 번 깊은 상처를 받는다.

까칠하기로는 세계에서 제일가는 우리나라 시청자들임에 틀림없다. 그러니 이런 시청자들을 상대로 하는 대한민국 PD의 일은 험난할 수밖에 없다. 그런데 어쩌랴. 그들이 방송국의 손님인데. 어느 음식점에 걸려 있는 표어처럼 '손님은 항상 옳다.' 또한 '손님은 왕'이지 않은가. 선택의 여지가 없다. 내 입맛을 버리고 손님의 입맛에 맞출 수밖에. 내가 좋아하는 게 아니라 손님이 좋아하는 음식을 만들어 내놓아야 한다.

우리나라 시청자들이 전통적으로 좋아하는 게 두 가지 있다. 하나는 스토리텔링이고 또 하나는 감동이다. 우리나라만큼 드라마를 많이 방송하는 나라도 없는 것 같다. 각 방송사마다 아침, 일일, 월화, 수목, 주말, 특별기획, 단막극 등 드라마 홍수라 할 만큼 넘쳐난다. 그러나 여전히 방송국의 효자노릇을 하는 게 드라마다. 그만큼 스토리텔링을 좋아한다. 또 한 가지 우리 시청자들은 감동에 약하다. 오락 프로그램에서조차 재미보다는 감동을 좋아한다. 딴따라를 업신여기는 마음이 여전한 반면 〈러브하우스〉나 〈느낌표〉 유의 프로그램을 보고 나면 뚝배기 한 그릇 먹은 듯한 뿌듯한 포만감이 남는 것이다.

그런데 1, 2년 전부터 여기에 더해 또 하나의 강력한 흥행 키워드가 생겨났다. 바로 '진심'이란 단어다. 이젠 하도 많이 들어서 노이로제까지 걸릴 지경이지만 여전히 프로그램에 진심이 담겨 있느냐 없느냐에 따라 성패가 갈린다. 그간의 흥행공식이 바뀌었다. 대박을 보장하는 특A급 배우가 나와도 적당히 영화 홍보나 하다가 돌아가면 시청률은커녕 시청자들의 욕만 먹는다. 블록버스터급 제작비나 현란한 영상으로는 더 이상 시청자의 시선을 끌 수 없다. 인터넷 세계 최강국의 시청자들이 아닌가? 그들은 이미 익숙해진 미드미국드라마와 할리우드 SF에 눈높이가 하늘까지 올라가 있다. PD와 작가의 머리를 뛰어넘은 지 이미 오래다. 그런 상황에서 새로운 성공 키워드인 진심이 나타났고, 진심 없이는 대한민국 시청자들을 붙잡을 수 없게 됐다.

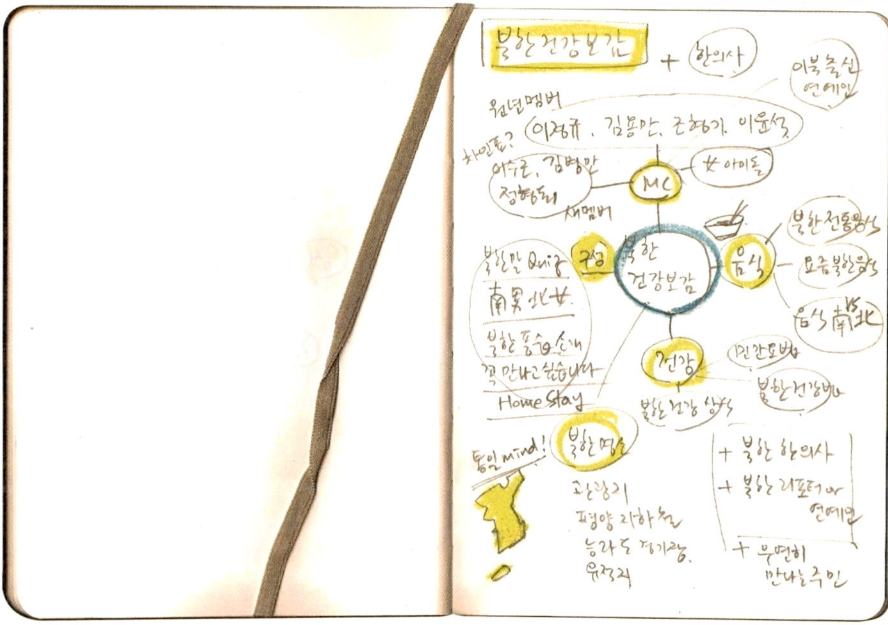

언젠가는 꼭 해보고 싶은 〈북한 건강보감〉의 아이디어 노트 | 여전히 프로그램 만들기는 어렵고 시청자들은 날로 까탈스러워진다. 그렇다고 푸념만 늘어놓을 수는 없는 일. 해법을 찾았으니 실천하면 된다. 내가 먼저 진심을 찾는 일이다. 내가 시청자에게 보여줄 진심은 무엇일까? 지금 당장은 몰라봐도 언젠간 통할 것이다. 진심은 통한다. 언제나.

혹한과 폭염 속에서도 〈1박2일〉 팀은 야외 취침을 한다. 예전처럼 카메라 앞에서만 그냥 그러는 '척'하는 게 아니다. 카메라는 24시간 돌고 연기자들은 기꺼이 얼음물에 뛰어들고 야외에서 짐승처럼 잠을 청한다. 그렇게 자기들끼리 신나서 뛰노는 장면 속에서 그들의 진심이 보인다. 요즘 인기를 끌고 있는 〈나는 가수다〉도 마찬가지다. 대한민국 최고의 가수들이 일주일 동안의 고생 끝에 최고의 무대를 준비하여 아마추어처럼 떨리는 목소리로 노래를 한다. 그들의 진심을 세계 최고의 선구안을 가진 우리 시청자들이 못 볼 리 없다.

여전히 프로그램 만들기는 어렵고 시청자들은 날로 까탈스러워진다. 그렇다고 푸념만 늘어놓을 수는 없는 일. 해법을 찾았으니 실천하면 된다. 내가 먼저 진심을 찾는 일이다. 내가 시청자에게 보여줄 진심은 무엇일까? 지금 당장은 몰라봐도 언젠간 통할 것이다. 진심은 통한다. 언제나.

네가 진짜로 원하는 게 뭐야

얼마 전 큰아이가 다니는 고등학교가 개최한 '진로탐색의 날' 행사에 참석했다. 경찰, 무용가, 간호사, 연극배우, CEO 등 여러 분야의 학부모들이 일일교사로 참가했고 학생들은 관심 있는 직업을 선택하여 수강했다.

내가 맡은 교실도 PD를 꿈꾸는 학생들로 가득 찼다. 연예인과 함께 PD는 학생들의 인기 희망직업이 된 지 오래다. 워낙 말주변이 없어서 강의가 지루해질까 봐 새로 나온 따끈따끈한 CD 몇 장을 준비했다. 답을 맞히거나 질문을 하는 학생들에게 상품으로 주기 위함이다. 아이유와 소녀시대 CD 때문인지 질문들이 쏟아졌다.

"어느 연예인이 제일 예뻐요?"

"어떻게 하면 PD가 돼요?"

"돈은 많이 벌어요?"

젊음 특유의 활기 속에서도 학생들의 눈동자에서는 펼쳐질 내일에 대한 희망과 가지 않은 길에 대한 불안을 동시에 엿볼 수 있었다. 이번엔 내가 숙제성 질문을 던졌다.

"네가 진짜로 원하는 게 뭐야?"

벌써 9년 전 일이다. 〈대학가요제〉 연출을 맡았다. 면학 분위기를 흐린다며 반대하던 대학 당국을 설득하여 서울대학교 대운동장에서 〈대학가요제〉를 열었다. 서울대에서 가요제를 개최하는 것은 개교 이래 처음 있는 일이라 준비과정부터 화제가 됐다.

나는 〈대학가요제〉의 부제에 해당하는 캐치프레이즈를 두고 많은 고민을 했다. 내일에 대해 고뇌하고 불안해하는 젊은이들에게 위로보다는 한층 더 도발적인 질문을 던지고 싶었다. 그러다가 떠오른 것이 '네가 진짜로 원하는 게 뭐야'였다. 가수 신해철의 모노크롬 앨범 타이틀 곡에서 따온 이 문구는 나 또한 대학시절 내내 고민했던 화두이기도 했다. 홍보를 위한 포스터를 제작해 방송국과 서울대 캠퍼스 곳곳에 붙였다. 시뻘건 글씨로 '네가 진짜로 원하는 게 뭐야?!'라고 거침없이 써 갈기고 그 옆으로 엄청 열 받은 붉은색 폭탄머리의 젊은이가 전자기타를 야구배트처럼 거꾸로 들고 오만상을 찡그리고 서 있는 모습의 포스터였다. 〈대학가요제〉를 통해 대학생들과 같이 고민해보고 싶었다. 내가 진짜로, 진짜로 원하는 게 뭔지.

드디어 쇼타임. 당시 서울대 의류학과에 다니던 탤런트 김태희

2003년 서울대학교에서 열린 대학가요제 포스터 | 나는 〈대학가요제〉의 부제에 해당하는 캐치프레이즈를 두고 많은 고민을 했다. 내일에 대해 고뇌하고 불안해하는 젊은이들에게 위로보다는 한층 더 도발적인 질문을 던지고 싶었다. 그러다가 떠오른 것이 '네가 진짜로 원하는 게 뭐야'였다.

가 크레인을 타고 교문에서 오프닝 멘트를 했고, 이효리·차태현이 MC를 맡았다. 그리고 신해철(그는 대학가요제 출신이기도 하다)이 '네가 진짜로 원하는 게 뭐야'로 첫무대를 열었다. 신해철은 탱크처럼 저돌적으로 부르짖으며 물었다.

사는 대로 사니? 가는 대로 사니? 그냥 되는 대로 사니?
네가 진짜로 원하는 게 뭐야? 네가 진짜로 원하는 게 뭐야?
그 나이를 처먹도록 그걸 하나 몰라. 그 나이를 처먹도록 그걸 하나 몰라. 이거 아니면 죽음, 정말. 이거 아니면 끝장, 진짜.
네 전부를 걸어보고 싶은 그런, 네가 진짜로 원하는 게 뭐야?

2만 명 이상이 모였던 서울대학교가 록 정신rock spirit에 풍덩 빠져들었다.

다시 큰 아이 학교에서 열린 '진로탐색의 날' 교실. 준비해간 CD는 이미 모두 떨어졌다. 몇몇 아이들은 책상에 엎드려 자기 시작했다. 그나마 나머지 학생들은 진지하게 고민하는 눈치였다. 내가 진짜로 원하는 게 뭐지? 돈? 명예? 예쁜 여자? 능력남? 나도 그랬듯이 무엇보다 답답한 것은 내가 진짜로 원하는 걸 나도 모른다는 사실이리라.

최근 〈다큐 3일〉에서는 코미디언을 꿈꾸는 젊은이들이 시골 마을에 모여 연습하고 공연을 올리는 내용을 방송했다. 개그맨 1호

전유성과 경북 청도군이 힘을 합쳐 코미디 전용극장을 마련했는데 극단 가입조건이 '코미디언 공채에서 세 번 이상 낙방 경험이 있는 자'였다. 인상적인 연습생이 있었다. 그녀는 캐디, 콜센터, 식당, 주유소를 전전했지만 채워지지 않는 뭔가가 있었다고 한다. 그래서 이번에는 근무조건과 환경이 아닌 가슴이 시키는 대로 모든 것을 정리하고 청도로 내려왔다. 하지만 언제나 그렇듯 현실은 녹록치 않았다. 가슴은 채웠지만 배는 곯아야 했다. 주머니 사정으로 친구 결혼식에도 못 가고 어머니한테 용돈 타 쓰는 신세가 됐다. 현실을 따를 때는 이상이 끈질기게 괴롭히더니 막상 이상을 따랐더니 이제 현실이 발목을 잡는다. 그래도 그녀는 행복을 찾아가는 과정이라며 만족한다고 했다.

초롱초롱한 눈빛으로 골똘하는 학생들에게 인생 선배로서 한 가지 팁을 주고 싶었다. 내가 오랜 고민 끝에 얻었던 깨달음을 나누고 싶었다. 내가 진짜로 원하는 것을 학과와 직업으로만 연결하지 말라고. '네가 진짜로 원하는 게 뭐야?'라는 질문은 '네가 진짜로 원하는 삶은 뭐야?'에 더 가깝다. 원하는 삶을 알면 일로 연결시킬 수 있다. 원하는 삶은 전략이고 원하는 일은 전술이다.

그렇다면 내가 원하는 삶은? 그건 의미가 있는 삶이다. 내가 왜 사는지, 무엇을 위해 사는지를 알고 사는 삶이다.

에필로그

카르페 디엠~

'처음'은 항상 어렵다. 방송국에 '처음' 들어왔을 때, 이 별난 바닥이 내게 맞는 길인가 고민하느라 힘들었고, 조연출의 '조'자를 떼고 '처음' 프로그램을 연출할 땐 내 한계를 절감하며 힘들어했다. 〈대단한 도전〉, 〈놀러와〉, 〈무한도전〉을 '처음' 만들 때도 한 주 한 주 섭외에 시청률에 힘들어했다.

하지만 '처음'이 주는 기쁨도 컸다. 가본 적 없으니 이 길이 맞나 틀리나 불안했지만 동시에 설레었다. 해본 적 없으니 서툴지만 한편으론 맘 가는대로 내딛는 일은 신나는 경험이었다. 힘들지만 그 힘듦이 즐거운 일이 방송인가 보다.

출간을 위해 원고를 정리하는 일은 지난 20년(벌써!)의 내 PD생활을 되돌아보는 시간이었다. 가장 먼저 든 감정은 아쉬움이었다.

'그때는 왜 그 시간이 보석처럼 소중한 줄 몰랐을까'

'좀 덜 나를 다그칠걸. 내게 좀 더 너그러울걸'

'일이 욕심껏 안 풀려도 동료들을 더 아껴주고 신나게 일할 수 있었는데'

하지만 생각해보면 또 얼마 안 가 지금 이 시간을 아쉬워하리라. 그러니 이제부터라도 오늘을 즐겨야겠다. 내가 만들었던 프로그램 제목이기도 한 〈carpe diem〉(카르페 디엠: 오늘을 즐겨라)은 어제와 내일은 잊고 오늘을 막 살라는 말이 아니다. 그보다는 어제를 토대로 삼고, 내일을 예비하며 오늘을 온전히 누리라는 뜻이다. 그렇다면 이제 나는 느꼈던 아쉬움을 반대로 실천하면 된다.

'이제는 지금 이 시간이 보석처럼 소중한 줄 알고'

'좀 덜 나를 다그치고 내게 좀 더 너그러우며'

'일이 욕심껏 안 풀려도 동료들을 더 아껴주고 신나게 일해야지'

서툴고 부족한 글을 끝까지 읽어주신 독자들께 진심으로 감사드린다. 책을 읽는 동안만큼이라도 행복하셨다면 좋을 텐데.

"독자 여러분, 행복하세요. 그리고 카르페 디엠하세요."

아이디어는 엉덩이에서 나온다

1판 1쇄 인쇄 2012년 9월 3일
1판 1쇄 발행 2012년 9월 10일

지은이 권석
발행처 새녘출판사 **발행인** 권희준

책임편집 채미애 **표지디자인** 박경미 **본문디자인** 명희경 **그림** 권석
인쇄 (주)재원프린팅

출판등록 2011년 10월 19일(제 313-2012-93호)
주소 서울 마포구 성미산로 94, 201(성산동, 호수빌딩)
전화 02-323-3630 **팩스** 02-323-3634 **이메일** books@saenyok.com

ISBN 978-89-98153-01-4 03800

책값은 뒤표지에 있습니다. 잘못된 책은 구입하신 곳에서 바꾸어 드립니다.

이 도서의 국립중앙도서관 출판시도서목록(CIP)은 e-CIP 홈페이지
(http://www.nl.go.kr/cip.php)에서 이용하실 수 있습니다. (CIP제어번호:CIP2012003904)